2025年版全国一级建造师建设工程项目管理专题聚焦

龙炎飞　主编

中国建筑工业出版社

图书在版编目（CIP）数据

2025年版全国一级建造师建设工程项目管理专题聚焦 / 龙炎飞主编． -- 北京：中国建筑工业出版社，2025.4.（2025.5重印）
ISBN 978-7-112-31074-6

Ⅰ.F284

中国国家版本馆CIP数据核字第2025HK9401号

《2025年版全国一级建造师建设工程项目管理专题聚焦》针对考试用书内容分考点以图表的形式对知识点进行讲解，方便考生复习知识点有的放矢；甄选出一批既能反映考点又能代表真题出题思路的典型题目，帮助考生进一步加强和巩固知识点。

责任编辑：李笑然　牛　松
责任校对：李美娜

2025年版全国一级建造师
建设工程项目管理专题聚焦

龙炎飞　主　编

*

中国建筑工业出版社出版、发行（北京海淀三里河路9号）
各地新华书店、建筑书店经销
北京鸿文瀚海文化传媒有限公司制版
北京圣夫亚美印刷有限公司印刷

*

开本：787毫米×1092毫米　1/16　印张：$17\frac{3}{4}$　字数：443千字
2025年4月第一版　2025年5月第三次印刷
定价：**86.00**元
ISBN 978-7-112-31074-6
（44796）

版权所有　翻印必究

如有内容及印装质量问题，请与本社读者服务中心联系
电话：（010）58337283　QQ：2885381756
（地址：北京海淀三里河路9号中国建筑工业出版社604室　邮政编码：100037）

前言

自2004年首次举办全国一级建造师考试以来，题目难度逐年增加，考查的综合性、灵活性越来越强。"建设工程项目管理"这门公共科目，真题在文字游戏的使用上，让很多考生栽了跟头。目前市面上关于一级建造师考试的辅导用书种类繁多，质量参差不齐，内容大多千篇一律，而本书真正站在考生的视角，结合笔者十多年的授课经验来编写，急考生之所需，解考试之难点，凝练科目核心知识，分析和梳理经典考试真题。本书呈现出以下特点：

总结归纳性强

笔者结合十多年的授课经验，对教材零散的知识点，融入了自身的理解和归纳，更多地以图表的形式展现出来，方便考生把握重点知识和关键词，复习知识点有的放矢。

甄选经典真题和模拟题进行巩固和加强

知识点的掌握情况，通过真题来检验是最好的。真题的选择并不是简单地罗列，笔者通过挑选出一批既能反映考点又能代表真题出题思路的题目，帮助考生进一步加强和巩固知识点。

本书得以面世，要感谢西安建筑科技大学绿色建筑专业博士们的帮助，感谢各位同仁为本书的编写和出版提供的支持，感谢胡宗强老师的中肯意见，感谢中国建筑工业出版社各位编辑的悉心审校。本书内容虽经反复推敲，但不免有疏漏和不妥之处，恳请广大读者提出宝贵意见或建议，欢迎批评指正。

愿我的努力能够帮助广大考生顺利通过"建设工程项目管理"科目的考试。

龙炎飞
2025年2月

第1章 建设工程项目组织、规划与控制

1.1 工程项目投资管理与实施 / 003
    1.1.1 工程项目投资管理制度 / 004
        考点一：项目资本金制度 / 004
        考点二：项目投资审批、核准或备案管理 / 005
    1.1.2 工程建设实施程序 / 006
        考点一：投资决策与建设实施程序 / 006
        考点二：政府和社会资本合作（PPP）项目实施方式及核心要求 / 008
    1.1.3 工程承包模式 / 009
        考点一：基于不同承包范围的承包模式 / 009
        考点二：基于不同承包关系的承包模式 / 010
        考点三：CM模式 / 012
    1.1.4 工程监理 / 012
        考点一：强制实行监理的工程范围 / 012
        考点二：项目监理机构人员职责 / 013
        考点三：与项目监理机构相关的施工管理工作 / 015
    1.1.5 工程质量监督 / 016
        考点一：工程质量监督内容 / 016
        考点二：工程质量监督程序 / 017

1.2 工程项目管理组织与项目经理 / 019
    1.2.1 工程参建各方主体管理目标和任务 / 020
        考点一：业主方项目管理 / 020
        考点二：工程总承包方项目管理 / 020
        考点三：工程设计方项目管理 / 020
        考点四：工程施工方项目管理 / 021

1.2.2 工程项目管理组织 / 022
考点一：工程项目管理组织结构形式 / 022
考点二：责任矩阵 / 025

1.2.3 项目经理 / 026
考点一：工程总承包项目经理职责和权限 / 026
考点二：施工项目经理职责和权限 / 026

1.3 工程项目管理规划与动态控制 / 029

1.3.1 工程项目管理规划 / 030
考点一：项目管理规划大纲 / 030
考点二：项目管理实施规划 / 030

1.3.2 施工组织设计 / 031
考点一：施工组织总设计 / 031
考点二：单位工程施工组织设计 / 031
考点三：施工方案 / 032
考点四：施工组织设计的编制和审批 / 033
考点五：施工组织设计的动态管理 / 035

1.3.3 工程项目目标动态控制 / 035
考点一：工程项目目标体系构建 / 035
考点二：工程项目目标动态控制过程及措施 / 036

第2章 建设工程项目管理相关体系标准

2.1 质量、环境、职业健康安全管理体系 / 041

2.1.1 质量管理体系 / 042
考点一：质量管理体系关键要素 / 042
考点二：质量管理原则 / 042
考点三：质量管理的核心 / 042

2.1.2 环境管理体系 / 043
考点：环境管理体系的基本概念和核心内容 / 043

2.1.3 职业健康安全管理体系 / 045
考点：职业健康安全管理体系标准特点、要素及应用要求 / 045

2.1.4 卓越绩效管理 / 046
考点一：卓越绩效管理特点及基本理念 / 046
考点二：卓越绩效评价准则框架 / 047
考点三：建筑企业实施卓越绩效管理的措施 / 047

2.1.5 全面一体化管理 / 048
　　考点一：全面一体化管理及实施可行性 / 048
　　考点二：全面一体化管理体系建立条件及编制原则 / 048

2.2 风险管理与社会责任管理体系 / 050
　2.2.1 风险管理体系 / 051
　　考点：风险管理"三轮"及风险管理过程 / 051
　2.2.2 社会责任管理体系 / 052
　　考点一：社会责任原则、核心主题和议题 / 052
　　考点二：社会责任管理体系实施方式 / 052
　　考点三：社会责任报告的编写和发布原则 / 052
　　考点四：社会责任与ESG的异同 / 052

2.3 项目管理标准体系 / 054
　2.3.1 项目管理标准及价值交付 / 055
　　考点一：国内外项目管理标准 / 055
　　考点二：价值交付 / 055
　2.3.2 项目群与项目组合管理 / 056
　　考点一：项目群管理 / 056
　　考点二：项目组合管理 / 057

第3章　建设工程招标投标与合同管理

3.1 工程招标与投标 / 061
　3.1.1 招标方式与程序 / 062
　　考点一：招标方式 / 062
　　考点二：招标程序 / 063
　3.1.2 合同计价方式 / 065
　　考点一：合同计价方式分类 / 065
　　考点二：合同计价方式比较与选择 / 067
　3.1.3 施工投标 / 068
　　考点一：施工投标报价策略 / 068
　　考点二：施工投标文件 / 069
　3.1.4 工程总承包投标 / 070
　　考点：价格清单编制及投标报价工作要点 / 070

3.2 工程合同管理 / 071
    3.2.1 施工合同管理 / 072
        考点一：施工合同订立管理 / 072
        考点二：施工合同履行管理 / 073
    3.2.2 工程总承包合同管理 / 078
        考点一：设计施工总承包合同文件的组成 / 078
        考点二：工程总承包合同订立时需明确的内容 / 079
        考点三：工程总承包合同履行要点 / 079
    3.2.3 专业分包与劳务分包合同管理 / 080
        考点一：专业分包合同管理 / 080
        考点二：劳务分包合同管理 / 082
    3.2.4 材料设备采购合同管理 / 084
        考点一：材料采购合同 / 084
        考点二：设备采购合同 / 084
3.3 工程承包风险管理及担保保险 / 085
    3.3.1 工程承包风险管理 / 086
        考点一：工程承包风险管理计划 / 086
        考点二：工程承包风险管理程序 / 086
    3.3.2 工程担保 / 088
        考点：工程担保种类 / 088
    3.3.3 工程保险 / 090
        考点一：工程保险种类 / 090
        考点二：工程保险的选择 / 091

第4章　建设工程进度管理

4.1 工程进度影响因素与进度计划系统 / 095
    4.1.1 工程进度影响因素 / 096
        考点：工程施工进度影响因素 / 096
    4.1.2 工程进度计划系统及表达形式 / 097
        考点一：工程进度计划系统 / 097
        考点二：工程进度计划表达形式 / 097
4.2 流水施工进度计划 / 099
    4.2.1 流水施工特点及表达方式 / 100
        考点一：流水施工特点 / 100

　　　　　考点二：流水施工表达方式 / 100
　　4.2.2 流水施工参数 / 101
　　　　　考点：流水施工参数 / 101
　　4.2.3 流水施工基本方式 / 103
　　　　　考点一：等节奏流水施工 / 103
　　　　　考点二：异节奏流水施工 / 104
　　　　　考点三：非节奏流水施工 / 104
4.3 工程网络计划技术 / 107
　　4.3.1 工程网络计划编制程序和方法 / 108
　　　　　考点一：网络计划目标 / 108
　　　　　考点二：双代号网络图的绘图规则 / 108
　　　　　考点三：网络计划优化阶段 / 109
　　4.3.2 时间参数计算方法 / 110
　　　　　考点一：双代号网络图六时间参数计算 / 110
　　　　　考点二：单代号网络图六时间参数计算 / 114
　　　　　考点三：双代号时标网络计划中时间参数的判定 / 116
　　　　　考点四：单代号搭接网络计划时间参数的判定 / 118
　　4.3.3 关键工作及关键线路确定方法 / 120
　　　　　考点一：基本概念 / 120
　　　　　考点二：关键工作及关键线路的确定 / 120
4.4 施工进度控制 / 123
　　4.4.1 施工进度计划实施中的检查与分析 / 124
　　　　　考点一：施工进度监测系统过程 / 124
　　　　　考点二：施工进度调整系统过程 / 124
　　4.4.2 实际进度与计划进度比较方法 / 125
　　　　　考点：前锋线比较法 / 125
　　4.4.3 施工进度计划调整方法及措施 / 127
　　　　　考点：压缩某些工作持续时间的措施 / 127

第5章　建设工程质量管理

5.1 工程质量影响因素及管理体系 / 131
　　5.1.1 工程质量形成过程及影响因素 / 132
　　　　　考点一：工程质量形成过程 / 132
　　　　　考点二：工程质量影响因素 / 132

5.1.2 **全面质量管理** / 133
　　考点：全面质量管理的特点和基础工作 / 133
5.1.3 **工程质量管理体系** / 134
　　考点一：工程质量管理体系的性质、特点和构成 / 134
　　考点二：工程质量管理体系的建立与运行 / 136

5.2 **施工质量抽样检验和统计分析方法** / 138
　5.2.1 **施工质量抽样检验方法** / 139
　　考点一：抽样检验 / 139
　　考点二：施工质量检验方法 / 140
　5.2.2 **施工质量统计分析方法** / 141
　　考点一：因果分析图法 / 141
　　考点二：排列图法 / 142
　　考点三：直方图法 / 142
　　考点四：控制图法 / 145

5.3 **施工质量控制** / 146
　5.3.1 **施工准备质量控制** / 147
　　考点一：施工技术准备 / 147
　　考点二：施工现场准备 / 147
　　考点三：材料、构配件质量控制 / 147
　　考点四：施工机械配置的控制 / 147
　5.3.2 **施工过程质量控制** / 148
　　考点一：作业技术准备状态的控制 / 148
　　考点二：作业技术活动过程质量控制 / 149
　　考点三：作业技术活动结果控制 / 150
　5.3.3 **施工质量检查验收** / 151
　　考点一：检验批验收 / 151
　　考点二：分项工程验收 / 151
　　考点三：分部工程验收 / 151
　　考点四：单位工程质量验收 / 152
　　考点五：工程质量保修 / 152

5.4 **施工质量事故预防与调查处理** / 154
　5.4.1 **施工质量事故分类** / 155
　　考点一：按事故责任分类 / 155
　　考点二：按事故产生原因分类 / 155
　　考点三：按事故严重程度分类 / 155

5.4.2 施工质量事故预防 / 156
考点一：施工质量事故的成因分析 / 156
考点二：施工质量事故预防措施 / 157
5.4.3 施工质量事故调查处理 / 158
考点一：事故报告 / 158
考点二：事故调查 / 158
考点三：事故处理 / 159

第6章 建设工程成本管理

6.1 工程成本影响因素及管理流程 / 163
6.1.1 工程成本分类及影响因素 / 164
考点一：工程成本分类 / 164
考点二：质量成本 / 164
6.1.2 工程成本管理流程 / 165
考点：工程成本管理流程 / 165

6.2 施工成本计划 / 167
6.2.1 施工责任成本构成 / 168
考点：施工责任成本 / 168
6.2.2 施工成本计划编制 / 169
考点一：施工成本计划的类型 / 169
考点二：施工成本计划编制方法 / 170

6.3 施工成本控制 / 174
6.3.1 施工成本控制过程 / 175
考点一：施工成本控制过程分类 / 175
考点二：管理行为控制过程和指标控制过程 / 175
6.3.2 施工成本控制方法 / 176
考点一：施工成本过程控制方法 / 176
考点二：挣值法 / 177
考点三：成本偏差的表达方法 / 180
考点四：施工成本纠偏措施 / 181

6.4 施工成本分析与管理绩效考核 / 183
6.4.1 施工成本分析 / 184
考点一：施工成本分析的依据、内容和步骤 / 184
考点二：施工成本分析的基本方法 / 185

考点三：综合成本分析方法 / 187
6.4.2 施工成本管理绩效考核 / 189
考点一：施工成本管理绩效考核的内容和指标 / 189
考点二：施工成本管理绩效考核方法 / 191

第7章 建设工程施工安全管理

7.1 施工安全管理基本理论 / 195
7.1.1 施工生产危险源及其控制 / 196
考点一：危险源分类及其控制 / 196
考点二：危险源辨识与风险评价方法 / 197
7.1.2 安全事故致因理论 / 198
考点一：事故频发倾向理论 / 198
考点二：事故因果连锁论 / 198
考点三：能量意外释放理论 / 198
考点四：轨迹交叉理论 / 198
考点五：系统理论 / 199

7.2 施工安全管理体系及基本制度 / 201
7.2.1 施工安全管理体系 / 202
考点一：施工安全管理常见缺陷 / 202
考点二：施工安全管理体系的内容 / 202
考点三：本质安全化管理 / 202
7.2.2 施工安全管理基本制度 / 205
考点一：全员安全生产责任制 / 205
考点二：安全生产费用提取、管理和使用制度 / 205
考点三：安全生产教育培训制度 / 206
考点四：安全生产许可制度 / 207
考点五：管理人员及特种作业人员持证上岗制度 / 207
考点六：重大危险源管理制度 / 208
考点七：劳动保护用品使用管理制度 / 209
考点八：安全检查制度 / 209
考点九：安全生产会议制度 / 210

7.3 专项施工方案及施工安全技术管理 / 211
7.3.1 专项施工方案编制与报审 / 212
考点一：专项施工方案编制对象 / 212

考点二：专项施工方案的编制和审查程序 / 212
  7.3.2 施工安全技术措施及安全技术交底 / 213
    考点一：施工安全技术措施 / 213
    考点二：安全技术交底 / 215
 7.4 施工安全事故应急预案和调查处理 / 216
  7.4.1 施工安全事故隐患处置和应急预案 / 217
    考点一：安全风险分级管控 / 217
    考点二：安全隐患治理"五落实" / 218
    考点三：安全事故应急预案 / 218
  7.4.2 施工安全事故等级及应急救援 / 219
    考点一：施工安全事故等级 / 219
    考点二：施工安全事故应急救援 / 220
  7.4.3 施工安全事故报告和调查处理 / 221
    考点一：施工安全事故报告 / 221
    考点二：施工安全事故调查和处理 / 222
    考点三：施工安全事故罚款处罚 / 223

第8章　绿色建造及施工现场环境管理

8.1 绿色建造管理 / 227
  8.1.1 绿色建造基本要求 / 228
    考点一：基本概念 / 228
    考点二：绿色策划 / 228
  8.1.2 各方主体绿色施工职责 / 229
    考点一：绿色施工相关理念、原则和方法 / 229
    考点二：各方主体绿色施工具体职责 / 230
  8.1.3 绿色施工措施 / 231
    考点一：绿色施工管理措施 / 231
    考点二：绿色施工技术措施 / 231
8.2 施工现场环境管理 / 234
  8.2.1 施工现场文明施工要求 / 235
    考点一：文明施工管理理念 / 235
    考点二：文明施工管理目标及工作要求 / 235
  8.2.2 施工现场环境保护措施 / 237
    考点一：控制项 / 237

考点二：一般项 / 237

考点三：优选项 / 237

第9章 国际工程承包管理

9.1 国际工程承包市场开拓 / 241

9.1.1 国际工程承包相关政策 / 242

考点一：促进对外承包工程高质量发展基本原则 / 242

考点二：加快形成对外承包工程发展新优势的相关要求 / 242

考点三：对外劳务合作管理条例 / 242

考点四：企业境外投资管理 / 242

考点五：对外承包工程项目备案和立项管理 / 243

考点六：企业合规管理 / 243

9.1.2 国际工程承包市场进入 / 245

考点一：企业设立条件 / 245

考点二：工程招标投标 / 245

考点三：外籍劳务要求 / 245

考点四：技术标准 / 245

9.2 国际工程承包风险及应对策略 / 247

9.2.1 国际工程承包风险 / 248

考点：国际工程承包风险 / 248

9.2.2 国际工程承包风险应对策略 / 249

考点：国际工程承包风险应对策略 / 249

9.3 国际工程投标与合同管理 / 251

9.3.1 国际工程投标策略 / 252

考点：项目选择及投标决策 / 252

9.3.2 FIDIC 施工合同和设计-采购-施工（EPC）合同管理 / 253

考点一：FIDIC施工合同管理 / 253

考点二：FIDIC设计-采购-施工（EPC）合同管理 / 256

9.3.3 NEC 施工合同和 AIA 合同 / 257

考点一：NEC合同 / 257

考点二：AIA合同 / 258

第10章 建设工程项目管理智能化

10.1 建筑信息模型（BIM）及其在工程项目管理中的应用 / 263

    10.1.1 **BIM 技术的基本特征** / 264

        考点：BIM技术的基本特征 / 264

    10.1.2 **BIM 技术在工程项目管理中的应用** / 264

        考点一：相关方职责 / 264

        考点二：BIM技术的应用 / 265

10.2 智能建造与智慧工地 / 267

    10.2.1 **智能建造** / 268

        考点：智能建造的基本特征 / 268

    10.2.2 **智慧工地** / 268

        考点一：智慧工地基本特点和总体架构 / 268

        考点二：智慧工地基础设施 / 269

        考点三：智慧工地的运行 / 269

第1章 建设工程项目组织、规划与控制

1.1 工程项目投资管理与实施

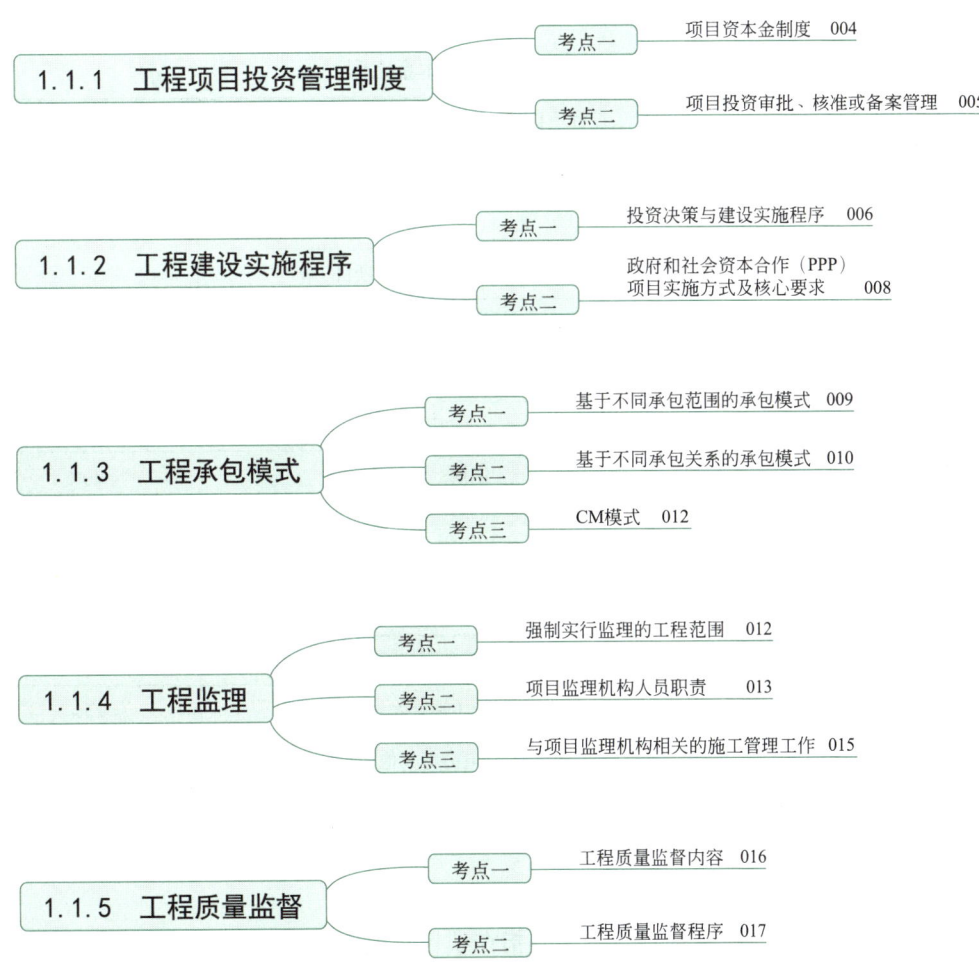

- 1.1.1 工程项目投资管理制度
  - 考点一　项目资本金制度　004
  - 考点二　项目投资审批、核准或备案管理　005

- 1.1.2 工程建设实施程序
  - 考点一　投资决策与建设实施程序　006
  - 考点二　政府和社会资本合作（PPP）项目实施方式及核心要求　008

- 1.1.3 工程承包模式
  - 考点一　基于不同承包范围的承包模式　009
  - 考点二　基于不同承包关系的承包模式　010
  - 考点三　CM模式　012

- 1.1.4 工程监理
  - 考点一　强制实行监理的工程范围　012
  - 考点二　项目监理机构人员职责　013
  - 考点三　与项目监理机构相关的施工管理工作　015

- 1.1.5 工程质量监督
  - 考点一　工程质量监督内容　016
  - 考点二　工程质量监督程序　017

1.1.1 工程项目投资管理制度

工程项目寿命期包含投资决策和建设实施两个阶段，而建设工程全寿命期还包含工程建成后的运营维护阶段。

考点一：项目资本金制度

投资项目必须首先落实资本金。

项目资本金是指在项目总投资中由投资者认缴的出资额。这里的总投资是指投资项目的固定资产投资与铺底流动资金之和。

项目资本金可以用货币出资，也可以用实物、工业产权、非专利技术、土地使用权作价出资。

各类投资项目最低资本金比例

序号	投资项目		最低资本金比例
1	城市和交通基础设施项目	城市轨道交通项目	20%
		港口、沿海及内河航运项目	
		铁路、公路项目	
		机场项目	25%
2	房地产开发项目	保障性住房和普通商品住房项目	20%
		其他项目	25%
3	产能过剩行业项目	钢铁、电解铝项目	40%
		水泥项目	35%
		煤炭、电石、铁合金、烧碱、焦炭、黄磷、多晶硅项目	30%
4	其他工业项目	玉米深加工项目	20%
		化肥（钾肥除外）项目	25%
		电力等其他项目	20%

通过发行金融工具等方式筹措的资金，可以认定为投资项目资本金，但不得超过资本金总额的50%。

【典型例题】

1.【2024】固定资产投资项目资本金是指在项目总投资中的（ ）。

A. 建筑安装工程费用与设备工器具费用总和

B. 铺底流动资金

C. 建筑安装工程费用

D. 投资者认缴的出资额

2. 根据固定资产投资项目资本金制度,作为计算资本金基数的总投资是指投资项目（　　）之和。
A. 固定资产投资与铺底流动资金　　　　B. 建安工程费和设备购置费
C. 建筑工程费和安装工程费　　　　　　D. 建筑工程费和工程建设其他费
3. 普通商品住房房地产开发项目,最低资本金比例是（　　）。
A. 25%　　　　B. 20%　　　　C. 30%　　　　D. 15%
4. 根据固定资产投资项目资本金制度,下列固定资产投资项目中,最低资本金比例最高的是（　　）。
A. 钢铁、电解铝项目　　　　　　　　B. 保障性住房项目
C. 城市轨道交通项目　　　　　　　　D. 水泥项目
答案：1. D；2. A；3. B；4. A

考点二：项目投资审批、核准或备案管理

1. 政府投资项目实行审批制
（1）采用直接投资和资本金注入方式的,政府部门审批项目建议书和可行性研究报告。
（2）采用投资补助、转贷和贷款贴息方式的,政府部门审批资金申请报告。
2. 企业投资项目实行核准制或登记备案制
（1）对关系国家安全、涉及全国重大生产力布局、战略性资源开发和重大公共利益等的企业投资项目,实行核准管理,企业仅需向核准机关提交项目申请书。
（2）企业投资的其他项目,实行备案管理。

【典型例题】

1.【2024】根据《国务院关于投资体制改革的决定》,对于企业不使用政府投资建设的项目,实行的投资管理制度是（　　）。
A. 审批制或核准制　　　　　　　　B. 核准制或登记备案制
C. 审批制或承诺制　　　　　　　　D. 承诺制或登记备案制
2. 采用直接资本金注入的政府投资项目,说法正确的是（　　）。
A. 审批资金申请报告　　　　　　　B. 实行核准管理
C. 实行备案管理　　　　　　　　　D. 审批项目建议书
E. 审批可行性研究报告
3. 企业投资《政府核准的投资项目目录》中的项目时,需向政府提交（　　）。
A. 项目建议书　　　　　　　　　　B. 可行性研究报告
C. 项目申请书　　　　　　　　　　D. 开工报告
4. 对于采用投资补助、贷款贴息方式的政府投资项目,政府投资主管部门应审批的文件是（　　）。
A. 可行性研究报告　　　　　　　　B. 资金申请报告
C. 开工报告　　　　　　　　　　　D. 项目建议书

5. 投资者在工程项目可行性研究的基础上进行投资决策后，需要按投资管理制度申请办理的手续是（　　）。
   A. 施工许可和质量监督　　　　　　B. 审批、核准或备案
   C. 招标申请和合同备案　　　　　　D. 概算或预算审批

6. 根据《国务院关于投资体制改革的决定》，政府投资项目实行的投资管理制度是（　　）。
   A. 备案制　　　　　　　　　　　　B. 审批制
   C. 核准制　　　　　　　　　　　　D. 许可制

答案：1. B；2. D、E；3. C；4. B；5. B；6. B

笔记区

1.1.2　工程建设实施程序

考点一：投资决策与建设实施程序

包括工程勘察设计、建设准备、工程施工、生产准备、竣工验收等环节。

1. 工程勘察设计

分为初步设计和施工图设计两个阶段，对于重大工程和技术复杂工程，可根据需要增加技术设计阶段。

（1）初步设计：明确工程建设内容、建设规模、建设标准、用地规模、主要材料、设备规格和技术参数等，编制工程总概算。

（2）技术设计：解决初步设计未解决的重大技术问题而进行的活动，包括工艺流程、建筑结构、设备选型等问题，编制修正概算。

（3）施工图设计：完整地表现建筑物外形、内部空间分割、结构体系、构造状况及建筑群组成和周围环境的配合，编制施工图预算。

施工图设计文件需经审查批准后方可实施。

2. 建设准备

主要由建设单位完成，包括：

（1）征地、拆迁和场地平整。

（2）完成施工用水、电、通信网络、交通道路等接通工作。

（3）准备必要的施工图纸。

（4）组织工程监理、施工及材料设备采购招标工作。

（5）办理施工许可证、工程质量监督等手续。

3. 工程施工

开工时间是指设计文件中规定的任何一项永久性工程第一次正式破土开槽开始施工的时间。不需要开槽的工程，正式开始打桩的时间就是开工时间。

4. 生产准备

生产准备是衔接建设与生产的桥梁，是工程建设转入生产经营的必要条件。生产准备一般包括以下内容：

（1）组建生产管理机构，制定生产管理制度。

（2）招聘和培训生产人员，组织生产人员参加设备安装、调试和工程验收工作。

（3）落实原材料、协作产品、燃料、水、电、气等来源和其他需协作配合的条件，并组织工装、器具、备品、备件等制造或订货等。

5. 竣工验收

工程建设实施阶段最后一个环节，是投资成果转入生产或使用的标志，也是全面考核工程建设成果、检验工程质量的重要步骤。

建设工程自竣工验收合格之日起即进入缺陷责任期。

【典型例题】

1.【2024】建设工程开工时间是指工程建设文件中规定的任何一项永久性工程（　　）的时间。

A. 施工场地既有建筑物开始拆除

B. 施工场地平整或临时设施开始施工

C. 施工用临时道路开始施工

D. 第一次正式破土开槽开始施工

2.【2024】作为工程建设实施阶段的最后一个环节，工程竣工验收的基本作用有（　　）。

A. 结算全部工程款项　　　　　　B. 全面检验工程质量

C. 全面进行工程项目后评价　　　D. 全面考核工程建设成果

E. 标志着投资成果转入生产或使用

3. 以下工作内容属于建设准备工作的有（　　）。

A. 明确建设规模　　　　　　　　B. 场地平整

C. 组织施工招标工作　　　　　　D. 编制施工图预算

E. 办理施工许可证

4. 下列工程造价文件中，属于技术设计阶段文件的是（　　）。

A. 施工图预算　　　　　　　　　B. 投资估算

C. 设计概算　　　　　　　　　　D. 修正概算

5. 建设工程缺陷责任期通常从（　　）起计算。

A. 试生产工作完成之日　　　　　B. 办理竣工结算之日

C. 竣工验收合格之日　　　　　　D. 出具工程接收证书之日

6. 工程项目交付使用前，建设单位在生产准备阶段需要进行的工作有（　　）。

A. 落实原材料和燃料来源

B. 准备必要的施工图纸

C. 组织生产人员参加设备安装、调试工作

D. 完成施工用水电气等接通工作

E. 组织单位工程预验收

7. 下列工作内容中，属于工程建设实施阶段的是（　　）。

A. 可行性研究和初步设计　　　　B. 投资估算和设计概算

C. 初步设计和工程施工　　　　　D. 工程施工和工程保修

8. 下列工程建设实施程序内容中，属于投资决策阶段的是（　　）。

A. 工程勘察　　　　　　　　　　B. 编制施工图预算

C. 编制可行性研究报告　　　　　D. 场地平整

9. 工程总概算是在（　　）阶段编制。

A. 可行性研究阶段　　　　　　　B. 初步设计

C. 技术设计　　　　　　　　　　D. 施工图设计

答案： 1. D；2. B、D、E；3. B、C、E；4. D；5. C；6. A、C；7. C；8. C；9. B

考点二：政府和社会资本合作（PPP）项目实施方式及核心要求

政府和社会资本合作（PPP）是指政府通过特许经营权、合理定价、财政补贴等收益约定规则，引入社会资本参与基础设施和公共服务项目投资和运营。

1. PPP具体实施方式

BOT是政府和社会资本合作新机制的基本实施方式，其余实施方式多为BOT演变形式。

（1）BOT基本形式

① 标准BOT：建设—经营—移交。运作流程如下：特许权协议→融资安排→开发建设→项目运营→项目移交。

② BOOT：建设—拥有—经营—移交。与标准BOT相比，BOOT在特许期内既拥有经营权，又拥有所有权，特许期比BOT长。

③ BOO：建设—拥有—经营。目的是鼓励项目公司从全寿命期角度考虑建设和经营基础设施，提高项目产品或服务质量，追求全寿命期总成本的降低和效率的提高。

（2）BOT演变形式

① TOT：移交—经营—移交。

② TBT：移交—建设—移交。

③ ROT：改建—经营—移交。

④ DBFOT：设计—建设—融资—运营—移交，是政府和社会资本合作新机制中唯一具有全寿命周期特性的具体实施模式。

2. PPP新机制的核心要求

（1）聚焦使用者付费项目，项目经营收入能够覆盖建设投资和运营成本，具备一定投资回报。

（2）政府付费只能按规定补贴运营，不能补贴建设成本。

（3）应限定于有经营性收益的项目。
（4）最大程度鼓励民营企业参与PPP新建（含改扩建）项目。

【经典例题】

1. PPP项目具体实施方式中，（　　）不需移交给项目所在国政府。
   A. 标准BOT　　　　B. BOOT　　　　C. BOO　　　　D. TOT
2. 关于PPP新机制的核心要求，说法正确的是（　　）。
   A. 限定于公益性项目
   B. 政府付费可补贴建设成本，也可补贴运营
   C. 项目经营收入能覆盖建设投资和运营成本
   D. 最大程度鼓励国营企业参与政府和社会资本合作新建项目

答案：1. C；2. C

1.1.3 工程承包模式

考点一：基于不同承包范围的承包模式

1. 设计–招标–建造（DBB）模式

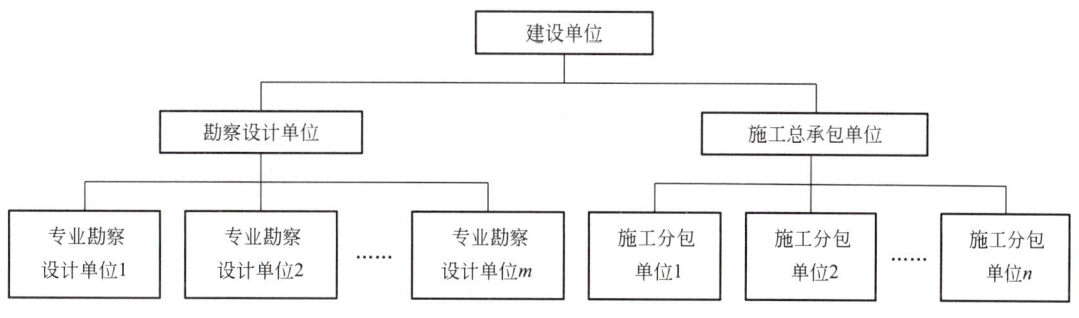

设计–招标–建造（DBB）模式

体现的是专业化分工，我国大部分工程项目都采用这种模式。

优点：责权利分配明确；指令易贯彻执行；前后工作衔接构成质量制约，有利于发现质量问题。

缺点：建设周期长、设计与施工协调困难、容易产生设计变更、协调工作量大。

2. 工程总承包模式

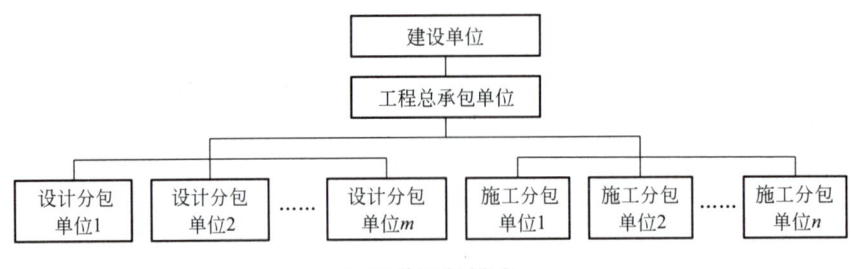

工程总承包模式

工程总承包模式优、缺点

优点	缺点
（1）有利于缩短建设工期。 （2）提前确定工程造价。 （3）责任主体单一化。 （4）可减轻建设单位合同管理的负担	（1）道德风险高。 （2）前期工作量大。 （3）工程总承包单位报价高

【经典例题】

1.【2024】与传统的设计–招标–建造（DBB）模式相比，采用工程总承包模式的不足是（　　）。

A. 建设单位前期工作量大　　　　B. 建设单位合同管理负担重

C. 不利于缩短建设工期　　　　　D. 不利于建设单位控制工程造价

2. 下列关于设计–招标–建造（DBB）模式的说法，正确的是（　　）。

A. 勘察设计单位与施工单位之间存在合同关系

B. 各单位行使其职责和履行义务，责权利分配明确

C. 各平行承包单位前后工作衔接，不利于发现工程质量问题

D. 工程设计、招标、施工按顺序依次进行，不容易产生设计变更

答案：1. A；2. B

考点二：基于不同承包关系的承包模式

1. 平行承包模式

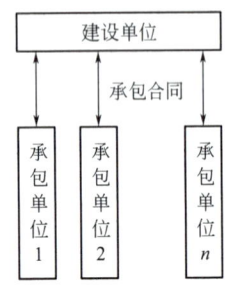

平行承包模式

（1）有利于建设单位择优选择承包单位。

（2）有利于控制工程质量。

（3）有利于缩短建设工期。

（4）组织管理和协调工作量大。

（5）工程造价控制难度大。

（6）与总承包模式相比，平行承包模式不利于发挥那些技术水平高、综合管理能力强的承包商综合优势。

2. 联合体承包模式

联合体各成员单位共同与建设单位签订工程承包合同。有以下特点：

（1）建设单位合同结构简单，组织协调工作量小，而且有利于工程造价和工期控制。

（2）可以集中各成员单位的优势，有利于增强竞争能力和抗风险能力。

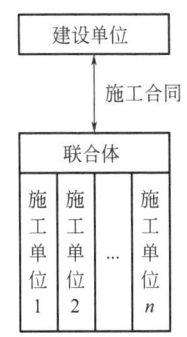

联合体承包模式

3. 合作体承包模式

几家单位成立一个合作体，然后以合作体名义与建设单位签订施工承包意向合同。各施工单位再分别与建设单位签订施工合同，并在合作体统一计划、指挥和协调下完成施工任务。

（1）建设单位组织协调工作量小，但风险较大。

（2）各施工单位之间有合作愿望，但又不愿意组成联合体。

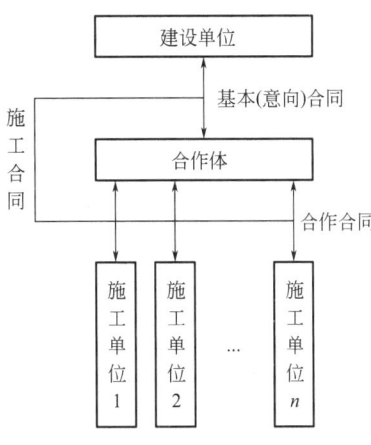

合作体承包模式

【经典例题】

1.【2024】采用联合体方式承包工程时，对联合体各成员单位正确的要求是（　　）。

A. 共同与建设单位签订工程承包合同

B. 需要具有与工程规模相适应的相同承包资质

C. 承担相同的工程承包合同义务和责任

D. 共同与建设单位签订联合体协议

2. 工程项目采用平行承包模式的特点是（　　）。

A. 有利于缩短建设工期　　　　B. 不利于控制工程质量

C. 组织管理和协调简单　　　　D. 工程造价控制难度小

3. 关于合作体承包模式的说法，正确的是（　　）。

A. 合作体与建设单位签订施工合同

B. 建设单位风险较小

C. 各施工单位之间没有合作意愿

D. 各施工单位在合作体统一协调下完成施工任务

4. 工程项目承包模式中，建设单位组织协调工作量小，但风险较大的是（　　）。

A. 总承包模式　　　　　　　　B. 合作体承包模式

C. 平行承包模式　　　　　　　D. 联合体承包模式

5. 对建设单位而言，与平行承包模式相比，施工项目采用联合体承包模式的特点是（　　）。

A. 组织协调工作量小　　　　　B. 合同结构复杂

C. 不利于工程造价控制　　　　D. 不利于工程工期控制

6. 关于工程承包模式的说法，建设单位组织协调工作量大的是（　　）。

A. 工程总承包模式　　　　　　B. 平行承包模式

C. 联合体承包模式 D. 合作体承包模式

答案：1.A；2.A；3.D；4.B；5.A；6.B

考点三：CM模式

由建设单位委托一家CM单位承担项目管理工作，该CM单位以承包单位的身份进行施工管理，并在一定程度上影响工程设计活动，组织快速路径的生产方式，使工程项目实现有条件的"边设计、边施工"。具有以下特点：

（1）采用快速路径法施工。当工程某些部分的施工图设计已经完成时，就开始该部分工程施工招标，从而使这部分工程的施工提前到设计阶段。

（2）CM单位有代理型和非代理型两种。代理型的CM单位不负责工程分包的发包，与分包单位的合同由建设单位直接签订。而非代理型的CM单位直接与分包单位签订分包合同。

（3）CM合同采用成本加酬金方式。代理型合同采用简单的成本加酬金合同形式，非代理型合同采用保证最大工程费用（GMP）加酬金合同形式。

CM模式在工程造价控制方面的价值体现在以下几方面：

（1）与施工总承包模式相比，采用CM模式时的合同价更具合理性。

（2）CM单位不赚取总包与分包之间的差价。

（3）应用价值工程方法挖掘节约投资的潜力。

（4）GMP可大大减少建设单位在工程造价控制方面的风险。

【典型例题】

【2024】建设工程采用CM模式时，CM单位以（　　）身份进行施工管理。
A. 建设单位 B. 监理单位
C. 承包单位 D. 设计单位
答案：C

1.1.4 工程监理

考点一：强制实行监理的工程范围

（1）国家重点建设工程。

（2）大中型公用事业的工程（项目总投资额在3000万元以上）。

（3）建筑面积5万㎡以上的住宅建设工程。

（4）利用外国政府或者国际组织贷款援助资金的工程。

（5）其他工程：

① 基础设施项目（项目总投资额在3000万元以上）。

② 学校、影剧院、体育场馆项目。

【典型例题】

1. 下列必须实行监理的工程范围是（　　）。

A. 学校　　　　　　　　　　　B. 影剧院

C. 总投资额为2000万元水运工程　D. 体育场馆

E. 国际组织贷款援助资金的工程

2. 根据《建设工程监理范围和规模标准规定》，下列工程项目中，必须实行监理的是（　　）。

A. 总投资额为1亿元的服装厂改建项目

B. 总投资额为400万美元的联合国环境规划署援助项目

C. 总投资额为2500万元的垃圾处理项目

D. 建筑面积为4万 m² 的住宅建设项目

3. 下列工程项目中属于非强制监理的项目是（　　）。

A. 学校　　　　　　　　　　　B. 体育场馆

C. 影剧院　　　　　　　　　　D. 自建农场养殖房

答案： 1. A、B、D、E；2. B；3. D

考点二：项目监理机构人员职责

1. 总监理工程师职责（节选）

（1）组织编制监理规划，审批监理实施细则。

（2）组织审核分包单位资格。

（3）组织审查施工组织设计、（专项）施工方案。

（4）审查开复工报审表，签发工程开工令、暂停令和复工令。

（5）组织验收分部工程，组织审查单位工程质量检验资料。

（6）审查施工单位的竣工申请，组织工程竣工预验收，组织编写工程质量评估报告，参与工程竣工验收。

（7）参与或配合工程质量安全事故的调查和处理。

2. 总监理工程师代表职责

代表总监理工程师行使其部分职责和权力的人员。总监理工程师不得将下列工作委托给总监理工程师代表：

（1）组织编制监理规划，审批监理实施细则。

（2）根据工程进展及监理工作情况调配监理人员。

（3）组织审查施工组织设计、（专项）施工方案。

（4）签发工程开工令、暂停令和复工令。

（5）签发工程款支付证书，组织审核竣工结算。

（6）调解建设单位与施工单位的合同争议，处理工程索赔。

（7）审查施工单位的竣工申请，组织工程竣工预验收，组织编写工程质量评估报告，参与工程竣工验收。

（8）参与或配合工程质量安全事故的调查和处理。

3. 专业监理工程师职责（节选）

（1）参与编制监理规划，负责编制监理实施细则。

（2）参与审核分包单位资格。

（3）检查进场的工程材料、构配件、设备的质量。

（4）验收检验批、隐蔽工程、分项工程，参与验收分部工程。

（5）处置发现的质量问题和安全事故隐患。

（6）进行工程计量。

（7）参与工程变更的审查和处理。

（8）组织编写监理日志，参与编写监理月报。

（9）参与工程竣工预验收和竣工验收。

4. 监理员职责

（1）检查施工单位投入工程的人力、主要设备的使用及运行状况。

（2）进行见证取样。

（3）复核工程计量有关数据。

（4）检查工序施工结果。

（5）发现施工作业中的问题，及时指出并向专业监理工程师报告。

【经典例题】

1. 以下属于总监理工程师职责的有（　　）。
A. 参与验收分部工程　　　　　　　B. 组织工程竣工预验收
C. 参与审核分包单位资格　　　　　D. 进行见证取样

2. 根据《建设工程监理规范》GB/T 50319—2013，总监理工程师不得委托给总监理工程师代表的职责是（　　）。
A. 组织审查和处理工程变更　　　　B. 参与工程质量事故的调查
C. 组织整理工程项目的监理文件资料　D. 检查监理人员工作

3. 下列监理机构人员的职责中，总监理工程师可以书面授权委托给总监理工程师代表的是（　　）。
A. 签发工程开工令　　　　　　　　B. 组织编写监理月报
C. 审批监理实施细则　　　　　　　D. 组织编写工程质量评估报告

4. 根据《建设工程监理规范》GB/T 50319—2013，专业监理工程师的职责有（　　）。
A. 检查进场的工程材料、构配件、设备的质量　B. 验收分项工程
C. 进行工程计量　　　　　　　　　　　　　　D. 进行见证取样
E. 检查工序施工结果

5. 监理员应承担的工作职责是（　　）。
A. 组织召开监理工作会议　　　　　B. 组织审查分包单位资格

C. 参与工程竣工预验收　　　　　　D. 见证取样进场材料
6. 根据《建设工程监理规范》GB/T 50319—2013，不属于总监理工程师职责的是（　　）。
A. 检查监理人员工作　　　　　　　B. 进行工程计量
C. 组织编制监理规划　　　　　　　D. 确定项目监理机构人员
7. 根据《建设工程监理规范》GB/T 50319—2013，不属于专业监理工程师职责的是（　　）。
A. 进行工程计量　　　　　　　　　B. 组织编写监理日志
C. 检查工序施工结果　　　　　　　D. 检查进场工程材料的质量
答案：1. B；2. B；3. B；4. A、B、C；5. D；6. B；7. C

考点三：与项目监理机构相关的施工管理工作

1. 施工准备与开工报审
（1）参加图纸会审和设计交底会议。图纸会审和设计交底会议由建设单位主持召开。
（2）报审施工组织设计。
（3）施工现场质量安全管理组织机构、制度及人员受检。
（4）报送工程开工报审表及相关资料。申请开工的工程具备下列条件的，总监理工程师方可在工程开工报审表签署同意开工的意见并报建设单位批准：
① 设计交底和图纸会审已完成。
② 施工组织设计已由总监理工程师签认。
③ 施工单位现场质量、安全生产管理体系已建立，管理及施工人员已到位，施工机械具备使用条件，主要工程材料已落实。
④ 进场道路及水、电、通信等已满足开工要求。
（5）报审分包单位资格。项目监理机构将会审查施工分包单位以下内容：营业执照、企业资质等级证书；安全生产许可文件；类似工程业绩；专职管理人员和特种作业人员资格。
（6）参加由建设单位主持召开的第一次工地会议。

2. 施工过程的报审报验
（1）"四新"质量报审。施工单位采用新材料、新工艺、新技术、新设备时，应将相应质量认证材料和相关验收标准报送项目监理机构审查。
（2）试验室报审。项目监理机构检查以下内容：① 试验室的资质等级及试验范围。② 法定计量部门对试验设备出具的计量检定证明。③ 试验室管理制度。④ 试验人员资格证书。

3. 竣工报验及结算申请
施工单位应向项目监理机构提交单位工程竣工验收报审表及竣工资料。项目监理机构组织工程竣工预验收合格后，编写工程质量评估报告并报送建设单位。

【典型例题】
1.【2024】在建设工程施工准备阶段，项目监理机构需要进行的工作是（　　）。
A. 主持召开图纸会审和设计交底会议

B. 主持召开第一次工地会议

C. 核查施工机械和设施的安全许可验收手续

D. 组织建立工程项目质量安全管理体系

2.【2024】施工单位采用新设备、新技术、新材料、新工艺时，应将相应质量认证材料和相关验收标准报送（　　）审查。

  A. 项目监理机构   B. 建设单位

  C. 设计单位   D. 质量监督机构

3. 施工准备及开工报审过程中，施工单位的主要工作是（　　）。

  A. 主持召开图纸会审和设计交底会议

  B. 报审施工组织设计

  C. 报送工程开工报审表

  D. 报审分包单位资格

  E. 主持召开第一次工地会议

4. 申请开工的工程需要具备的条件有（　　）。

  A. 设计交底和图纸会审已完成

  B. 施工组织设计已由总监理工程师签认

  C. 施工单位现场质量、安全生产管理体系已建立

  D. 进场道路及水、电、通信等已满足开工要求

  E. 第一次工地会议已召开

5. 分包工程开工前，项目监理机构对施工分包单位资格审核的基本内容包括（　　）。

  A. 分包单位资质及其业绩

  B. 分包单位专职管理人员和特种作业人员资格证书

  C. 安全生产许可文件

  D. 施工单位对分包单位的管理制度

  E. 分包单位施工规划

答案：1. C；2. A；3. B、C、D；4. A、B、C、D；5. A、B、C

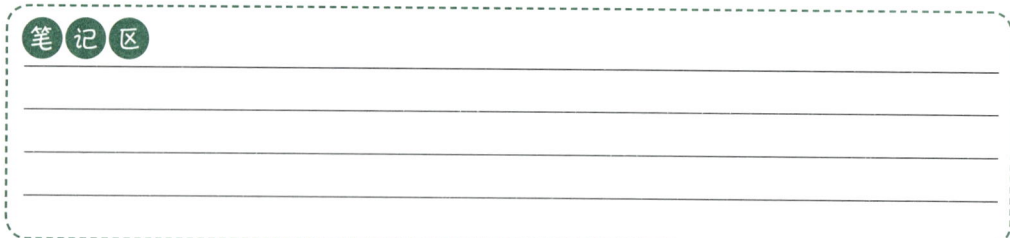

1.1.5 工程质量监督

考点一：工程质量监督内容

工程质量监督主要是指对工程质量责任主体行为和工程实体质量进行的监督检查。

工程实体质量监督内容包括：

（1）抽查工程实体质量。重点检查涉及结构安全和使用功能的实体质量。

（2）核验工程质量保证资料。目的是验证工程实体质量。核验工程质量保证资料时，一方面应检查工程质量保证资料是否及时、准确、完整；另一方面应将工程质量保证资料与工程实体质量进行对照，检查两者是否相符。

【经典例题】

1．根据《建设工程质量管理条例》，工程质量监督检查的主要内容是（　　）。

A．工程质量责任主体行为和工程实体质量　B．工程质量监控体系和工程质量保证体系

C．工程设计质量和工程施工质量　　　　　D．工程材料质量和工程设备质量

2．质量监督机构对工程实体质量监督的内容有（　　）。

A．抽查工程实体质量　　　　　　　B．考核质量管理人员

C．核验工程质量保证资料　　　　　D．落实质量责任

E．办理工程质量监督手续

答案：1．A；2．A、C

考点二：工程质量监督程序

（1）开工前，建设单位申请办理工程质量监督手续。工程质量监督机构审查合格，签发工程质量监督文件。

（2）施工过程中，工程质量监督机构监督检查的内容包括：

① 工程参建各方主体质量行为。重点检查工程参建各方资质及人员资格是否符合规定，质量保证体系、质量责任制和管理制度是否健全和有效运行，工程质量控制程序是否正确，工程质量责任人到位情况是否符合规定等。

② 工程实体质量。对影响主体结构、使用功能和施工安全的部位和关键工序加大抽查频次，对隐蔽工程应重点抽查。

③ 工程质量保证资料。

（3）工程质量监督机构参加竣工验收，并对现场验收的组织形式、验收程序、标准规定的执行情况等进行重点监督。

竣工验收工作结束后，出具工程质量监督报告。工程质量监督报告必须由工程质量监督负责人签认，经工程质量监督机构负责人审核同意并加盖单位公章后出具。

（4）工程质量监督机构的监督检查以抽查为主，实行专项检查和综合检查相结合、工程实体质量检查和工程参建各方主体质量行为检查相结合的方式。

【经典例题】

1．【2024】工程质量监督机构参加竣工验收时，对现场验收宜重点监督的内容有（　　）。

A．验收组织形式　　　　　　　B．验收方法

C．验收程序　　　　　　　　　D．标准规定的执行情况

E．观感质量检查

2. 在工程项目开工前，监督机构接受建设单位有关建设工程质量监督的申报手续，并对有关文件进行审查，审查合格后签发工程（　　）。

　　A. 质量监督文件　　　　　　　　B. 施工许可证
　　C. 质量监督报告　　　　　　　　D. 监督计划方案

3. 在工程实体质量监督中，质量监督管理机构重点抽查的部位是（　　）。

　　A. 分部工程　　　　　　　　　　B. 分项工程
　　C. 检验批　　　　　　　　　　　D. 隐蔽工程

4. 在工程施工过程中，工程质量监督机构的工程质量监督检查内容主要包括（　　）。

　　A. 工程参建各方主体质量行为　　B. 工程实体质量
　　C. 施工组织设计文件　　　　　　D. 工程质量保证资料
　　E. 质量管理组织架构

5. 建设工程的实体质量监督以（　　）方式为主，并辅以科学的检测手段。

　　A. 检测　　　　　　　　　　　　B. 巡查
　　C. 检查　　　　　　　　　　　　D. 抽查

6. 下列关于工程质量监督的说法，错误的是（　　）。

　　A. 工程质量监督报告必须由工程质量监督负责人签认
　　B. 核验工程质量保证资料的目的是验证工程实体质量
　　C. 工程开工前，建设单位需申请办理工程质量监督手续
　　D. 工程质量监督机构应对工程质量保证资料进行逐一检查
　　E. 工程竣工验收工作之前应出具工程质量监督报告

答案：1. A、C、D；2. A；3. D；4. A、B、D；5. D；6. D、E

1.2 工程项目管理组织与项目经理

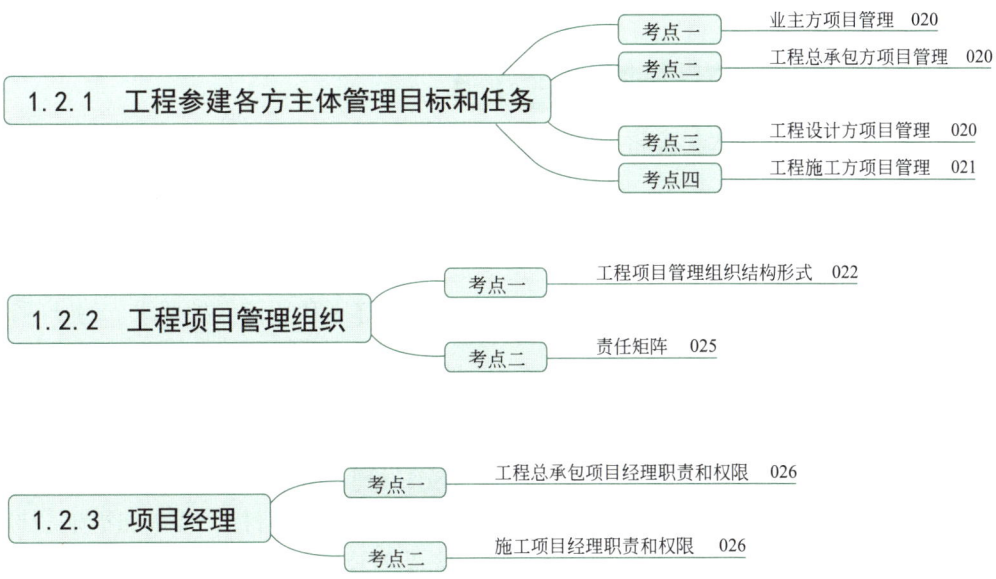

- 1.2.1 工程参建各方主体管理目标和任务
  - 考点一 业主方项目管理 020
  - 考点二 工程总承包方项目管理 020
  - 考点三 工程设计方项目管理 020
  - 考点四 工程施工方项目管理 021

- 1.2.2 工程项目管理组织
  - 考点一 工程项目管理组织结构形式 022
  - 考点二 责任矩阵 025

- 1.2.3 项目经理
  - 考点一 工程总承包项目经理职责和权限 026
  - 考点二 施工项目经理职责和权限 026

1.2.1　工程参建各方主体管理目标和任务

考点一：业主方项目管理

（1）目标：工程建设进度、质量、投资、绿色目标。
（2）进度目标：项目交付使用的时间目标。
（3）投资目标：工程建设总投资。
（4）业主方项目管理是全过程的，涉及工程项目投资决策和建设实施阶段各个环节。
（5）工程监理单位接受建设单位（或项目法人）委托，为其提供专业化服务也属于业主方项目管理。

考点二：工程总承包方项目管理

（1）应服务于项目整体利益和工程总承包方自身利益。
（2）目标：承包工程的进度、质量、成本、安全、绿色目标。
（3）设计执行计划宜包括下列内容：① 设计依据。② 设计范围。③ 设计的原则和要求。④ 组织机构及职责分工。⑤ 适用的标准规范清单。⑥ 质量保证程序和要求。⑦ 进度计划和主要控制点。⑧ 技术经济要求。⑨ 安全、职业健康和环境保护要求。⑩ 与采购、施工和试运行的接口关系及要求。
（4）采购执行计划应包括以下内容：① 编制依据。② 项目概况。③ 采购原则。④ 采购工作范围和内容。⑤ 采购岗位设置及其主要职责。⑥ 采购进度的主要控制目标和要求，长周期设备和特殊材料专项采购执行计划。⑦ 催交、检验、运输和材料控制计划。⑧ 采购费用控制的主要目标、要求和措施。⑨ 采购质量控制的主要目标、要求和措施。⑩ 采购协调程序。⑪ 特殊采购事项的处理原则。⑫ 现场采购管理要求。
（5）施工执行计划包括以下内容：① 工程概况。② 施工组织原则。③ 施工质量计划。④ 施工安全、职业健康和环境保护计划。⑤ 施工进度计划。⑥ 施工费用计划。⑦ 施工技术管理计划。⑧ 资源供应计划。⑨ 施工准备工作要求。

考点三：工程设计方项目管理

（1）服务于项目整体利益和工程设计方自身利益。
（2）目标：不仅有工程建设进度、质量、投资及绿色目标，也有设计方本身进度、质量和成本目标。
（3）不仅涉及工程设计阶段，也会延伸到施工阶段和竣工验收阶段。

考点四：工程施工方项目管理

（1）目标：施工进度、质量、成本、安全、绿色目标。

（2）施工承包单位项目管理和为施工承包单位提供咨询服务的工程咨询单位的项目管理均属于施工方项目管理范畴。

【经典例题】

1.【2024】根据《建设项目工程总承包管理规范》GB/T 50358—2017，设计执行计划宜包括的内容有（   ）。

A.质量保证程序和要求　　　B.费用控制原则和要求
C.进度计划和主要控制点　　D.采购工作范围和内容
E.技术经济要求

2.以下不属于施工方项目管理目标的是（   ）。

A.施工进度目标　　　　　　B.项目投资目标
C.施工安全目标　　　　　　D.绿色施工目标

3.业主方项目管理是指站在业主角度，通过有效控制工程建设进度、质量和投资目标，最终实现工程项目的价值。其中，投资目标是（   ）。

A.工程施工总投资　　　　　B.工程建设总投资
C.工程总投资　　　　　　　D.工程全生命周期总投资

4.工程总承包方作为项目建设的一个重要参与方，其项目管理主要服务于（   ）。

A.业主的利益　　　　　　　B.项目的整体利益
C.设计方的利益　　　　　　D.工程总承包方自身的利益
E.政府方的利益

5.根据《建设项目工程总承包管理规范》GB/T 50358—2017，下列属于工程总承包方项目管理中采购执行计划内容的有（   ）。

A.项目概况　　　　　　　　B.施工组织原则
C.资源供应计划　　　　　　D.采购工作范围和内容
E.催交、检验、运输和材料控制计划

6.下列关于工程参建各方主体项目管理的说法，正确的是（   ）。

A.业主方项目管理主要在工程项目投资决策阶段
B.工程咨询单位为施工承包单位提供的咨询服务属于工程咨询方项目管理范畴
C.工程设计方项目管理工作涉及设计、施工和竣工验收阶段
D.工程设计方项目管理服务于设计方自身利益和施工方利益

答案：1.A、C、E；2.B；3.B；4.B、D；5.A、D、E；6.C

笔记区

1.2.2 工程项目管理组织

考点一：工程项目管理组织结构形式

1. 直线式组织结构

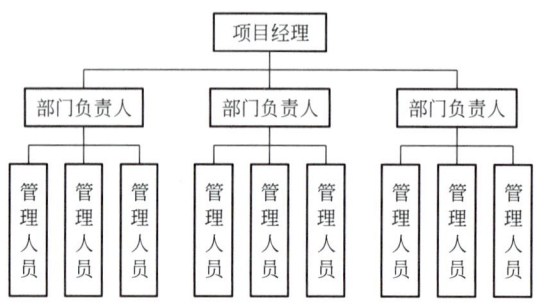

直线式组织结构

各种职位均按直线垂直排列，项目经理直接单线垂直领导。
优点：结构简单、权力集中、易于统一指挥、隶属关系明确、职责分明、决策迅速。
缺点：未设置职能部门，无法实现管理工作专业化，不利于提高项目管理水平。

2. 职能式组织结构

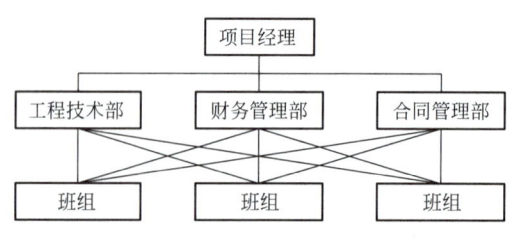

职能式组织结构

在各管理层设置职能部门，各职能部门对下级执行者进行业务管理。
优点：管理业务专业化，提高工作质量，减轻领导负担。
缺点：存在多头领导，容易造成职责不清。

3. 直线职能式组织结构

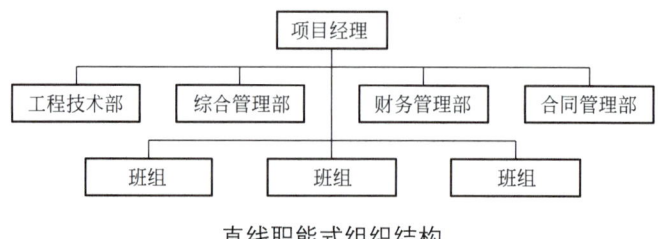

直线职能式组织结构

在各管理层设置职能部门，但职能部门只作为相应层级领导的参谋，不直接指挥下级，与下一层级职能部门构成业务指导关系。

既保持了直线式组织结构统一指挥的特点，又满足了职能式组织结构对管理工作专业化分工的要求。

4. 矩阵式组织结构

按照项目经理的权限不同，矩阵式组织结构又可分为三种形式：强矩阵式组织、中矩阵式组织和弱矩阵式组织。

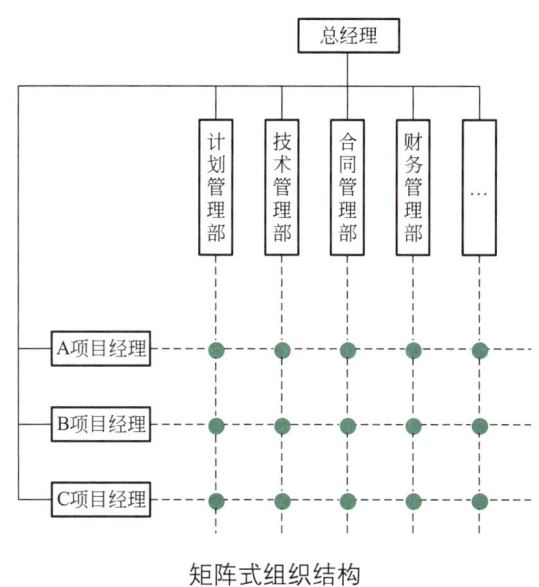

矩阵式组织结构

（1）强矩阵式组织

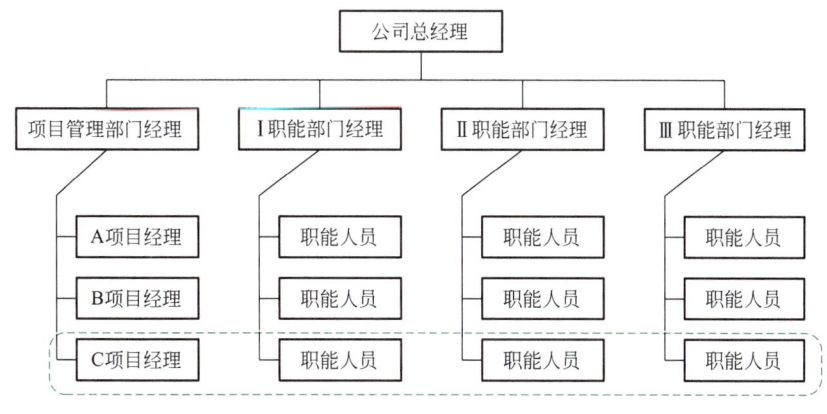

强矩阵式组织

项目经理由企业最高领导任命，并全权负责项目。项目组成员绩效完全由项目经理进行考核，项目组成员只对项目经理负责。

适用于技术复杂且时间紧迫的工程项目。

（2）中矩阵式组织（平衡矩阵）

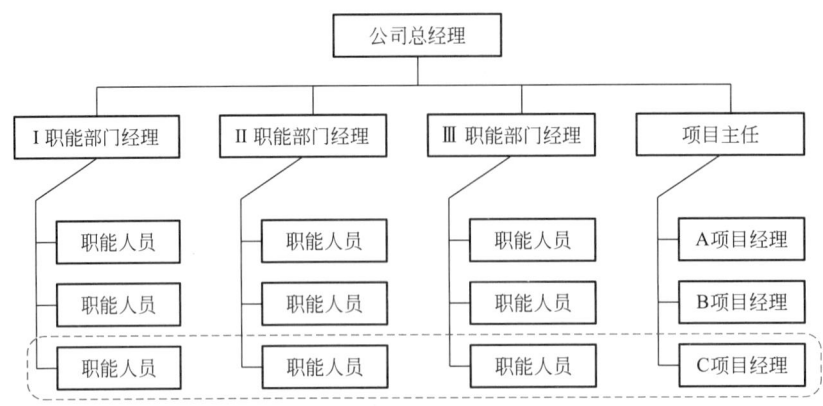

中矩阵式组织

项目经理被授予一定权力，对项目整体及项目目标负责。项目组成员是从各职能部门抽调而来。需精心建立管理程序和配备训练有素的协调人员。适用于中等技术复杂程度且建设周期较长的工程项目。

（3）弱矩阵式组织

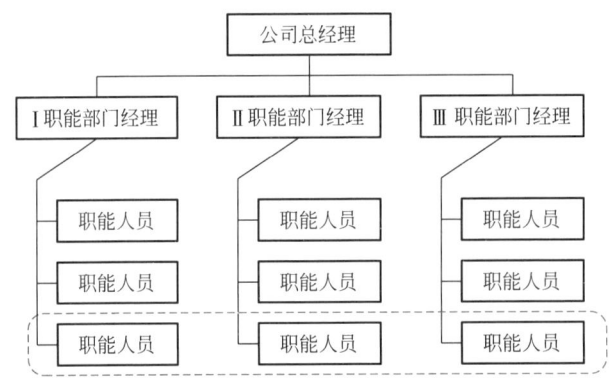

弱矩阵式组织

未明确项目经理。即使有，也只是一个项目协调者或监督者，而不是一个管理者。员工绩效由职能部门经理进行考核。适用于技术简单的工程项目。

【典型例题】

1.【2024】按照项目经理的权限不同，矩阵式项目组织结构可分为不同形式。其中，平衡矩阵式组织结构适用于（　　）的工程项目。

A.技术较复杂、建设周期较长　　B.技术较简单、建设周期较短
C.技术复杂程度中等、建设周期较长　　D.技术复杂程度中等、建设周期较短

2.关于直线式组织结构的说法，错误的是（　　）。

A.项目经理单线垂直领导　　B.结构复杂、权力集中
C.未设置职能部门　　D.不利于提高项目管理水平

3. 下级执行者需接受多方指令的组织结构是（　　）。
   A. 直线式组织结构　　　　　　　　B. 强矩阵式组织结构
   C. 弱矩阵式组织结构　　　　　　　D. 职能式组织结构

4. 在各管理层设置职能部门，但职能部门只作为相应层级领导的参谋，在其所管辖业务范围内实施管理，不直接指挥下级，与下一层级职能部门构成业务指导关系，该种组织结构是（　　）。
   A. 直线式组织结构　　　　　　　　B. 直线职能式组织结构
   C. 职能式组织结构　　　　　　　　D. 矩阵式组织结构

5. 关于强矩阵式组织结构的说法，正确的是（　　）。
   A. 项目经理权限较大
   B. 项目组成员绩效由职能部门经理考核
   C. 项目部成员需对项目经理和职能部门经理负责
   D. 需精心建立管理程序

6. 关于弱矩阵式组织结构的说法，错误的是（　　）。
   A. 需明确项目经理
   B. 员工绩效由职能部门经理考核
   C. 适用于技术简单的工程项目
   D. 项目负责人是一个项目的协调者或监督者

7. 下列关于职能式组织结构和矩阵式组织结构，说法正确的有（　　）。
   A. 在职能式组织结构中，各级领导不直接指挥下级，而是指挥职能部门
   B. 职能式组织结构能够根据工程任务的实际情况灵活组建与之相适应的职能机构和项目管理机构
   C. 强矩阵式组织结构适用于中等技术复杂程度且建设周期较长的工程项目
   D. 平衡矩阵式组织结构的特点是需要精心建立管理程序和配备训练有素的协调人员
   E. 弱矩阵式组织结构中，并未明确对项目目标负责的项目经理

8. 某建设工程项目的规模较小，为提高管理效率，易于统一指挥，使项目人员职责分明，迅速做出决策，宜采用（　　）模式。
   A. 直线式组织结构　　　　　　　　B. 直线职能式组织结构
   C. 职能式组织结构　　　　　　　　D. 矩阵式组织结构

答案：1. C；2. B；3. D；4. B；5. A；6. A；7. A、D、E；8. A

考点二：责任矩阵

责任矩阵强调每一项工作需要由谁负责，并表明每个人在整个项目中的角色地位。通过编制责任矩阵，可以清楚地表示每一个成员在项目实施过程中所承担的责任。

责任矩阵可以非常方便地进行责任检查：横向检查可以确保每项工作有人负责，纵向检查可以确保每个人至少负责一件"事"。基于管理活动的工作量估算，还可从横向统计每个活动的总工作量，从纵向统计每个角色投入的总工作量。

责任矩阵中需要明确项目任务的负责人、参与者、审查者或部门。

【经典例题】

1. 关于项目管理责任矩阵的说法，正确的是（　　）。
   A. 责任检查时，横向检查可以确保每个人员至少负责一项工作
   B. 责任检查时，纵向检查可以确保每项工作由人员负责
   C. 基于管理活动的工作量估算，可以横向统计每个活动的总工作量
   D. 基于管理活动的工作量估算，可以纵向统计每个活动的总工作量

2. 在施工项目部编制的责任矩阵图中，任务执行者在项目管理中的角色有（　　）。
   A. 负责人　　　　　　　　　　B. 授权人
   C. 监理人　　　　　　　　　　D. 参与者
   E. 审查者

3. 工程项目管理中强调每一项工作需要由谁负责，并表明每个人在整个项目中的角色地位，可以通过编制（　　）来实现。
   A. 管理矩阵　　　　　　　　　B. 项目矩阵
   C. 关系矩阵　　　　　　　　　D. 责任矩阵

答案：1. C；2. A、D、E；3. D

笔记区

1.2.3 项目经理

考点一：工程总承包项目经理职责和权限

工程总承包项目经理职责（节选）：
（1）代表企业组织实施工程总承包项目管理，对实现合同约定的项目目标负责。
（2）在授权范围内负责与项目利益相关者协调，解决项目实施中出现的问题。
（3）对项目实施全过程进行策划、组织、协调和控制。
（4）负责组织项目的管理收尾和合同收尾工作。

考点二：施工项目经理职责和权限

1. 施工项目经理职责

（1）依据企业规定组建项目经理部，组织制定项目管理岗位职责，明确项目团队成员职责分工。

（2）组织项目团队成员进行施工合同交底和项目管理目标责任分解。

（3）在授权范围内组织编制和落实施工组织设计、项目管理实施规划、施工进度计划、绿色施工及环境保护措施、质量安全技术措施、施工方案和专项施工方案。

（4）在授权范围内进行项目管理指标分解，优化项目资源配置，协调施工现场人力资源安排，并对工程材料、构配件、施工机具设备等资源的质量和安全使用进行全程监控。

（5）依据施工合同配合企业或受企业委托选择分包单位，组织审核分包工程款支付申请。

（6）组织与建设单位、分包单位、供应单位之间的结算工作，在授权范围内签署结算文件。

（7）建立和完善工程档案文件管理制度，规范工程资料管理及存档程序，及时组织汇总工程结算和竣工资料，参与工程竣工验收。

2. 施工项目经理权限（节选）

（1）参与项目投标及施工合同签订。

（2）参与组建项目经理部，提名项目副经理、项目技术负责人，选用项目团队成员。

（3）主持项目经理部工作。

（4）决定授权范围内的资源投入和使用。

（5）参与分包合同和供货合同签订。

（6）组织项目团队成员绩效考核评价，按企业薪酬制度拟定项目团队成员绩效工资分配方案，提出不称职管理人员解聘建议。

3. 施工项目经理应具备的专业知识和能力

（1）施工项目管理范围内的工程技术、管理、经济、法律法规及信息化知识。

（2）施工项目实施策划和分析解决问题的能力。

（3）施工项目目标管理及过程控制的能力。

（4）组织、指挥、协调与沟通能力。

【经典例题】

1.【2024】《建设项目工程总承包管理规范》GB/T 50358—2017规定，工程总承包项目经理应履行的职责是（　　）。

A. 代表企业签订工程总承包合同

B. 组织评估工程总承包项目投资估算的合理性

C. 对项目实施全过程进行策划、组织、协调和控制

D. 组织选择分包单位并签订工程分包合同

2. 根据《建设工程施工项目经理岗位职业标准》T/CCIAT 0010—2019，施工项目经理具有的权限是（　　）。

A. 组织签订分包合同　　　　　　B. 确定项目技术负责人

C. 解聘不称职管理人员　　　　　D. 参与施工合同签订

3. 根据《建设工程施工项目经理岗位职业标准》T/CCIAT 0010—2019，施工项目经理应履行的职责是（　　）。

A. 组织审查施工组织设计　　　　B. 主持第一次工地会议

C. 组织审查专项施工方案　　　　D. 主持工地例会

4. 关于施工项目经理权限的说法，正确的是（　　）。
A. 与建设单位签订施工合同
B. 提名项目技术负责人
C. 组织编制施工组织设计
D. 主持项目经理部工作
E. 自行拟定项目团队成员绩效工资分配方案

5. 工程总承包项目经理应履行的职责是（　　）。
① 执行工程总承包企业管理制度，维护企业合法权益。
② 代表企业组织实施工程总承包项目管理，对实现合同约定的项目目标负责。
③ 在授权范围内负责与项目利益相关者协调，解决项目实施中出现的问题。
④ 在合同范围内按规定程序使用工程总承包企业的相关资源。
⑤ 协调和处理与项目有关的内外部事项。
⑥ 对项目实施全过程进行策划、组织、协调和控制。
A. ①②③④
B. ①②③⑥
C. ②③⑤⑥
D. ②③④⑤

答案： 1. C；2. D；3. D；4. B、D；5. B

1.3 工程项目管理规划与动态控制

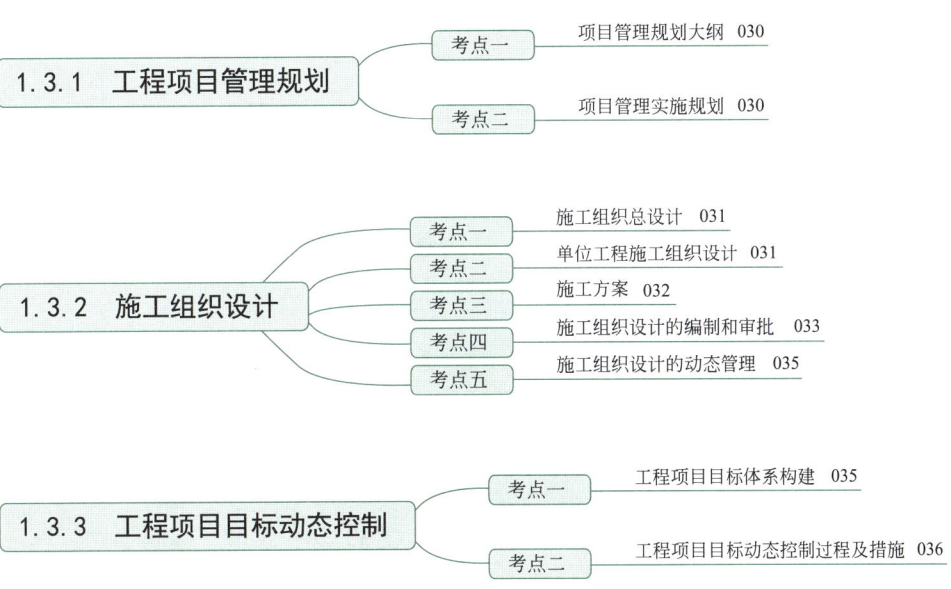

- 1.3.1 工程项目管理规划
  - 考点一　项目管理规划大纲　030
  - 考点二　项目管理实施规划　030

- 1.3.2 施工组织设计
  - 考点一　施工组织总设计　031
  - 考点二　单位工程施工组织设计　031
  - 考点三　施工方案　032
  - 考点四　施工组织设计的编制和审批　033
  - 考点五　施工组织设计的动态管理　035

- 1.3.3 工程项目目标动态控制
  - 考点一　工程项目目标体系构建　035
  - 考点二　工程项目目标动态控制过程及措施　036

1.3.1 工程项目管理规划

考点一：项目管理规划大纲

项目管理规划大纲应按下列程序编制：
（1）明确项目需求和项目管理范围。
（2）确定项目管理目标。
（3）分析项目实施条件，进行项目工作结构分解。
（4）确定项目管理组织模式、组织结构和职责分工。
（5）规定项目管理措施。
（6）编制项目资源计划。
（7）报送审批。

考点二：项目管理实施规划

对施工单位而言，施工组织设计等同于项目管理实施规划。编制程序如下：
（1）了解相关方的要求。
（2）分析项目具体特点和环境条件。
（3）熟悉相关的法规和政策文件。
（4）实施编制活动。
（5）履行报批手续。

【经典例题】

1.【2024】根据《建设工程项目管理规范》GB/T 50326—2017，编制项目管理规划大纲需进行的工作有：①确定项目管理目标；②规定项目管理措施；③编制项目资源计划；④进行项目工作结构分解等。仅就上述工作而言，正确的工作顺序是（　　）。
A. ③-②-①-④　　　　　　　　B. ②-①-③-④
C. ①-④-②-③　　　　　　　　D. ④-②-③-①

2. 根据《建设工程项目管理规范》GB/T 50326—2017，项目管理实施规划的编制过程包括：①熟悉相关的法规和政策文件；②分析项目具体特点和环境条件；③履行报批手续；④实施编制活动；⑤了解相关方的要求。正确的程序是（　　）。
A. ①-⑤-②-③-④　　　　　　B. ①-②-⑤-④-③
C. ⑤-②-①-④-③　　　　　　D. ②-⑤-①-③-④

3. 项目管理规划包括项目管理规划大纲和（　　）。
A. 项目管理实施规划　　　　　B. 项目管理决策规划
C. 项目管理规划策划　　　　　D. 项目管理配套策划

答案：1. C；2. C；3. A

1.3.2 施工组织设计

设计单位要编制指导性施工组织设计，施工单位要编制实施性施工组织设计。

考点一：施工组织总设计

基本内容包括：工程概况、总体施工部署、施工总进度计划、总体施工准备与主要资源配置计划、主要施工方法、施工总平面布置等。

施工总进度计划可按以下程序编制：
（1）计算工程量。
（2）确定各单位工程施工期限。
（3）确定各单位工程的开竣工时间和相互搭接关系。
（4）编制初步施工总进度计划。
（5）形成正式的施工总进度计划。

考点二：单位工程施工组织设计

内容包括：工程概况、施工部署、施工进度计划、施工准备与资源配置计划、主要施工方案、施工现场平面布置等。

（1）施工部署：内容包括工程施工目标、进度安排和空间组织、施工重点和难点分析、工程管理组织结构形式、"四新"使用部署和要求、分包单位要求。

（2）单位工程施工进度计划可按以下程序编制：划分工作项目、确定施工顺序、计算工程量、计算劳动量和机械台班数、确定工作项目的持续时间、编制初始施工进度计划、施工进度计划的调整和优化。

（3）综合时间定额：

当某工作项目是由若干个分项工程合并而成时，该工作项目综合时间定额按以下公式计算。

$$H = \frac{Q_1 H_1 + Q_2 H_2 + \cdots + Q_i H_i + \cdots + Q_n H_n}{Q_1 + Q_2 + \cdots + Q_i + \cdots + Q_n}$$

式中：H——综合时间定额（工日/m^3、工日/m^2、工日/t……）；
　　　Q_i——工作项目中第 i 个分项工程的工程量；
　　　H_i——工作项目中第 i 个分项工程的时间定额。

（4）最小工作面限定每班施工人数的上限，最小劳动组合限定每班施工人数的下限。

（5）初始施工进度计划检查内容包括：① 各工作项目的施工顺序和搭接关系是否合理。② 总工期是否满足合同约定。③ 主要工种的工人是否能满足连续、均衡施工的要求。④ 主要施工机具、材料等的利用是否均衡和充分。上述四方面检查内容中，首要的是前两方面检查。

考点三：施工方案

内容包括：工程概况、施工安排、施工进度计划、施工准备与资源配置计划、施工方法及工艺要求等。

（1）施工安排：内容包括工程施工目标、工程施工顺序及施工流水段、工程施工的重点和难点分析、项目管理机构及其职责。

（2）施工准备与资源配置计划。

施工准备包括技术准备、现场准备和资金准备等。

资源配置计划包括劳动力配置计划和物资配置计划。

【典型例题】

1.【2024】某单位工程施工进度计划中，工作A由B、C两个分项工程合并而成。已知分项工程B的时间定额和工程量分别是0.35工日/m²和5000m²，分项工程C的时间定额和工程量分别是0.52工日/m²和3000m²，则工作A的时间定额是（　　）工日/m²。

A. 0.41　　　　　　　　　　B. 0.44
C. 0.46　　　　　　　　　　D. 0.67

2.【2024】下列施工组织设计内容中，属于单位工程施工组织设计中"施工部署"的有（　　）。

A. 主要施工方案　　　　　　B. 工程施工目标
C. 施工重点和难点分析　　　D. 主要分项工程施工工艺要求
E. 项目经理部工作岗位设置与职责划分

3. 根据建筑施工组织设计规范，施工方案的主要内容包括（　　）。

A. 工程概况　　　　　　　　B. 施工方法及工艺要求
C. 施工部署　　　　　　　　D. 施工现场平面布置
E. 施工准备与资源配置计划

4. 单位工程施工组织设计和施工方案均应包括的内容有（　　）。

A. 施工部署　　　　　　　　B. 工程概况
C. 施工现场平面布置　　　　D. 施工准备与资源配置计划
E. 主要技术经济指标

5. 编制单位工程施工进度计划时，确定工作项目持续时间需要考虑每班工人数量。限定每班工人数量上限的因素是（　　）。

A. 工作项目工程量　　　　　B. 最小劳动组合
C. 人工产量定额　　　　　　D. 最小工作面

6. 施工总进度计划的编制程序包括：①形成正式的施工总进度计划；②计算工程量；③确定各单位工程的开竣工时间和相互搭接关系；④编制初步施工总进度计划；⑤确定各单位工程施工期限。施工总进度计划的正确编制程序是（　　）。

A. ④-②-③-⑤-① B. ②-⑤-③-④-①
C. ⑤-②-③-④-① D. ④-③-②-⑤-①

7. 单位工程施工进度计划的编制程序包括：①编制初始施工进度计划；②计算工程量；③计算劳动量和机械台班数；④施工进度计划的调整和优化；⑤确定施工顺序；⑥划分工作项目；⑦确定工作项目的持续时间。正确编制程序是（　　）。

A. ⑥-⑦-⑤-②-③-①-④ B. ⑦-⑤-⑥-②-③-①-④
C. ⑥-⑤-②-③-⑦-①-④ D. ⑦-②-③-⑤-⑥-①-④

8. 初始施工进度计划编制完成后，需要检查是否满足要求。下列检查内容中，首要检查的是（　　）。

A. 主要施工机具的利用是否均衡
B. 主要建筑材料的利用是否均衡
C. 总工期是否满足合同约定
D. 主要工种的工人是否满足连续施工要求

9. 某施工企业承接了某住宅小区中10号楼的土建施工任务，项目经理部针对该10号楼编制的施工组织设计属于（　　）。

A. 施工组织总设计 B. 单项工程施工组织设计
C. 单位工程施工组织设计 D. 分部工程施工组织设计

10. 在施工组织总设计中，总体施工准备与主要资源配置计划的主要内容有（　　）。

A. 技术准备 B. 劳动力配置计划
C. 时间准备 D. 资金准备
E. 物资配置计划

11. 施工部署是单位工程施工组织设计的纲领性内容，包括工程项目施工目标、施工组织安排以及（　　）等。

A. 主要施工方案 B. 进度安排及空间组织
C. 资源配置计划 D. 施工进度计划

答案：1. A；2. B、C、E；3. A、B、E；4. B、D；5. D；6. B；7. C；8. C；9. C；
10. A、B、D、E；11. B

考点四：施工组织设计的编制和审批

（1）编制：项目负责人主持编制。
（2）审批：(技术负责人)
①施工组织总设计：总承包单位技术负责人。
②单位工程施工组织设计：施工单位技术负责人或授权技术员。
③施工方案：项目技术负责人。

④ 重、难点分部分项工程和危险性较大的分部分项工程专项施工方案：施工单位技术部门组织专家评审，施工单位技术负责人批准。

（3）由专业承包单位施工的分部（分项）工程施工方案，由专业承包单位技术负责人或技术负责人授权的技术人员审批；有总承包单位时，应由总承包单位项目技术负责人核准备案。

（4）规模较大的分部（分项）工程和专项工程施工方案按单位工程施工组织设计编制和审批。

【经典例题】

1. 根据《建筑施工组织设计规范》GB/T 50502—2009，单位工程施工组织设计由（　　）审批。

A. 施工项目负责人　　　　　　　　B. 总承包单位负责人
C. 施工单位技术负责人　　　　　　D. 施工项目技术负责人

2. 根据《建筑施工组织设计规范》GB/T 50502—2009，主持编制施工组织设计的是（　　）。

A. 施工单位技术负责人　　　　　　B. 项目负责人
C. 项目总监理工程师　　　　　　　D. 项目技术负责人

3. 根据《建筑施工组织设计规范》GB/T 50502—2009，专业承包工程的施工方案由（　　）审批。

A. 施工总承包单位技术负责人或其授权的技术人员
B. 施工总承包项目技术负责人或其授权的技术人员
C. 专业承包项目技术负责人或其授权的技术人员
D. 专业承包单位技术负责人或其授权的技术人员

4. 根据《建筑施工组织设计规范》GB/T 50502—2009，关于施工组织设计审批的说法，正确的是（　　）。

A. 专项施工方案应由项目技术负责人审批
B. 施工方案应由项目总监理工程师审批
C. 施工组织总设计应由建设单位技术负责人审批
D. 单位工程施工组织设计应由施工单位技术负责人审批

5. 根据施工组织设计的管理要求，重点、难点分部（分项）工程施工方案的批准人是（　　）。

A. 项目技术负责人　　　　　　　　B. 项目负责人
C. 施工单位技术负责人　　　　　　D. 总监理工程师

答案：1. C；2. B；3. D；4. D；5. C

考点五：施工组织设计的动态管理

（1）需修改和补充的情形：
① 工程设计有重大修改。
② 有关法律、法规、规范和标准实施、修订和废止。
③ 主要施工方法有重大调整。
④ 主要施工资源配置有重大调整。
⑤ 施工环境有重大改变。

> 四重大+法律法规变化
> 设资法环

（2）经修改和补充后，需重新审批后实施。
（3）施工前应逐级交底。

【经典例题】

1.【2024】工程施工过程中，需要对施工组织设计进行修改或补充的情形有（　　）。
A. 工程设计有重大修改
B. 有关费用变化的
C. 主要施工方法有重大调整
D. 主要施工资源配置有重大调整
E. 施工环境有重大改变

2. 项目施工过程中，对施工组织设计进行修改或补充的情形有（　　）。
A. 设计单位应业主要求对楼梯部分进行局部修改
B. 某桥梁工程由于新规范的实施而需要重新调整施工工艺
C. 由于自然灾害导致施工资源的配置有重大变更
D. 项目部人员发生重大调整
E. 某钢结构工程施工期间，钢材价格上涨

答案： 1. A、C、D、E；2. B、C

笔记区

1.3.3 工程项目目标动态控制

考点一：工程项目目标体系构建

1. 分析论证工程项目总目标需遵循的原则

（1）确保工程质量、施工安全、绿色施工及环境管理目标符合工程建设强制性标准。
（2）定性分析与定量分析相结合。
（3）不同工程项目的各个目标可具有不同的优先等级。

2. 工程项目总目标的分解

从不同角度将工程项目总目标分解成若干分目标、子目标及可执行目标，从而形成"自上而下层层展开、自下而上层层保证"的工程项目目标体系。

工程项目总目标是一个多目标体系。

考点二：工程项目目标动态控制过程及措施

1. 工程项目目标动态控制过程

工程项目目标体系构建后，项目管理的关键在于项目目标动态控制。

2. 工程项目目标控制措施

（1）组织措施。包括建立健全组织机构和规章制度，配备相应管理人员并明确岗位职责分工；完善沟通机制和工作流程，促进各参建单位、各职能部门间协同工作；强化动态控制中的激励，调动和发挥员工实现项目目标的积极性和创造性；建立工程项目目标控制工作考评机制，通过绩效考核实现持续改进等。（管人）

（2）技术措施。包括编制项目管理规划、施工组织设计、施工方案并对其技术可行性进行审查、论证；改进施工方法和施工工艺，采用更先进的施工机具；采用"四新"技术并组织专家论证；采用工程网络计划技术、价值工程、挣值分析等方法和数字化、智能化技术等。

（3）经济措施。包括明确工程责任成本，落实加快工程进度所需资金，完善工程成本节约奖励措施，对工程变更方案进行技术经济分析，及时办理工程价款结算和支付手续等。

（4）合同措施。包括在投标环节需要系统分析工程承包风险，并将其体现在投标报价中。在工程合同签订环节，要结合承包模式及合同计价方式，与建设单位协商合同条款，争取有工期提前、合理化建议的奖励条款。在工程合同履行环节，要做好合同交底工作，动态跟踪合同执行情况，合理处置工程变更和利用好工程索赔。

【经典例题】

1. 关于工程项目目标及动态控制的说法，正确的有（　　）。
A. 工程项目管理的关键在于项目目标的事后纠偏控制
B. 工程项目总目标是一个多目标体系
C. 工程项目目标应符合工程建设强制性标准
D. 不同工程项目的各个目标可具有不同的优先等级
E. 工程项目目标体系是有效控制施工项目目标的基本前提

2. 工程项目目标体系构建后，工程项目管理的关键是（　　）。
A. 项目目标管理绩效评价　　　　B. 项目目标动态控制
C. 项目目标分解　　　　　　　　D. 项目目标纠偏措施落实

3. 下列工程项目目标控制措施中，属于技术措施的是（　　）。
A. 过程中利用好施工索赔　　　　B. 工程变更方案进行技术经济分析
C. 改进施工方法和施工工艺　　　D. 建立组织机构和规章制度

4. 下列工程项目目标控制措施中,属于组织措施的是(   )。
A. 过程中利用好施工索赔　　　　　B. 工程变更方案进行技术经济分析
C. 改进施工方法和施工工艺　　　　D. 完善沟通机制和工作流程

5. 下列施工项目目标控制措施中,属于经济措施的是(   )。
A. 采用价值工程方法　　　　　　　B. 对工程变更方案进行技术经济分析
C. 与建设单位协商确定完善的合同条款　D. 建立施工项目目标控制工作考评机制
E. 明确工程责任成本

答案:1. B、C、D、E;2. B;3. C;4. D;5. B、E

第 2 章　建设工程项目管理相关体系标准

2.1 质量、环境、职业健康安全管理体系

- **2.1.1 质量管理体系**
  - 考点一　质量管理体系关键要素　042
  - 考点二　质量管理原则　042
  - 考点三　质量管理的核心　042

- **2.1.2 环境管理体系**
  - 考点　环境管理体系的基本概念和核心内容　043

- **2.1.3 职业健康安全管理体系**
  - 考点　职业健康安全管理体系标准特点、要素及应用要求　045

- **2.1.4 卓越绩效管理**
  - 考点一　卓越绩效管理特点及基本理念　046
  - 考点二　卓越绩效评价准则框架　047
  - 考点三　建筑企业实施卓越绩效管理的措施　047

- **2.1.5 全面一体化管理**
  - 考点一　全面一体化管理及实施可行性　048
  - 考点二　全面一体化管理体系建立条件及编制原则　048

2.1.1 质量管理体系

考点一：质量管理体系关键要素

（1）组织机构：正式表述通常在质量手册或项目质量计划中提供。

（2）过程：

① 顾客导向过程：市场需求的确定、产品和服务的开发、产品生产和服务提供的控制、产品交付后的防护活动。

② 支持过程：基础设施、过程环境、监视和测量设备、知识、能力、意识、沟通、形成文件的信息、运行策划过程、外部供应产品和服务的控制、标识和可追溯性、顾客或外部供方的财产、产品和服务放行、不合格产品和服务。

③ 管理过程：风险和机遇的应对措施、质量目标及其实施的策划、顾客满意、数据分析与评价、内部审核、管理评审、不符合和纠正措施、改进等。

（3）程序。

（4）资源：

《质量管理体系 要求》GB/T 19001—2016中的资源包括人员、基础设施、过程运行环境、监视和测量资源、组织的知识等。

考点二：质量管理原则

质量管理原则是质量管理体系标准的编制基础。具体包括：

（1）以顾客为关注焦点。质量管理的首要关注点是满足顾客要求并且努力超越顾客期望。

（2）领导作用。

（3）全员积极参与。

（4）过程方法。

（5）改进：成功的组织应持续关注改进。改进对于组织保持当前的绩效水平，对其内、外部条件的变化做出反应，并创造新的机会，都是非常必要的。

（6）循证决策：基于数据和信息的分析和评价来做决策。

（7）关系管理。

考点三：质量管理的核心

（1）过程控制。

（2）全员参与。

（3）持续改进：组织应持续改进质量管理体系的适宜性、充分性和有效性。

【经典例题】

1.【2024】根据《质量管理体系 要求》GB/T 19001—2016，下列质量管理活动中，属于顾客导向过程的是（　　）。
A. 质量目标策划
B. 质量风险应对
C. 外部供应产品质量控制
D. 产品交付后的防护

2. 根据《质量管理体系 基础和术语》GB/T 19000—2016，质量管理原则包括（　　）。
A. 以顾客为关注焦点
B. 循证决策
C. 全员积极参与
D. 关系管理
E. 全要素控制

3. 根据《质量管理体系 基础和术语》GB/T 19000—2016，循证决策原则要求施工企业质量管理时应基于（　　）做出相关决策。
A. 与相关方的关系
B. 满足顾客的要求
C. 数据和信息的分析和评价
D. 功能连贯的过程组成的体系

4. 质量管理的核心通常包括（　　）。
A. 过程控制
B. 顾客导向
C. 全员参与
D. 持续改进
E. 资源

5. 在质量管理中，质量管理体系标准编制的基础是（　　）。
A. 质量管理体系核心标准
B. 质量管理体系关键要素
C. 质量管理体系结构
D. 质量管理原则

6. 在质量管理中，组织保持当前绩效水平，对其内、外部条件的变化做出反应的必要原则是（　　）。
A. 过程方法
B. 纠正措施
C. 领导作用
D. 改进

答案：1. D；2. A、B、C、D；3. C；4. A、C、D；5. D；6. D

笔记区

2.1.2 环境管理体系

考点：环境管理体系的基本概念和核心内容

1. 环境管理体系系列标准中的龙头标准

《环境管理体系 要求及使用指南》GB/T 24001—2016 是环境管理体系系列标准中的龙头标准，也是认证使用的唯一标准。

2.环境管理体系的基本理念

（1）持续改进。

（2）法律合规。

（3）风险管理。

（4）绩效评估。

（5）沟通与参与。

（6）资源管理。

（7）培训和意识。

3.环境管理体系的核心内容

（1）核心内容包括：组织所处环境、领导作用、策划、支持、运行、绩效评价、改进。

（2）领导作用：处于核心地位，包括三方面内容：①领导作用和承诺；②环境方针；③组织的角色、职责和权限。

【经典例题】

1.【2024】下列管理理念中，属于环境管理体系基本理念的是（　　）。

A.以顾客为关注焦点　　　　　　　B.应用过程方法

C.有效管理资源　　　　　　　　　D.注重关系管理

2.根据《环境管理体系 要求及使用指南》GB/T 24001—2016，领导作用在环境管理体系中处于核心地位，这里的"领导作用"包括（　　）。

A.领导作用和承诺　　　　　　　　B.组织所处环境

C.环境方针　　　　　　　　　　　D.组织的角色、职责和权限

E.相关方价值

3.制定目标和指标，收集和分析相关数据，并对绩效进行定期审查属于环境管理体系中的（　　）基本理念。

A.培训和意识　　　　　　　　　　B.持续改进

C.沟通与参与　　　　　　　　　　D.绩效评估

4.环境管理体系系列标准中的龙头标准是（　　）。

A.《质量管理体系 要求》GB/T 19001—2016

B.《环境管理体系 通用实施指南》GB/T 24004—2017

C.《环境管理体系 采取灵活方法分阶段实施的指南》GB/T 43385—2023

D.《环境管理体系 要求及使用指南》GB/T 24001—2016

答案：1.C；2.A、C、D；3.D；4.D

2.1.3 职业健康安全管理体系

考点：职业健康安全管理体系标准特点、要素及应用要求

1. 职业健康安全管理体系标准的特点

（1）系统化管理机制。系统化管理通过三个方面实现：组织职责系统化、风险管控系统化、管理过程系统化。

（2）法治化和规范化管理手段。

（3）广泛的适用性。

（4）遵循自愿原则。

（5）与其他管理体系兼容。

（6）应用的灵活性。

（7）强调预防为主和持续改进。组织是否建立、保持和认证审核职业健康安全管理体系都取决于组织自身的意愿。

2. 职业健康安全管理体系标准要素

（1）组织所处环境。组织应界定职业健康安全管理体系的边界和适用性，以确定其范围。

（2）领导作用和工作人员参与。

（3）策划。

（4）支持。

（5）运行。

（6）绩效评价。

3. 职业健康安全管理体系应用要求

（1）依法依规。

（2）风险优先。风险管理是现代职业健康安全管理的基本方法。

（3）员工参与。

（4）持续改进。PDCA动态循环、持续改进的管理模式，是职业健康安全管理体系的生命力所在。

【经典例题】

1.【2024】根据《职业健康安全管理体系 要求及使用指南》GB/T 45001—2020，建筑企业应界定职业健康安全管理体系的边界和适用性，以满足职业健康安全管理体系标准对（　　）的基本要求。

A. 支持和运行　　　　　　　　　B. 绩效评价
C. 领导作用　　　　　　　　　　D. 组织所处环境

2. 职业健康安全管理体系标准符合国际标准化组织（ISO）对管理体系标准的要求，这体现了职业健康安全管理体系标准的（　　）特点。

A. 系统化管理机制　　　　　　　B. 广泛的适用性

C. 与其他管理体系兼容 D. 应用的灵活性
3. 职业健康安全管理体系标准的系统化管理是通过（　　）三个方面实现。
A. 控制过程系统化 B. 风险管控系统化
C. 改进措施系统化 D. 管理过程系统化
E. 组织职责系统化
4. 职业健康安全管理体系的生命力所在是（　　）。
A. PDCA 动态循环、管理评审 B. 管理评审、持续改进
C. PDCA 动态循环、管理评审、持续改进 D. PDCA 动态循环、持续改进
5. 组织是否进行职业健康安全管理体系认证审核取决于（　　）。
A. 组织的运行机制 B. 组织的管理机制
C. 组织的质量目标 D. 组织自身的意愿
6. 组织在应用职业健康安全管理体系标准时的要求有（　　）。
A. 依法依规 B. 风险优先
C. 员工参与 D. 应急评价
E. 持续改进
7. 职业健康安全管理体系的改进措施包括（　　）。
A. 纠正措施、持续改进 B. 纠正措施、完善措施
C. 预防措施、发展措施 D. 纠正措施、预防措施
答案：1. D；2. C；3. B、D、E；4. D；5. D；6. A、B、C、E；7. A

笔记区

2.1.4 卓越绩效管理

考点一：卓越绩效管理特点及基本理念

1. 卓越绩效管理特点
（1）从追求产品和服务质量转为追求核心竞争力。
（2）聚焦组织经营结果。
（3）关注比较优势和竞争能力的提升。卓越绩效管理的目的是提升组织核心竞争力。

2. 卓越绩效管理基本理念
（1）说明组织驱动力的基本理念：远见卓识的领导；战略导向；顾客驱动。
（2）阐明组织经营行为的基本理念：社会责任；以人为本；合作共赢。
（3）提供组织运行方法和技术的基本理念：重视过程与关注结果；学习、改进与创新；系统管理。

考点二：卓越绩效评价准则框架

（1）"领导""战略""顾客与市场"构成"领导作用"三角。
（2）"资源""过程管理""结果"构成"过程结果"三角。
（3）"测量、分析和改进"是组织运作的基础，是连接两个三角的"链条"。

考点三：建筑企业实施卓越绩效管理的措施

（1）发挥领导带头作用，强化卓越意识。建筑企业推行实施卓越绩效管理的首要前提是高层领导的高度重视。
（2）坚持战略导向，统领管理活动。
（3）坚持顾客导向，提高顾客满意度。
（4）履行社会责任，成为卓越企业公民。
（5）重视过程管理，从多个维度关注结果。

【经典例题】

1.【2024】根据《卓越绩效评价准则》GB/T 19580—2012，建筑企业实施卓越绩效管理，在组织驱动力层面应遵循的基本理念是（　　）。
A. 以战略统领组织的管理活动　　B. 学习、改进与创新
C. 重视过程与关注结果　　D. 确保组织中员工的发展和权益

2. 下列属于卓越绩效管理中的阐明组织经营行为基本理念的是（　　）。
A. 重视过程与关注结果　　B. 系统管理
C. 战略导向　　D. 以人为本

3. 根据《卓越绩效评价准则》GB/T 19580—2012，"领导作用"三角，不包括（　　）。
A. 领导　　B. 战略
C. 顾客与市场　　D. 员工

4. 卓越绩效管理的目的是（　　）。
A. 顾客满意　　B. 追求产品质量
C. 追求服务质量　　D. 提升组织核心竞争力

5. 根据《卓越绩效评价准则》GB/T 19580—2012，"过程结果"三角，包括（　　）。
A. 战略　　B. 改进
C. 结果　　D. 资源
E. 过程管理

答案：1. A；2. D；3. D；4. D；5. C、D、E

2.1.5 全面一体化管理

考点一：全面一体化管理及实施可行性

全面一体化管理是指组织以质量、环境、职业健康安全为核心，以全面质量管理理论为基础，依据国际管理体系标准框架，通过建立一体化管理体系，优化整合协调一致管理，其目的是使顾客满意及员工、相关方受益而达到长期成功的管理途径。

1. 三标一体化管理体系

质量管理体系、环境管理体系、职业健康安全管理体系。三标一体化管理体系是对组织管理体系的最基本要求。

2. 实施全面一体化管理的可行性

基本逻辑思想相同、运行模式大致相同、框架结构较为相似。

考点二：全面一体化管理体系建立条件及编制原则

1. 建筑企业建立全面一体化管理体系应具备的条件
（1）初步确定方针目标。
（2）基本确定管理体系的主要过程及其需要开展的主要活动。
（3）明确组织机构设置或调整的方案。
（4）已完成组织职能的再分配。

2. 全面一体化管理体系文件的编制原则
（1）系统协调原则。
（2）合理优化原则。
（3）操作可行原则。
（4）证实检查原则。

【经典例题】

1. 下列关于全面一体化管理概念，说法正确的是（　　）。
A. 全面一体化管理的目的是使领导满意及员工、相关方受益而达到长期成功的管理途径
B. 全面一体化管理的核心是质量管理
C. 全面一体化管理可为建筑企业提供良好的管理环境
D. 全面一体化管理的基础是卓越绩效管理

2. 在全面一体化管理中，应对风险和机遇的措施属于（　　）。
A. 支持与运行过程　　　　　　　　B. 改进过程
C. 策划过程　　　　　　　　　　　D. 绩效评价过程

3. 建筑企业建立全面一体化管理体系至少应具备（　　）条件。
A. 确定了明确的方针目标

B. 基本完成全面一体化管理体系文件编制
C. 基本确定管理体系的主要过程及其需要开展的主要活动
D. 明确组织机构设置或调整的方案
E. 已完成组织职能的再分配

4. 全面一体化管理体系文件的编制原则包括（　　）。
A. 系统协调原则　　　　　　　　B. 证实检查原则
C. 持续改进原则　　　　　　　　D. 操作可行原则
E. 合理优化原则

答案：1. C；2. C；3. C、D、E；4. A、B、D、E

笔记区

2.2 风险管理与社会责任管理体系

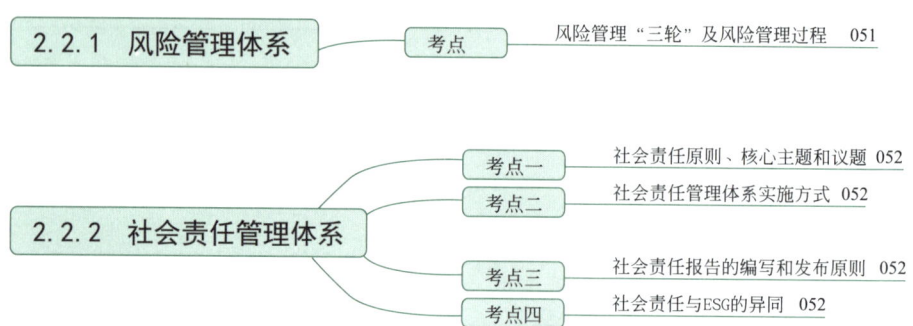

- 2.2.1 风险管理体系 —— 考点 —— 风险管理"三轮"及风险管理过程 051

- 2.2.2 社会责任管理体系
  - 考点一 —— 社会责任原则、核心主题和议题 052
  - 考点二 —— 社会责任管理体系实施方式 052
  - 考点三 —— 社会责任报告的编写和发布原则 052
  - 考点四 —— 社会责任与ESG的异同 052

2.2.1 风险管理体系

考点：风险管理"三轮"及风险管理过程

1. 风险管理"三轮"

（1）原则：整合、结构化和全面性、定制化、包容性、动态性、最佳可用信息、人和文化因素、持续改进。核心是创造和保护价值。

（2）框架：领导作用与承诺、整合、设计、实施、评价、改进。核心是领导作用与承诺。

（3）风险管理过程轮中，反映了风险评估的经典过程：风险识别→风险分析→风险评价。

2. 风险管理过程

（1）沟通和咨询。
（2）范围、环境、准则。
（3）风险评估。
（4）风险应对。
（5）监督和检查。
（6）记录和报告。

【经典例题】

1.《风险管理 指南》GB/T 24353—2022采用"三轮"形式概括了风险管理的原则、框架和过程，其中风险管理框架轮的核心是（　　）。
　　A. 领导作用和承诺　　　　　　B. 整合
　　C. 设计　　　　　　　　　　　D. 实施

2. 根据《风险管理 指南》GB/T 24353—2022，风险管理的核心原则是（　　）。
　　A. 控制损失　　　　　　　　　B. 持续改进
　　C. 创造和保护价值　　　　　　D. 整合风险管理

3. 根据《风险管理 指南》GB/T 24353—2022提出的风险管理过程，实施风险管理的首要步骤是（　　）。
　　A. 确定范围、环境和准则　　　B. 风险评估
　　C. 沟通和咨询　　　　　　　　D. 监督和检查

4. 在风险管理过程轮中，项目风险评估的经典过程包括：①项目风险分析；②项目风险评价；③项目风险识别。其正确的管理流程是（　　）。
　　A. ①-③-②　　　　　　　　　B. ③-①-②
　　C. ①-②-③　　　　　　　　　D. ③-②-①

答案：1. A；2. C；3. C；4. B

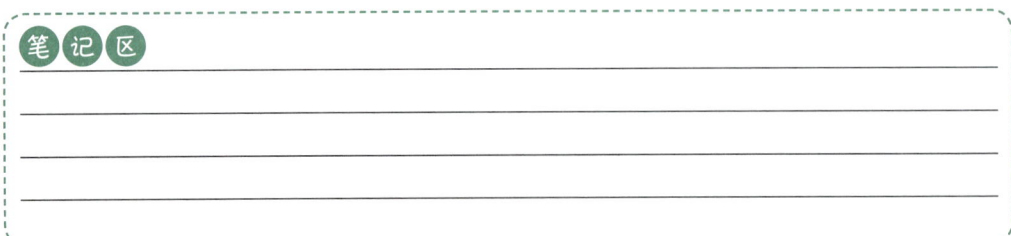

2.2.2 社会责任管理体系

考点一：社会责任原则、核心主题和议题

1. 社会责任原则

担责、透明、合乎道德的行为、尊重利益相关方利益、尊重法治、尊重国际行为规范、尊重人权。

2. 社会责任核心主题和议题

（1）核心主题包括：组织治理、人权、劳工实践、环境、公平运行实践、消费者问题、社区参与和发展。

（2）公平运行实践包括的议题：反腐败、公平竞争、在价值链中促进社会责任、尊重产权。

考点二：社会责任管理体系实施方式

组织为证实其符合社会责任管理体系标准，可通过以下方式实现：

（1）开展自我评价和声明。

（2）寻求组织的利益相关方对其符合性进行确认。

（3）寻求组织的外部机构对其自我声明进行确认。

（4）寻求外部组织对其社会责任管理体系进行认证或注册。

考点三：社会责任报告的编写和发布原则

社会责任报告的编写和发布遵循的原则：完整全面、客观准确、明确回应、及时可比、易读易懂、获取方便。

考点四：社会责任与ESG的异同

（1）ESG指的是环境、社会、治理。

（2）相同点：① 均强调超越传统的财务或利润目标；② 均关注环境、社会等具体细分内容；③ 在企业内部通常会由同一或相关部门统筹落实，也会在同一专栏对外进行信息披露。

（3）不同点：① 侧重点不同，社会责任更加注重"性质"体现，多用来体现企业发展理念或价值导向；ESG更加注重"量值"体现，多用来反映企业在ESG方面所取得的具体实效。② 对企业发展的作用及意义不同，社会责任传播属性更强，更注重口碑建立及品牌推广，而ESG与投融资等关系更为密切。

【经典例题】

1.【2024】根据《社会责任指南》GB/T 36000—2015，为履行"公平运行实践"的核心主题，建筑企业应确定的社会责任议题是（   ）。
A. 民主管理　　　　　　　　　　B. 尊重产权
C. 职业健康安全　　　　　　　　D. 收入创造

2.【2024】建筑企业应践行ESG发展理念。这里的"ESG"分别指的是（   ）。
A. 生态、社会、治理　　　　　　B. 环境、社会、治理
C. 环境、监督、绿色　　　　　　D. 生态、监督、绿色

3. 组织为证实其符合社会责任管理体系标准，可以采取的方式有（   ）。
A. 开展自我评价和声明
B. 寻求组织的外部机构对其经济效益进行评估
C. 寻求组织的外部机构对其自我声明进行确认
D. 寻求外部组织对其社会责任管理体系进行认证或注册
E. 寻求组织的利益相关方（如顾客）对其符合性进行确认

4. 关于社会责任与ESG的说法，正确的有（   ）。
A. 社会责任更加注重"性质"体现　　B. 社会责任传播属性更强
C. ESG更注重口碑建立及品牌推广　　D. ESG与投融资等关系更为密切
E. 相对于社会责任，ESG更加关注环境、社会等具体细分内容

5. 根据《社会责任管理体系 要求及使用指南》GB/T 39604—2020，企业承担社会责任应遵循的原则有（   ）。
A. 价值原则　　　　　　　　　　B. 财务相关性
C. 尊重利益相关方利益　　　　　D. 尊重国际行为规范
E. 尊重法治和人权

答案：1. B；2. B；3. A、C、D、E；4. A、B、D；5. C、D、E

2.3 项目管理标准体系

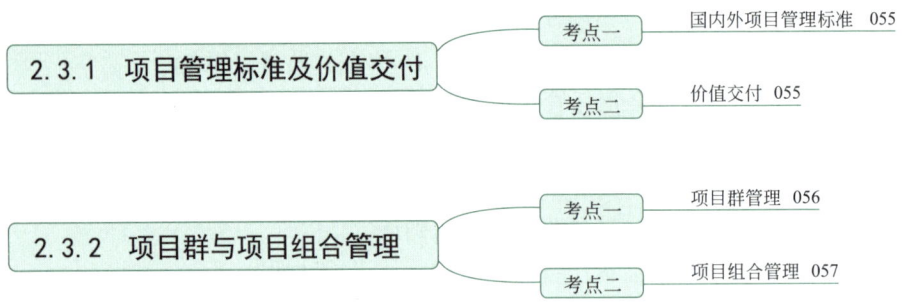

- 2.3.1 项目管理标准及价值交付
  - 考点一　国内外项目管理标准　055
  - 考点二　价值交付　055

- 2.3.2 项目群与项目组合管理
  - 考点一　项目群管理　056
  - 考点二　项目组合管理　057

2.3.1 项目管理标准及价值交付

考点一：国内外项目管理标准

1. 国际项目管理标准
（1）美国项目管理协会：项目管理知识体系（PMBOK）。
（2）国际项目管理协会：个人能力基准、组织能力基准。
（3）国际标准化组织：项目管理系列标准。

2. 我国工程项目管理标准
（1）项目管理责任制度是项目管理的基本制度，项目经理责任制是项目管理责任制度的核心内容。
（2）项目管理策划应由项目管理规划策划和项目管理配套策划组成。项目管理规划应包括项目管理规划大纲和项目管理实施规划。
（3）项目合同管理应遵循下列程序：合同评审→合同订立→合同实施计划→合同实施控制→合同管理总结。
（4）项目沟通管理应遵循下列程序：①项目实施目标分解；②分析各分解目标自身需求和相关方需求；③评估各目标的需求差异；④制定项目沟通计划；⑤明确沟通责任人、沟通内容和沟通方案；⑥按既定方案进行沟通；⑦总结评价沟通效果。

考点二：价值交付

（1）价值驱动型项目管理是项目管理的发展趋势。
（2）传统项目管理的三重要素：范围、进度、成本。
（3）项目成功与否在于：①项目完成时相关方对可交付成果的价值感知与价值认同；②项目投入运营后可交付成果为组织和社会创造的价值。
（4）价值交付系统有多种组件，包括项目组合、项目群、项目、产品和运营。

【经典例题】
1.【2024】根据《建设工程项目管理规范》GB/T 50326—2017规定的项目沟通管理程序，项目沟通管理首先应进行的工作是（　　）。
　　A.分解项目实施目标　　　　　B.制定项目沟通计划
　　C.明确项目沟通内容　　　　　D.分析项目相关方需求
2. 根据《建设工程项目管理规范》GB/T 50326—2017，项目管理责任制度的核心内容是（　　）。
　　A.个人责任制度　　　　　　　B.项目经理责任制度
　　C.连带责任制度　　　　　　　D.部门责任制度
3. 根据《建设工程项目管理规范》GB/T 50326—2017，项目管理流程应包括启动、策划、实施、监控和收尾五个过程。其中，明确项目范围属于项目（　　）的活动。

A. 启动过程 B. 策划过程
C. 实施过程 D. 监控过程
4. 根据价值驱动型项目管理理念，项目成功与否的关键因素在于（   ）。
A. 选择正确的项目 B. 在预算范围内按时完成
C. 满足工期、成本、范围和质量"铁三角" D. 客户对可交付成果的价值认同
E. 可交付成果为社会创造的价值
5. 价值交付系统的组件包括（   ）。
A. 项目组合 B. 项目群
C. 项目集 D. 项目
E. 产品和运营
6. 美国项目管理协会的项目管理标准是（   ）。
A. 组织能力基准 B. 项目管理系列标准
C. 个人能力基准 D. 项目管理知识体系
7. 项目管理规划可分为项目管理规划大纲和（   ）。
A. 实施规划 B. 决策规划
C. 规划策划 D. 配套策划

答案：1. A；2. B；3. B；4. D、E；5. A、B、D、E；6. D；7. A

2.3.2 项目群与项目组合管理

 考点一：项目群管理

项目群是指为实现组织的战略目标、经营目标和收益提供优势，而被协调管理的一组相关项目群组件所形成的临时结构。

项目群组件是指组成项目群的项目、子项目群或其他相关工作。一个项目群应至少由两个项目群组件组成。

项目群是可以战略性的、变革性的或经营性的。具有以下特征：
（1）由项目群组件构成。
（2）为利益相关方提供收益，并帮助实现战略目标或经营目标。
（3）具有复杂性和不确定性，需要加强管理。

有效实施项目群管理，应具备如下先决条件：
（1）项目群必要性评估。
（2）项目群管理一致性要求。
（3）项目群角色和责任划分。项目群发起人对整个项目群战略和项目群支持负责任；项目群经理负责项目群及相关项目群组件的整体绩效；项目群管理团队负责单个或多个项目群组件或职能的绩效和实施。

在项目群生命周期或项目群收尾后都有可能实现有形或无形的收益。

考点二：项目组合管理

项目组合是指为实现组织的整体或部分战略目标，便于进行有效管理而组合在一起的项目、项目群及其他相关工作。

项目组合结构最少可以由两项项目组合组件构成。

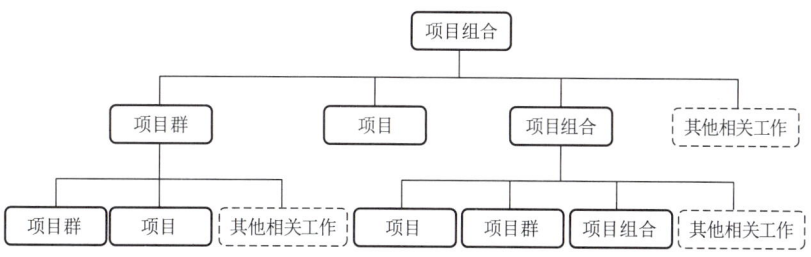

【经典例题】

1.【2024】关于项目群及其管理的说法，正确的有（　　）。
A.项目群经理负责项目群的整体绩效
B.一个项目群应至少包含三个项目群组件
C.项目群为利益相关方提供收益
D.项目群可以是战略性或经营性的
E.项目群收尾后方可实现无形收益

2.关于项目群的说法，正确的是（　　）。
A.只要愿意，可以把任何项目放在一个项目群中
B.各项目因为共享资源而被放在一个项目群中
C.只有存在必然的内在联系的项目才能被放到一个项目群中
D.项目是临时的，但项目群不一定是临时的

3.下列性质中，属于项目群特征的有（　　）。
A.战略性   B.关联性
C.经营性   D.确定性
E.复杂性

4.一个基础设施公司将石油天然气、能源、水利、道路、铁道、机场等多个项目或项目群组合在一起进行统一管理，以实现其投资回报最大化的战略目标。这种管理方法属于

(　　)。

A. 项目管理 B. 子项目管理
C. 项目群管理 D. 项目组合管理

答案：1. A、C、D；2. C；3. A、B、C、E；4. D

第3章 建设工程招标投标与合同管理

3.1 工程招标与投标

- 3.1.1 招标方式与程序
  - 考点一　招标方式　062
  - 考点二　招标程序　063

- 3.1.2 合同计价方式
  - 考点一　合同计价方式分类　065
  - 考点二　合同计价方式比较与选择　067

- 3.1.3 施工投标
  - 考点一　施工投标报价策略　068
  - 考点二　施工投标文件　069

- 3.1.4 工程总承包投标
  - 考点　价格清单编制及投标报价工作要点　070

3.1.1 招标方式与程序

建设单位招标属于要约邀请，建筑企业投标即属于要约，这是签订工程合同的重要环节。

 考点一：招标方式

1. 公开招标

优点：选择承包商范围广，获得有竞争性的报价，较大程度上避免招标过程中的贿标行为。

缺点：资格预审和评标的工作量大，招标时间长、费用高。

2. 邀请招标

邀请对象以 5 ~ 10 家为宜，但不应少于 3 家。

优点：不需要发布招标公告和设置资格预审程序，节约招标费用、缩短招标时间，可减少合同履行过程中承包商违约的风险。

缺点：邀请对象的选择面窄、范围较小，有可能会排除某些在技术上或报价上有竞争力的潜在投标人。

【经典例题】

1.【2024】与公开招标方式相比，采用邀请招标方式具有的特点是（　　）。
A. 招标人不需要发出投标邀请函
B. 投标人不需要提交表明其资质的证明材料
C. 评标时不需要对投标文件进行合格性审查
D. 招标中不需要设置资格预审程序

2. 关于公开招标的说法，正确的是（　　）。
A. 可能会排除技术上有竞争力的潜在投标人
B. 能获得有竞争性的报价
C. 招标时间短
D. 无法避免招标过程中的贿标行为

3. 建设单位采用邀请招标方式选择施工单位的优点有（　　）。
A. 投标人数量较少，可以减少评标工作量，降低费用
B. 投标人范围较广，有利于获得在技术上有竞争力的报价
C. 不需要设置资格预审程序，可以缩短招标时间
D. 可以在一定程度上减少合同履行过程中的承包商违约风险
E. 可以在较大程度上避免招标过程中的贿标行为

答案：1. D；2. B；3. C、D

考点二：招标程序

1. 施工招标准备

（1）主要工作包括：组建招标组织、办理招标申请手续、进行招标策划、编制资格预审文件和招标文件等。

（2）资格预审文件包括：资格预审公告；申请人须知；资格审查办法；资格预审申请文件格式；项目建设概况；招标人对资格预审文件所做的澄清和修改。

2. 施工招标过程

（1）发布招标公告或发出投标邀请书。招标公告适用于进行资格预审的公开招标，投标邀请书适用于进行资格后审的邀请招标。

（2）进行资格预审。

资格预审文件的发售期不得少于5日。潜在投标人对资格预审文件有异议的，应在提交资格预审申请文件截止时间2日前向招标人提出。招标人应自收到异议之日起3日内作出答复。

资格审查委员会应由招标人代表和有关技术、经济等方面的专家组成，成员人数为5人以上单数，其中技术、经济等方面的专家不得少于成员总数的2/3。（人员组成同评标委员会）

招标人和审查委员会不接受申请人主动提出的澄清或说明。

资格审查报告包括以下内容：基本情况和数据表；资格审查委员会名单；澄清、说明、补正等事项纪要；审查过程、未通过审查的情况说明及通过审查的申请人名单；其他需要说明的问题。

（3）发售招标文件和组织现场踏勘。

招标人应按规定组织投标人踏勘现场。投标人踏勘现场发生的费用自理。

招标人组织召开投标预备会的目的是澄清投标人提出的问题。

投标预备会后，招标人将对投标人所提问题的澄清以书面方式通知所有购买招标文件的投标人。该澄清内容为招标文件的组成部分。

招标人对招标文件进行澄清或者修改的内容可能影响投标文件编制的，招标人应在投标截止时间至少15日前，以书面形式通知所有获取招标文件的潜在投标人。

（4）开标与评标。

评标委员会成员名单一般应在开标前确定，在中标结果确定前应当保密。

招标人应按招标文件规定的投标截止时间（开标时间）和地点公开开标，并邀请所有投标人准时参加。

施工评标分初步评审和详细评审两个环节。初步评审属于对投标文件的合格性审查，评审内容包括形式评审、资格评审、响应性评审、施工组织设计和项目管理机构设置的合理性评审四个方面。初步评审有一项不符合评审标准的，作废标处理。

3. 施工决标成交

中标人确定后，招标人应在招标文件规定的投标有效期内以书面形式向中标人发出中标通知书，同时将中标结果通知未中标的投标人。

合同谈判应重点关注以下内容：工程内容和范围、合同价款支付、价格调整及工程量变化、不可预见的自然条件和人为障碍、合同条件完善、工程保修、争端解决及其他。

中标通知书发出之日起30日内，订立书面合同。

合同签订后5日内向所有投标人退还投标保证金及银行同期存款利息。

【经典例题】

1.【2024】工程招标过程中，在开标环节应进行的工作有（　　）。
A. 公布评标委员会成员名单　　　　B. 对投标文件进行形式审查
C. 检查投标文件密封情况　　　　　D. 公布投标人名称及其投标报价
E. 设有标底的工程公布标底

2. 关于开标与评标的说法，正确的是（　　）。
A. 施工组织设计的合理性评审属于详细评审
B. 招标人应在投标截止时间后5天内开标，并邀请所有投标人参加
C. 评标委员会专家人数为5人及以上单数
D. 初步评审有一项不符合评审标准的，作废标处理

3. 根据我国相关规定，潜在投标人或者其他利害关系人对资格预审文件有异议的应向招标人提出，招标人应自收到异议之日起（　　）日内作出答复。
A. 3　　　　　　　　　　　　　　B. 5
C. 7　　　　　　　　　　　　　　D. 10

4. 根据《中华人民共和国招标投标法》，招标人对已发出的招标文件进行必要的澄清或修改的，应当在招标文件要求提交投标文件截止时间至少（　　）日前以书面形式通知。
A. 7　　　　　　　　　　　　　　B. 10
C. 15　　　　　　　　　　　　　　D. 20

5. 在施工评标初步评审环节中，投标文件对招标文件的响应性评审包括（　　）。
A. 工程进度计划与措施　　　　　　B. 技术标准和要求
C. 工程质量管理体系与措施　　　　D. 投标人的财务状况

6. 在施工招标过程中，资格审查报告内容包括（　　）。
A. 资格审查委员会名单　　　　　　B. 申请人的资质等级
C. 授权委托书　　　　　　　　　　D. 未通过审查的情况说明
E. 财务状况

7. 某工程招标过程中，投标人甲踏勘现场后，按规定以书面形式向招标人提出问题要求澄清。此时招标人澄清的正确做法是（　　）。
A. 以电话形式通知甲投标人
B. 以书面形式通知所有获取招标文件的潜在投标人
C. 以书面形式通知进行了踏勘现场的潜在投标人
D. 以电话形式通知所有获取招标文件的潜在投标人

8. 某评标委员会共9人，集中技术、经济等方面的专家不得少于（　　）人。
A. 3　　　　　　　　　　　　　　B. 4
C. 5　　　　　　　　　　　　　　D. 6

9. 根据国家九部委《标准施工招标资格预审文件》，资格预审文件的内容包括（ ）。

A. 项目建设概况

B. 工程采用的技术标准和要求

C. 拟采用的合同条款

D. 资格审查办法

E. 招标人对资格预审文件所做的澄清和修改

答案： 1. C、D、E；2. D；3. A；4. C；5. B；6. A、D；7. B；8. D；9. A、D、E

笔记区

3.1.2 合同计价方式

考点一：合同计价方式分类

1. 总价合同

（1）固定总价合同

建设单位没有变更原定承包内容的，均应按签约合同价支付工程款。承包单位报价较高。

（2）可调总价合同

常用的调价方法有：文件证明法、票据价格调整法、公式调价法。

2. 单价合同

（1）固定单价合同

无论任何情况，单价均不调整。

（2）可调单价合同

可调整单价的情形包括：① 实际工程量变化超过一定比例；② 市场价格变化达到一定程度；③ 政策变化。

3. 成本加酬金合同

大多适用于边设计、边施工的紧急工程或灾后修复工程。

（1）成本加固定百分比酬金合同：不能激励承包商缩短工期和降低成本。

（2）成本加固定酬金合同：承包商会关心缩短工期。

（3）成本加浮动酬金合同：合同双方都没有太大风险，且又能促使承包单位关心成本降低和缩短工期。

（4）目标成本加奖罚合同。

【经典例题】

1.【2024】工程施工合同采用目标成本加奖罚计价方式时，合同价款正确的计算方式是（　　）。

A. 实际发生的直接费+目标成本×基本酬金计算百分比+奖罚酬金

B. 目标成本×（1+基本酬金计算百分比）+奖罚酬金

C. 目标成本+实际发生的直接费×基本酬金计算百分比+奖罚酬金

D. 实际发生的直接费×（1+基本酬金计算百分比）+奖罚酬金

2. 关于固定总价合同的说法，错误的是（　　）。

A. 投标报价一笔包死施工任务的计价方式

B. 图纸完整和施工任务明确是使用这种合同的前提之一

C. 固定总价合同没有调整合同总价的可能

D. 适用于工期较短的工程

3. 对于工期不超过1年、工程规模较小、技术简单成熟、招标时已有施工图设计文件的中小型项目，一般宜采用的合同计价方式是（　　）。

A. 可调总价合同　　　　　　　　B. 固定单价合同

C. 固定总价合同　　　　　　　　D. 可调单价合同

4. 当施工合同计价方式采用可调单价时，合同中可以约定合同单价调整的情况有（　　）。

A. 工程量发生变化　　　　　　　B. 承包商自身成本发生比较大的变化

C. 业主资金不到位　　　　　　　D. 市场价格变化达到一定程度

E. 政策发生变化

5. 关于单价合同计价方式的说法，正确的是（　　）。

A. 投标单位填报的单价应为直接费单价

B. 工程量清单所列工程量为估算工程量

C. 适用于工期短、技术复杂的项目

D. 不利于合同双方之间较为合理地分担合同履行过程中的风险

6. 在签订时简单易行，但不能激励承包单位缩短工期和降低成本的合同是指（　　）。

A. 成本加固定酬金合同　　　　　B. 成本加固定百分比酬金合同

C. 目标成本加奖罚合同　　　　　D. 成本加浮动酬金合同

7. 关于固定总价合同特点的说法，正确的是（　　）。

A. 适用于工程规模较大的工程

B. 适用于技术复杂的工程

C. 适用于实施过程中发生各种不可预见因素较多的工程

D. 适用于施工任务和发包范围明确的工程

8. 对建设单位无法为施工单位提供报价依据资料的紧急工程或灾后修复工程，宜采用的施工合同计价方式是（　　）。

A. 可调单价合同　　　　　　　　B. 成本加酬金合同

C. 固定单价合同　　　　　　　　D. 固定总价合同

答案：1. A；2. C；3. C；4. D、E；5. B；6. B；7. D；8. B

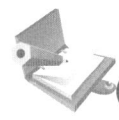

考点二：合同计价方式比较与选择

1. 三种计价方式对比

三种计价方式对比

合同类型	总价合同	单价合同	成本加酬金合同			
			固定百分比酬金	固定酬金	浮动酬金	目标成本加奖罚
应用范围	广泛	广泛	有局限性			酌情
建设单位造价控制	易	较易	最难	难	不易	有可能
施工单位风险	大	小	基本没有		不大	有

2. 选择合同计价方式通常会考虑的因素

（1）工程复杂程度。
（2）工程设计深度。
（3）技术先进程度。
（4）工期紧迫程度。

【经典例题】

1.【2024】建设单位选择合同计价方式时，通常会考虑的因素有（　　）。
A. 分包合同数量　　　　　　B. 工程复杂程度
C. 工程设计深度　　　　　　D. 工期紧迫程度
E. 专业工程种类

2. 以下合同计价方式中，建设单位造价控制难度最大的是（　　）。
A. 固定总价合同　　　　　　B. 固定单价合同
C. 成本加浮动酬金合同　　　D. 成本加固定百分比酬金合同

3. 以下合同计价方式中，对施工单位来说风险最大的是（　　）。
A. 固定总价合同　　　　　　B. 可调总价合同
C. 单价合同　　　　　　　　D. 目标成本加奖惩合同

答案：1. B、C、D；2. D；3. A

笔记区

3.1.3 施工投标

考点一：施工投标报价策略

1. 可选择报高价的情形
（1）施工条件差的工程。
（2）专业要求高的技术密集型工程且施工单位在这方面有专长，声望也较高。
（3）总价低的小工程，以及施工单位不愿做而被邀请投标，又不便不投标的工程。
（4）特殊工程，如港口码头、地下开挖工程等。
（5）投标对手少的工程。
（6）工期要求紧的工程。
（7）支付条件不理想的工程。

2. 不平衡报价法
不影响总报价的前提下，调整内部各个项目的报价。
（1）能够早日结算的项目，可以报高价。
（2）预计工程量会增加的项目，适当提高单价。
（3）单价与包干混合制合同中，招标人要求有些项目采用包干报价时宜报高价，其余单价项目可适当降低报价。
（4）综合单价中，人工费及机械设备费报得高一些，而材料费报得低一些。

3. 其他报价技巧
（1）多方案报价法：适用于招标文件中的工程范围不明确、条款不清楚或不公正，或技术规范要求过于苛刻的工程。
（2）保本报价法：适合于缺乏竞争优势的承包单位。
（3）增加建议方案：原招标方案一定要报价。建议方案不要写得太具体，要保留方案的技术关键，防止招标人将此方案交由其他投标人实施。建议方案一定要比较成熟，具有较强的可操作性。

【经典例题】

1.【2024】下列工程中，施工单位在投标时可选择报低价的是（　　）。
A. 工期要求紧的工程　　　　　　B. 支付条件好的工程
C. 技术复杂的工程　　　　　　　D. 施工条件差的工程

2. 采用不平衡报价法时，可以报高价的是（　　）。
A. 后期施工项目　　　　　　　　B. 预计工程量可能会增加的项目
C. 综合单价中的材料费　　　　　D. 混合制合同中的单价项目

3. 对于缺乏竞争优势的施工单位，可以采用的投标报价策略是（　　）。
A. 不平衡报价法　　　　　　　　B. 多方案报价法
C. 保本报价法　　　　　　　　　D. 突然降价法

4. 在施工投标报价策略中，可选择报高价的情形有（　　）。

A. 一般房屋建筑工程　　　　　　B. 地下开挖工程
C. 港口码头　　　　　　　　　　D. 大量土方工程
E. 投标对手少的工程

5. 某投标人按招标文件规定，在投标文件中除主方案外还提出了建议方案，但保留了建议方案中的技术关键。这种做法的优越性是（　　）。

A. 有利于投标人通过不平衡报价获得更大收益
B. 有利于投标人提高投标文件中主方案的竞争力
C. 有利于投标人在开标后获得修改投标报价的机会
D. 有利于防止招标人将建议方案交由其他投标人实施

答案：1. B；2. B；3. C；4. B、C、E；5. D

考点二：施工投标文件

1. 施工投标文件内容

（1）施工投标文件包括技术标书、商务标书、投标函及其他有关文件三部分内容。
（2）技术标书主要是指施工组织设计。
（3）商务标书主要包括工程报价、优惠条件、对合同条款的确认等内容。

2. 施工投标文件校对

对于较关键的内容，如工程总报价、优惠条件、合理化建议、工程总工期及质量目标、项目经理部及主要组成人员简介、特殊工程施工方法等，至少应由两人各自分别校对一遍。

【经典例题】

在施工投标文件中，商务标书包括（　　）。

A. 对合同条款的确认　　　　　　B. 工程报价
C. 联合体协议书　　　　　　　　D. 优惠条件
E. 资格预审更新资料或资格后审资料

答案：A、B、D

3.1.4 工程总承包投标

考点：价格清单编制及投标报价工作要点

（1）价格清单：包括勘察设计费清单、工程设备费清单、必备的备品备件费清单、建筑安装工程费清单、技术服务费清单、暂估价清单、其他费用清单和投标报价汇总表。

（2）投标人应分析研读招标文件，重点分析工程总承包范围、报价形式、发承包责任划分、特殊要求及隐含的承包风险。

【经典例题】

在价格清单的编制中，施工投标报价的价格清单包括（　　）。

A. 技术服务费清单　　　　　　　B. 暂估价清单

C. 勘察设计费　　　　　　　　　D. 工程设备费清单

E. 建筑安装工程费清单

答案：A、B、D、E

【笔记区】

3.2 工程合同管理

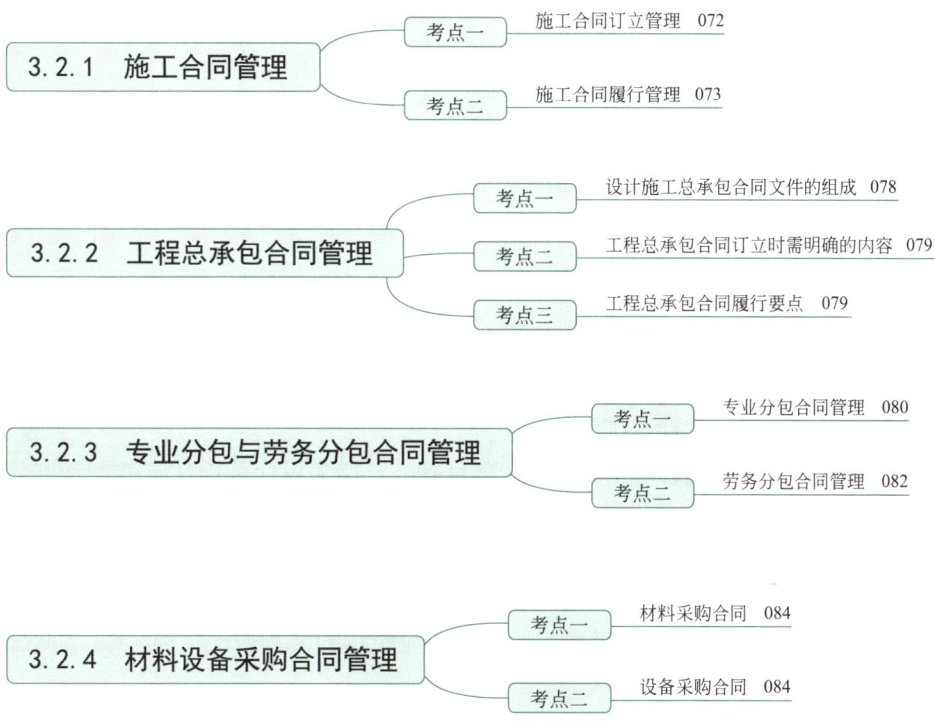

- 3.2.1 施工合同管理
  - 考点一　施工合同订立管理　072
  - 考点二　施工合同履行管理　073

- 3.2.2 工程总承包合同管理
  - 考点一　设计施工总承包合同文件的组成　078
  - 考点二　工程总承包合同订立时需明确的内容　079
  - 考点三　工程总承包合同履行要点　079

- 3.2.3 专业分包与劳务分包合同管理
  - 考点一　专业分包合同管理　080
  - 考点二　劳务分包合同管理　082

- 3.2.4 材料设备采购合同管理
  - 考点一　材料采购合同　084
  - 考点二　设备采购合同　084

3.2.1 施工合同管理

考点一：施工合同订立管理

1. 发包人主要义务

（1）发开工通知。监理人应在开工日期7天前向承包人发出开工通知。

（2）提供施工场地。同时提供施工场地内的地下管线和地下设施等有关资料，并保证资料的真实、准确、完整。

（3）协助承包人办理施工证件和批件，负责办理取得出入施工场地的专用和临时道路的通行权。

（4）组织设计交底。

（5）支付合同价款。

（6）组织竣工验收。

2. 承包人主要义务（节选）

（1）查勘施工现场。

（2）负责施工现场内交通道路和临时工程。

（3）负责施工场地及周边环境与生态的保护工作。

3. 施工合同订立时需要明确的内容

（1）施工现场范围和施工临时占地。

（2）发包人提供图纸的期限和数量。

（3）发包人提供的材料和工程设备。

（4）异常恶劣的气候条件范围。

（5）因物价变化引起的合同价格调整：项目基准日期为投标截止日前第28天。

（6）办理保险的责任：承包人负责投保"建筑工程一切险""安装工程一切险"和"第三者责任保险"，并承担办理保险的费用。

【经典例题】

1.【2024】工程施工合同履行过程中，承包人应履行的义务是（　　）。

A. 组织审查施工图设计文件

B. 查勘施工现场

C. 取得出入施工场地的专用道路通行权

D. 组织工程竣工预验收

2. 根据《标准施工招标文件》，关于发包人义务的说法，正确的是（　　）。

A. 委托监理人于开工日期14天前向承包人发出开工通知

B. 提供地下管线等资料

C. 协助承包人办理出入施工现场的临时道路通行权

D. 参加设计交底

3. 根据国家九部委《标准施工招标文件》，下列工作中，属于承包人主要义务的有（　　）。

A. 组织合同工程的竣工验收　　　　　　B. 组织设计交底

C. 负责施工现场内外的交通道路　　　D. 编制工程实施的各项措施计划
E. 查勘施工现场
4. 根据相关规定，一般以投标截止日期前（　　）天作为基准日。
A. 7　　　　　　　　　　　　　　　B. 14
C. 42　　　　　　　　　　　　　　　D. 28
答案：1. B；2. B；3. D、E；4. D

考点二：施工合同履行管理

1. 施工进度管理

经监理人批准的施工进度计划称为合同进度计划，是控制合同工程进度的依据。

招标人要求提前竣工时，应由监理人与承包人共同协商采取加快工程进度的措施和修订合同进度计划。发包人应承担承包人由此增加的费用，并向承包人支付约定奖金。奖励金额可为发包人实际效益的20%。

不论由于何种原因引起的暂停施工，暂停施工期间承包人应负责妥善保护工程并提供安全保障。

监理人发出暂停施工指示后56天内未向承包人发出复工通知，除承包人责任引起暂停施工的情况外，承包人可向监理人提交书面通知，要求监理人在收到书面通知后28天内准许已暂停施工的工程或其中一部分工程继续施工。如监理人逾期不予批准，则承包人可以通知监理人，将工程受影响的部分视为按合同约定可取消的工作。如暂停施工影响到整个工程，可视为发包人违约。

2. 施工质量管理

工程质量保证措施文件包括：（1）质量检查机构的组织和岗位责任；（2）质检人员的组成；（3）质量检查程序；（4）实施细则等。

承包人提供的材料和工程设备均由承包人负责采购、运输和保管。

发包人提供的材料和工程设备，应在材料和工程设备到货7天前通知承包人。发包人提供的材料和工程设备验收后，由承包人负责接收、运输和保管。

工程隐蔽部位覆盖前，监理人未按约定进行检查的，承包人可自行完成覆盖工作，并作相应记录报送监理人，监理人应签字确认。

承包人按合同约定覆盖工程隐蔽部位后，监理人对质量有疑问的，可要求承包人对已覆盖的部位重新检验，承包人应遵照执行，并在检验后重新覆盖恢复原状。经检验证明工程质量符合合同要求的，由发包人承担由此增加的费用和（或）工期延误，并支付承包人合理利润；经检验证明工程质量不符合合同要求的，由此增加的费用和（或）工期延误由承包人承担。但承包人未通知监理人到场检查，私自将工程隐蔽部位覆盖的，监理人有权指示承包人钻孔探测或揭开检查，由此增加的费用和（或）工期延误由承包人承担。

3. 工程计量与支付管理

（1）工程计量

单价子目已完成工程量按月计量，总价子目的计量周期按批准的支付分解报告确定。

① 单价子目计量。已标价工程量清单中的单价子目工程量为估算工程量。结算工程量是承包人实际完成的，并按合同约定的计量方法进行计量的工程量。

② 总价子目计量。总价子目计量和支付应以总价为基础，不因正常的物价波动而进行调整。

（2）预付款

预付款用于承包人为合同工程施工购置材料、工程设备、施工设备、修建临时设施及组织施工队伍进场等。预付款必须专用于合同工程。

《建设工程工程量清单计价规范》GB 50500—2013规定，包工包料工程的预付款支付比例不得低于签约合同价（扣除暂列金额）的10%，不宜高于签约合同价（扣除暂列金额）的30%。

发包人应在工程开工后的28天内预付不低于当年施工进度计划的安全文明施工费总额的60%，其余部分按照提前安排的原则进行分解，与进度款同期支付。

承包人应在收到预付款的同时向发包人提交预付款保函，预付款保函的担保金额应与预付款金额相同。保函的担保金额可根据预付款扣回的金额相应递减。

发包人应在预付款扣完后的14天内将预付款保函退还给承包人。

（3）工程进度款

工程进度付款周期与工程计量周期相同。

监理人在收到承包人进度付款申请单的14天内完成核查，提出发包人到期应支付给承包人的金额及相应的支持性材料。

发包人应在监理人收到进度付款申请单后的28天内，将进度应付款支付给承包人。

（4）工程质量保证金

从应付工程款中预留，用以保证承包人在缺陷责任期内对工程施工质量缺陷进行维修的资金。

（5）竣工结算

工程接收证书颁发后，承包人向监理人提交竣工付款申请单，应包括以下内容：竣工结算合同总价、发包人已支付承包人的工程价款、应扣留的质量保证金、应支付的竣工付款金额。

（6）最终结清

缺陷责任期终止证书签发后，承包人向监理人提交最终结清申请单。

4. 变更管理

（1）经发包人同意，监理人可向承包人作出变更指示，承包人遵照执行。没有变更指示，承包人不得擅自变更。

变更指示应说明变更的目的、范围、内容、工程量及其进度和技术要求，并附有关图纸和文件。

（2）可进行工程变更的情形：

① 取消合同中任何一项工作，但被取消的工作不能转由他人实施。

② 改变合同中任何一项工作的质量或其他特性。

③ 改变合同工程的基线、标高、位置或尺寸。

④ 改变合同中任何一项工作的施工时间或已批准的施工工艺或顺序。

⑤ 为完成工程需要追加的额外工作。

总结：三改一取一追加。

（3）承包人收到变更指示或变更意向书14天内，向监理人提交变更报价书。监理人收到变更报价书14天内，双方商定变更价格。

5. 竣工验收

（1）实际竣工日期

① 验收合格，实际竣工日期以提交竣工验收申请报告的日期为准。

② 发包人收到承包人竣工验收申请报告56天后未进行验收，视为合格，实际竣工日期以提交竣工验收申请报告的日期为准。

（2）单位工程验收

已签发单位工程接收证书的单位工程由发包人负责照管。

（3）试运行

承包人应按约定进行工程及工程设备试运行，负责提供试运行所需的人员、器材和必要的条件，并承担全部试运行费用。

（4）竣工清场

费用由承包人承担。

6. 不可抗力

除专用合同条款另有约定外，不可抗力导致的人员伤亡、财产损失、费用增加和（或）工期延误等后果，由合同双方按以下原则承担：

（1）永久工程、已运至施工现场的材料和工程设备的损坏，以及因工程损坏导致的第三人伤亡和财产损失由发包人承担。

（2）承包人的施工机械设备损坏，由承包人承担。

（3）发包人和承包人承担各自人员伤亡和财产损失。

（4）承包人停工的费用损失由承包人承担，但停工期间应监理人要求照管工程和清理、修复工程的费用由发包人承担。

（5）工期顺延；发包人要求赶工时，赶工费用由发包人承担。

7. 索赔管理

（1）承包人索赔程序

① 索赔事件发生后28天内，承包人向监理人递交索赔意向通知书。

② 发出索赔意向通知书后28天内，承包人向监理人递交索赔通知书。

③ 有连续影响的，承包人应在合理时间间隔继续递交延续索赔通知，并在索赔事件影响结束后28天内，递交最终索赔通知书。

（2）承包人索赔处理程序

监理人收到索赔通知书42天内将索赔处理结果答复承包人。承包人接受结果的，发包人在答复后28天内完成赔付。承包人不接受结果的，按合同约定的争议解决办法办理。

（3）承包人提出索赔的期限

承包人按合同约定接受了竣工付款证书后，应被认为已无权再提出在合同工程接收证书颁发前所发生的任何索赔。承包人按合同约定提交的最终结清申请单中，只限于提出工程接收证书颁发后发生的索赔。提出索赔的期限自接受最终结清证书时终止。

8. 争议的解决

发包人和承包人在履行合同中发生争议的，应进行友好协商解决或者提请争议评审组评审。友好协商解决不成、不愿提请争议评审或者不接受争议评审组意见的，可在专用合同条款中约定争议解决方式：仲裁或诉讼。

【经典例题】

1.【2024】根据《标准施工招标文件》，发包人提供的工程设备，应在工程设备到货（　　）天前通知承包人。

A. 7　　　　　　　　B. 3　　　　　　　　C. 5　　　　　　　　D. 14

2.【2024】根据《标准施工招标文件》，关于工程计量的说法，正确的是（　　）。

A. 单价子目按实际完成工程量计量

B. 单价子目按支付分解报告确定的周期计量

C. 总价子目的计量可按正常物价波动进行调整

D. 承包人应会同监理人对已完工程进行计量

3.【2024】关于工程预付款的说法，正确的有（　　）。

A. 工程预付款支付比例不宜高于签约合同价的20%

B. 工程预付款应在进度付款中扣回

C. 工程预付款保函的担保金额可根据预付款扣回的金额相应递减

D. 承包人应在发包人支付预付款之前提交预付款保函

E. 发包人应在预付款扣完后的7天内将预付款保函退还给承包人

4. 根据《标准施工招标文件》，除专用合同条款另有约定外，进行工程试运行的正确做法是（　　）。

A. 承包人负责提供人员、器材和必要的条件，并承担全部试运行费用

B. 承包人负责提供人员、器材和必要的条件，发包人承担全部试运行费用

C. 发包人负责提供人员、器材和必要的条件，并承担全部试运行费用

D. 发包人负责提供人员、器材和必要的条件，承包人承担全部试运行费用

5.【2024】根据《标准施工招标文件》，除专用合同条款另有约定外，经验收合格的工程实际竣工日期是（　　）。

A. 施工合同约定的竣工日期

B. 工程接收证书的出具日期

C. 承包人提交竣工付款申请单的日期

D. 承包人提交竣工验收申请报告的日期

6.【2024】根据《标准施工招标文件》，针对承包人提出的索赔，发包人仅限同时给予工期和费用补偿的情形有（　　）。

A. 承包人遇到不利的物质条件　　　　　　B. 因发包人违约承包人暂停施工

C. 施工现场发掘文物、古迹　　　　　　　D. 发包人增加合同工作内容

E. 发包人要求向承包人提前交货

7. 根据《标准施工招标文件》，监理人向承包人作出暂停施工的指示，则暂停施工期间负责保护工程并提供安全保障的主体为（　　）。

A. 监理人　　　　　　　　　　　　　　　B. 承包人

C. 发包人　　　　　　　　　　　　D. 项目管理公司

8. 作为控制合同工程进度依据的进度计划指的是（　　）。
   A. 承包人投标时拟定的施工进度计划　　B. 根据招标文件修改的施工进度计划
   C. 开工前承包人自行拟定的施工进度计划　D. 经监理人批准的施工进度计划

9. 某建设工程因发包人提出设计图纸变更，监理人向承包人发出暂停施工指令60天后，仍未向承包人发出复工通知，则承包人正确的做法有（　　）。
   A. 向监理人提交书面通知，要求监理人在接到书面通知后28天内准许已暂停的工程继续施工
   B. 不受设计变更影响的部分工程，不论监理人是否同意，承包人都可进行施工
   C. 如监理人逾期不予批准承包人的书面通知，则承包人可以通知监理人，将工程受影响部分视为变更的可取消工作
   D. 如暂停施工影响到整个工程，可视为发包人违约
   E. 要求发包人延长工期，支付合理利润

10. 根据《标准施工招标文件》，承包人自检确认的工程隐蔽部位具备覆盖条件后，监理人未按与承包人约定的时间进行检查且没有其他指示，承包人正确的做法是（　　）。
    A. 自行完成覆盖工作，并将相应记录报送监理人签字确认
    B. 自行完成覆盖工作，并拒绝监理人重新检查的要求
    C. 自行完成覆盖工作，并向监理人进行索赔
    D. 报告政府质量监督机构后自行完成覆盖工作

11. 根据九部委《标准施工招标文件》，监理人对隐蔽工程重新检查，经检验证明工程质量符合合同要求的，发包人应补偿承包人（　　）。
    A. 工期和费用　　　　　　　　　　B. 工期、费用和利润
    C. 费用和利润　　　　　　　　　　D. 工期和利润

12. 根据《标准施工招标文件》，竣工付款申请单的提交时间为（　　）。
    A. 承包人提交竣工验收报告时　　　B. 发包人组织竣工验收时
    C. 工程接收证书颁发后　　　　　　D. 工程保修期满后

13. 根据《标准施工招标文件》，在合同履行中可以进行变更的有（　　）。
    A. 改变合同工程的标高
    B. 改变合同中某项工作的施工时间
    C. 取消合同中某项工作，转由发包人施工
    D. 为完成工程需要追加的额外工作
    E. 改变合同中某项工作的质量标准

14. 根据《标准施工招标文件》通用合同条款，承包人应该在收到变更指示最多不超过（　　）天内，向监理人提交变更报价书。
    A. 14　　　　　　　　　　　　　　B. 7
    C. 28　　　　　　　　　　　　　　D. 30

15. 根据九部委《标准施工招标文件》，工程接收证书颁发后产生的竣工清场费用应由（　　）承担。
    A. 承包人　　　　　　　　　　　　B. 发包人

C. 监理人　　　　　　　　　　　D. 主管部门

16. 根据《建设工程施工合同（示范文本）》GF—2017—0201，因不可抗力事件导致的损失，应由承包人承担的是（　　）。
A. 工程本身的损害　　　　　　　B. 承包人的施工机械损坏
C. 发包方现场的人员伤亡　　　　D. 工程所需的修复费用

17. 关于对承包人索赔文件审核的说法，正确的是（　　）。
A. 监理人收到承包人提交的索赔通知书后，应及时转交发包人，监理人无权要求承包人提交原始记录
B. 承包人接受索赔处理结果的，发包人应在索赔处理结果答复后28天内完成赔付
C. 监理人根据发包人的授权，在收到索赔通知书的60天内，将索赔处理结果答复承包人
D. 承包人不接受索赔处理结果的，应直接向法院起诉索赔

18. 项目提出索赔的期限自接受（　　）时终止。
A. 工程接收证书　　　　　　　　B. 竣工付款证书
C. 最终结清证书　　　　　　　　D. 竣工验收证书

答案：1. A；2. A；3. B、C；4. A；5. D；6. A、C；7. B；8. D；9. A、C、D、E；10. A；11. B；12. C；13. A、B、D、E；14. A；15. A；16. B；17. B；18. C

笔记区

3.2.2　工程总承包合同管理

考点一：设计施工总承包合同文件的组成

设计施工总承包合同文件包括：合同协议书、中标通知书、投标函及投标函附录、专用合同条款、通用合同条款、发包人要求、承包人建议书、价格清单及组成设计施工总承包合同的其他文件。

（1）发包人要求。包括功能要求、工程范围、工艺安排或要求等。投标人中标后，发包人可能会对"发包人要求"提出进一步修改意见。因此，双方当事人在合同谈判阶段需要通过协商对其进行修改或补充，以便形成最终的发包人要求文件。

（2）承包人建议书。承包人建议书是对"发包人要求"的响应文件，包括工程设计方案和设备方案说明、分包方案，以及对发包人要求中的错误说明。

（3）价格清单。承包人完成所提投标方案计算出的设计、施工、竣工、试运行、缺陷责任期各阶段的计划费用清单，价格清单中的费用总和即为签约合同价。

考点二：工程总承包合同订立时需明确的内容

（1）承包人文件中最重要的文件是设计文件。
（2）区段工程：能独立接收并使用的永久工程。
（3）竣工后试验所必需的电力、设备、燃料、仪器、劳动力、材料等由发包人提供。

考点三：工程总承包合同履行要点

（1）符合约定的开始工作条件时，监理人获得发包人同意后，应提前7天向承包人发出开始工作通知。
（2）监理人对承包人的设计文件审查期限不超过21天。
（3）在价格清单中列出的任何工作量和价格数据应仅限用于变更和支付的参考资料，而不能用于其他目的。
（4）承包人应提前21天将申请竣工试验的通知送达监理人，监理人应在14天内，确定竣工试验的具体时间。

【经典例题】

1.【2024】根据《标准设计施工总承包招标文件》，"承包人建议书"应包括的内容有（　　）。
　　A. 工程设备方案说明　　　　　　B. 功能要求
　　C. 工程量清单　　　　　　　　　D. 分包方案
　　E. 对发包人要求中的错误说明

2.《标准设计施工总承包招标文件》中，设计施工总承包合同文件包括（　　）。
　　A. 投标函及投标函附录　　　　　B. 政府行政主管部门要求
　　C. 发包人义务　　　　　　　　　D. 承包人建议书
　　E. 价格清单

3. 相比于施工合同，设计施工总承包合同增加了发包人要求和承包人建议书两项内容，并对清单的形式进行了调整，下列说法正确的是（　　）。
　　A. 投标人中标后，发包人仍可能对"发包人要求"中的实施计划提出进一步修改意见
　　B. 发包人要求包括工程设计方案和设备方案说明、分包方案等内容
　　C. 设计施工总承包招标时，由发包人提出工程量清单、承包人填报单价后形成已标价工程量清单
　　D. 承包人建议书应在合同谈判前形成最终文件

答案：1. A、D、E；2. A、D、E；3. A

> **笔 记 区**

3.2.3 专业分包与劳务分包合同管理

考点一：专业分包合同管理

1. 承包人（总承包单位）的权利和义务

（1）提供总包合同（价格内容除外）供分包人查阅。

（2）向分包人提供分包工程相关的各种证件、批件；向分包人提供施工场地和通道。

（3）组织分包人参加图纸会审，向分包人进行图纸交底。

（4）负责整个施工场地的管理工作。

（5）就分包范围内的有关工作，承包人随时可以向分包人发出指令。

2. 分包人的主要责任和义务

（1）履行并承担总包合同中与分包工程有关的承包人的所有义务与责任。

（2）执行承包人指令（分包工程范围内）。

（3）按分包合同约定，对分包工程进行设计（合同有约定时）、施工、竣工和保修。

注：完成设计内容的费用由承包人承担。

（4）向承包人提交详细施工组织设计。

（5）允许承包人、发包人、工程师及其三方中任何一方授权人员在工作时间内进入分包工程施工场地。

3. 分包人与发包人的关系

分包人须服从承包人转发的发包人或工程师与分包工程有关的指令。未经承包人允许，分包人不得以任何理由与发包人或工程师发生直接工作联系，分包人不得直接致函发包人或工程师，也不得直接接受发包人或工程师的指令。如分包人与发包人或工程师发生直接工作联系，将被视为违约，并承担违约责任。

总结：没有关系。

4. 专业分包工程进度管理

分包人不能按时开工，应在不迟于约定的开工日期前5天，以书面形式向承包人提出延期开工的理由。

5. 专业分包工程计量与工程款支付

（1）分包工程合同价款在分包合同协议书中约定后，不得擅自改变。分包合同价款与总包合同相应部分价款无任何连带关系。分包工程合同价款应与总包合同约定的方式一致，通常有三种方式：固定价格、可调价格和成本加酬金。

（2）合同价款的支付：
① 实行工程预付款的，双方应在分包工程专用合同条款中约定：承包人向分包人预付工程款的时间和数额，开工后按约定的时间和比例逐次扣回。
② 在确认计量结果后10天内，承包人向分包人支付工程款（进度款）。

6. 专业分包工程安全文明施工
在施工场地涉及危险地区或需要安全防护措施施工时，分包人应提出安全防护措施，经承包人批准后实施，发生的相应费用由承包人承担。

7. 竣工结算
分包工程竣工验收报告经承包人认可后14天内，分包人向承包人递交分包工程竣工结算报告及完整的结算资料。承包人收到后28天内核实。

【经典例题】
1.【2024】根据《建设工程施工专业分包合同（示范文本）》GF—2003—0213关于专业分包合同价款及支付的说法，正确的是（　　）。
A. 分包合同计价方式应与总包合同约定的方式一致
B. 分包合同价款应参照总包合同相应部分价款确定
C. 承包人无须向分包人支付工程预付款
D. 承包人确认计量结果后7天内支付分包工程进度款

2. 根据《建设工程施工专业分包合同（示范文本）》GF—2003—0213，下列工作中，属于分包人的工作有（　　）。
A. 对分包工程进行深化设计、施工、竣工和保修
B. 负责已完分包工程的成品保护工作
C. 向监理人提供进度计划及进度统计报表
D. 向承包人提交详细的施工组织设计
E. 直接履行监理工程师的工作指令

3. 根据《建设工程施工专业分包合同（示范文本）》GF—2003—0213，属于承包人工作的有（　　）。
A. 编制分包工程详细的施工组织设计　　B. 提供分包工程施工所需的施工场地
C. 向分包人进行设计图纸交底　　　　　D. 编制分包工程年、季、月工程进度计划
E. 与项目监理人进行直接工作联系

4. 根据《建设工程施工专业分包合同（示范文本）》GF—2003—0213，关于建设工程专业分包人的做法，正确的是（　　）。
A. 须服从监理人直接发出的与专业分包工程有关的指令
B. 可直接致函监理人，要求对相关指令进行澄清
C. 不能以任何理由直接致函给发包人
D. 在接到监理人指令后，可不执行承包人的工作指令

5. 根据《建设工程施工专业分包合同（示范文本）》GF—2003—0213，分包人不能按时开工的，应在不迟于合同协议约定的开工日期前（　　）天向承包人提出延期开工理由。
A. 3　　　　　　　　　　　　　　　　B. 5
C. 7　　　　　　　　　　　　　　　　D. 10

答案：1. A；2. B、D；3. B、C、E；4. C；5. B

考点二：劳务分包合同管理

1. 工程承包人义务

（1）负责与发包人、监理、设计及有关部门联系，协调现场工作关系。

（2）完成劳务分包人施工前期的工作：如提供具备施工条件的施工场地；提供生产、生活临时设施。

（3）负责编制施工组织设计，统一制定各项管理目标，组织编制年、季、月施工计划、物资需用量计划表。

（4）负责工程测量定位、沉降观测、技术交底，组织图纸会审。

（5）提供图纸，交付材料、设备及施工机械。

2. 劳务分包人义务

（1）对劳务分包范围内的工程质量向工程承包人负责。

（2）服从承包人转发的发包人及工程师的指令。

（3）精心组织施工。

（4）应承担并履行总（分）包合同约定的、与劳务作业有关的所有义务及工作程序。

3. 劳务作业人员管理

建筑企业应与招用的建筑工人依法签订劳动合同，对其进行基本安全培训，并在相关建筑工人实名制管理平台上登记，方可允许其进入施工现场作业。

进入施工现场的建设单位、承包单位、监理单位的项目管理人员及建筑工人均纳入建筑工人实名制管理范畴。

劳务分包人施工开始前应向承包人提出安全防护措施，经承包人认可后实施，防护措施费用由承包人承担。劳务分包人在施工现场内使用的安全保护用品（如安全帽、安全带及其他保护用品），由劳务分包人提供使用计划，经承包人批准后，由承包人负责供应。

4. 保险办理

（1）劳务分包人施工开始前，工程承包人应获得发包人为施工场地内的自有人员及第三人人员生命财产办理的保险，且不需劳务分包人支付保险费用。

（2）运至施工场地用于劳务施工的材料和待安装设备，由工程承包人办理或获得保险，且不需劳务分包人支付保险费用。

（3）工程承包人必须为租赁或提供给劳务分包人使用的施工机械设备办理保险，并支付保险费用。

（4）劳务分包人必须为从事危险作业的职工办理意外伤害保险，并为施工场地内自有人员生命财产和施工机械设备办理保险，支付保险费用。

5. 劳务作业计量与支付

（1）按确定的工时计算劳务报酬的，由劳务分包人每日将提供劳务人数报工程承包人确认。

（2）按确认的工程量计算劳务报酬的，由劳务分包人按月（或旬、日）将完成的工程量报工程承包人确认。

【经典例题】

1. 根据《建设工程施工劳务分包合同（示范文本）》GF—2003—0214，必须由劳务分包人办理并支付保险费用的是（　　）。

   A. 为租赁使用的施工机械设备办理保险

   B. 为运至施工场地用于劳务施工的材料办理保险

   C. 为施工场地内的自有人员及第三方人员生命财产办理保险

   D. 为从事危险作业的职工办理意外伤害保险

2. 以下人员中，需要纳入建筑工人实名制管理范畴的有（　　）。

   A. 施工方项目经理　　　　　　B. 总监理工程师

   C. 材料供应商　　　　　　　　D. 分包单位项目技术负责人

   E. 工程质量监督人员

3. 根据《建设工程施工劳务分包合同（示范文本）》GF—2003—0214，劳务分包合同项目的施工组织设计应由（　　）负责编制。

   A. 发包人　　　　　　　　　　B. 监理人

   C. 劳务分包人　　　　　　　　D. 承包人

4. 关于劳务分包合同中的劳务作业人员管理，下列说法正确的是（　　）。

   A. 分包人在临街交通要道附近施工开始前的安全防护措施费用由劳务分包人承担

   B. 进入施工现场的监理单位的项目管理人员无需纳入建筑工人实名制管理范畴

   C. 农民工可以先进场施工后再与建筑企业补签劳动合同

   D. 因工程承包人原因导致的安全事故，由工程承包人承担相应责任及发生的费用

5. 根据《建设工程施工劳务分包合同（示范文本）》GF—2003—0214，劳务分包人现场使用的安全防护用品，应由（　　）负责。

   A. 发包人　　　　　　　　　　B. 承包人

   C. 劳务分包人　　　　　　　　D. 监理人

6. 根据《建设工程施工劳务分包合同（示范文本）》GF—2003—0214，某工程承包人租赁一台起重机提供给劳务分包人使用，则该起重机的保险应由（　　）。

   A. 工程承包人办理并支付保险费用

   B. 劳务分包人办理并支付保险费用

   C. 工程承包人办理，但由劳务分包人支付保险费用

   D. 劳务分包人办理，但由承包人支付保险费用

答案：1. D；2. A、B、D；3. D；4. D；5. B；6. A

笔记区

3.2.4 材料设备采购合同管理

考点一：材料采购合同

供货周期不超过 12 个月的签约合同价通常为固定价格。供货周期超过 12 个月且合同材料交付时材料价格变化超过专用合同条款约定的幅度的，双方应按照专用合同条款中约定的调整方法对合同价格进行调整。

合同价款支付：
（1）预付款：合同生效后，买方向卖方支付签约合同价的 10% 作为预付款。
（2）进度款：卖方按照合同约定的进度交付合同材料并提供相关服务后，买方向卖方支付进度款至该批次材料合同价的 95%。
（3）结清款：合同价的 5%。

合同材料的所有权和风险自交付时起转移，交付前所有风险均由卖方承担。
合同材料的质量保证期自合同材料验收之日起算。

考点二：设备采购合同

价款支付：预付款 10%；交付全部合同设备后支付 60%；合同设备验收证书或已生效的验收款支付函正本审核无误后支付 25%；质量保证期届满证书或已生效的结清款支付函正本审核无误后支付 5%。

合同设备的所有权和风险自交付时起转移。

安装、调试中合同设备运行需要的用水、用电、其他动力和原材料（如需要）等均由买方承担。

【经典例题】

1.【2024】根据材料设备采购合同，质量保证期起算时间为（　　）。
A. 材料设备采购后　　　　　　　B. 材料设备交付后
C. 材料设备验收后　　　　　　　D. 工程竣工验收后

2. 根据《标准材料采购招标文件》，合同材料的所有权和风险自（　　）时起由卖方转移至买方。
A. 材料开始使用　　　　　　　　B. 材料检验合格
C. 材料交付　　　　　　　　　　D. 材料质量期届满

答案：1. C；2. C

3.3 工程承包风险管理及担保保险

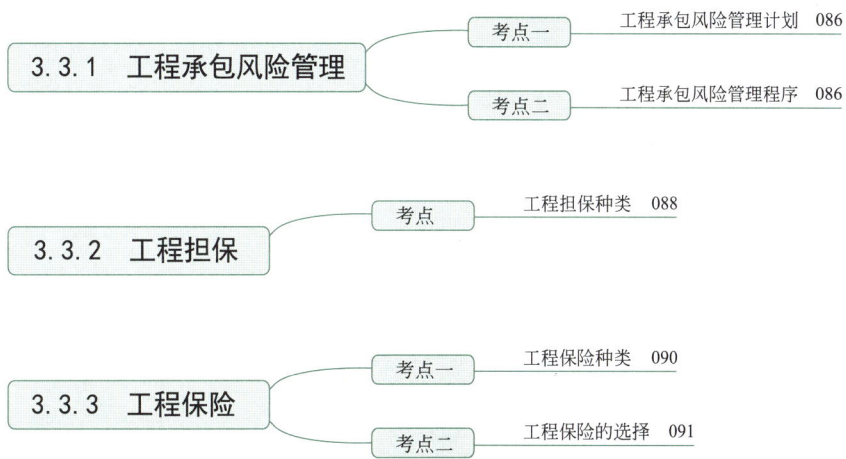

- 3.3.1 工程承包风险管理
  - 考点一　工程承包风险管理计划　086
  - 考点二　工程承包风险管理程序　086

- 3.3.2 工程担保
  - 考点　工程担保种类　088

- 3.3.3 工程保险
  - 考点一　工程保险种类　090
  - 考点二　工程保险的选择　091

3.3.1 工程承包风险管理

考点一：工程承包风险管理计划

项目管理机构应在项目管理策划时确定项目风险管理计划。

项目风险管理计划应包括下列内容：① 风险管理目标；② 风险管理范围；③ 可使用的风险管理方法、措施、工具和数据；④ 风险跟踪要求；⑤ 风险管理责任和权限；⑥ 必需的资源和费用预算。

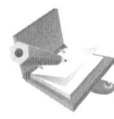
考点二：工程承包风险管理程序

工程承包风险管理包括风险识别、风险评估、风险应对、风险监控等环节。

1. 风险识别

（1）可采用专家调查法、财务报表法、初始清单法、流程图法、统计资料法等方法。

（2）项目风险识别报告应包括下列内容：

① 风险源的类型、数量。

② 风险发生的可能性。

③ 风险可能发生的部位及风险的相关特征。

2. 风险评估

（1）内容包括：

① 风险因素发生的概率估计。

② 风险损失量估计。

③ 风险等级评估。

（2）风险因素发生的概率估计，可采用主观推断法、专家估计法、会议评审法等。

（3）风险损失量估计，可采用专家预测、趋势外推法预测、敏感性分析和盈亏平衡分析及决策树等方法。

（4）风险等级图

风险因素发生的概率 P			
M	H	VH	
L	M	H	
VL	L	M	

V：Very 非常
L：Low 小
M：Middle 中等
H：High 大

风险损失量 O

风险等级图

风险等级大、很大的风险因素：不可接受风险。

风险等级中等的风险因素：不希望有的风险。

风险等级为小的风险因素：可接受风险。

风险等级为很小的风险因素：可忽略风险。

3. 风险应对

（1）风险规避：如否决或者放弃某一具体实施方案；彻底改变原方案的做法。

（2）风险减轻：如以联合体形式承包工程、降低施工方案的复杂性、增加施工方案的安全冗余度。

（3）风险转移：如保险转移、工程分包、签订合同时明确计价方式（签订总价合同）、第三方担保。

（4）风险自留：如建立应急储备，如预算储备和时间储备。

4. 风险监控

采用工期检查、成本跟踪分析、合同履行情况监督、质量监控、现场情况报告、定期例会等方法。

【经典例题】

1.【2024】承包人采取的风险应对措施中，属于风险转移的有（　　）。

A. 投保建筑工程一切险　　　　　　B. 以联合体方式承包工程

C. 工程进度计划中留有机动时间　　D. 要求发包人提供工程款支付担保

E. 与发包人按可调单价方式签订工程合同

2. 项目风险识别报告包括（　　）。

A. 风险源的类型、数量　　　　　　B. 风险可能发生的部位及风险的相关特征

C. 风险等级　　　　　　　　　　　D. 风险管理范围

E. 风险发生的可能性

3. 下列施工风险管理工作中，属于风险评估工作的是（　　）。

A. 确定风险因素　　　　　　　　　B. 编制施工风险识别报告

C. 确定各种风险的风险损失量和风险等级　D. 对风险进行监控

4. 下列风险等级，属于不希望有的风险是（　　）。

A. 大　　　　　　　　　　　　　　B. 中等

C. 小　　　　　　　　　　　　　　D. 很小

5. 施工单位选择与其他单位组成联合体承包工程，共同承担风险。这种做法属于风险应对策略中的（　　）。

A. 风险减轻　　　　　　　　　　　B. 风险规避

C. 风险转移　　　　　　　　　　　D. 风险自留

6. 下列风险应对策略中，属于风险转移策略的是（　　）。

A. 施工单位合理安排工期，避开可能发生的自然灾害对质量的影响

B. 建设单位在工程发包时，要求承包单位提供履约担保

C. 施工单位在施工中有针对性地制定质量事故应急预案

D. 建设单位在工程预算价格中预留一定比例的不可预见费

7. 根据《建设工程项目管理规范》GB/T 50326—2017，项目风险管理正确的程序是（　　）。

A. 风险识别→风险评估→风险应对→风险监控
B. 风险计划→风险分析→风险评估→风险应对
C. 风险识别→风险分析→风险应对→风险监控
D. 风险规划→风险评估→风险自留→风险转移

8. 进行施工风险识别时，可采用的方法有（　　）。
A. 财务报表法　　　　　　　　B. 初始清单法
C. 决策树法　　　　　　　　　D. 盈亏平衡分析法
E. 流程图法

9. 下列不属于风险评估方法的是（　　）。
A. 风险因素发生的概率估计　　B. 风险源的类型、数量估计
C. 风险等级评估　　　　　　　D. 风险损失量估计

10. 下列风险应对策略中，属于风险转移的是（　　）。
A. 彻底改变原施工方案　　　　B. 联合体承包工程
C. 施工预算中考虑不可预见费　D. 采用总价合同供应材料

答案： 1. A、D；2. A、B、E；3. C；4. B；5. A；6. B；7. A；8. A、B、E；9. B；10. D

笔记区

3.3.2　工程担保

 考点：工程担保种类

1. 投标担保

投标人在招标投标活动中提供的一种担保。投标担保形式有投标保函、投标保证金等。

投标保证金不得超过项目估算价的2%，有效期应与投标有效期一致。

2. 履约担保

中标人在签订合同前提交的保证履行合同义务和责任的担保。

形式：银行履约保函、履约担保书、履约保证金等。

履约保证金不得超过中标合同金额的10%。

承包人应保证其履约担保在发包人颁发工程接收证书前一直有效。发包人应在工程接收证书颁发后28天内将履约担保退还给承包人。

3. 预付款担保

承包人应在收到预付款的同时向发包人提交预付款保函，担保金额应与预付款金额相

同，且应逐月减少。

4. 工程款支付担保

发包人应在签订合同时向承包人提交支付担保。

发包人要求承包人提供履约担保的，发包人应向承包人提供支付担保。

支付担保可以采用银行保函或担保公司担保等形式。

5. 工程质量保证金

工程质量保证金是保证承包人在缺陷责任期内对工程施工质量缺陷进行维修的资金，实质上是为保证承包人履行施工合同而进行的一种担保。

总预留比例不得高于工程价款结算总额的3%。

在工程竣工前，承包人已缴纳履约保证金的，发包人不得同时预留工程质量保证金。

投标人、中标人在招标文件约定范围内，可以自行选择交易担保方式，招标人、招标代理机构和其他任何单位不得排斥、限制或拒绝。

【经典例题】

1.【2024】根据《住房城乡建设部 财政部关于印发建设工程质量保证金管理办法的通知》（建质〔2017〕138号），关于工程质量保证金的说法，正确的是（　　）。

A. 工程质量保证金总预留比例不得高于工程价款结算总额的5%

B. 工程质量保证金需要与履约保证金一并预留

C. 工程质量保证金可由银行保函替代

D. 工程质量保证金可用于施工过程中工程质量缺陷的修复

2. 根据《中华人民共和国招标投标法实施条例》，投标保证金的数额不得超过招标项目估算价的（　　）。

A. 1%　　　　　　　　　　　B. 2%

C. 3%　　　　　　　　　　　D. 5%

3. 履约担保的形式包括（　　）。

A. 保兑支票　　　　　　　　B. 银行履约保函

C. 信用证明　　　　　　　　D. 履约担保书

E. 履约保证金

4. 根据《建设工程施工合同（示范文本）》GF—2017—0201，招标人要求中标人提供履约担保时，招标人向中标人提供的担保是（　　）。

A. 履约担保　　　　　　　　B. 支付担保

C. 预付款担保　　　　　　　D. 资金来源担保

5. 根据《建设工程施工合同（示范文本）》GF—2017—0201，担保金额在担保有效期内随着工程款支付可以逐期减少的担保是（　　）。

A. 投标担保　　　　　　　　B. 履约担保

C. 预付款担保　　　　　　　D. 支付担保

6. 下列关于工程担保，说法正确的有（　　）。

A. 投标保证金有效期应与投标有效期一致

B. 招标人最迟应在书面合同签订后10日内向退还投标保证金及银行同期存款利息

C. 履约担保是指中标人在签订合同前向招标人提交的保证履行合同义务和责任的担保

D. 发包人应在签订施工合同时向承包人提交工程款支付担保

E. 工程质量保证金实质上是为保证承包人履行施工合同而进行的一种担保

7. 施工项目投标保证金有效期应当与（　　）一致。

A. 投标截止日期　　　　　　　　B. 投标有效期

C. 中标通知书发出日期　　　　　D. 评标报告提交日期

8. 发包人应在工程接收证书颁发后（　　）天内将履约担保退还给承包人。

A. 7　　　　　　　　　　　　　　B. 14

C. 28　　　　　　　　　　　　　D. 30

9. 关于工程质量保证金担保，说法正确的是（　　）。

A. 由发包人提供

B. 保证在保修期内对施工质量缺陷进行保修的资金

C. 总预留比例不得高于工程价款结算总额的3%

D. 履约保证金和工程质量保证金应同时预留

答案：1. C；2. B；3. B、D、E；4. B；5. C；6. A、C、D、E；7. B；8. C；9. C

3.3.3 工程保险

考点一：工程保险种类

1. 建筑工程一切险

以发包人和承包人的共同名义投保。

采用的是工期保险单，保险期限是从投保工程动工之日起直至工程验收之日止。具体时间由投保人与保险人协商确定。

2. 安装工程一切险

以各种大型机器、设备安装工程为标的，对承保机械和设备在安装过程中因自然灾害或意外事故所造成的物质损失、费用损失承担赔偿责任的保险。

除建筑工程一切险中所提及事项外，安装工程一切险还会免赔因超负荷、超电压、碰线等电气原因所造成的电气设备或电气用具本身的损失。

3. 第三者责任险

在缺陷责任期终止证书颁发前，承包人应以承包人和发包人的共同名义投保第三者责任险。第三者责任险一般附加在工程一切险中。

责任范围仅限于赔偿保险标的工程的工地及邻近地区的第三者因工程实施而蒙受人身

伤亡、疾病或财产损失。

4. 工程设计责任险
工程设计单位因设计工作疏忽或过失而引发工程质量事故造成损失或费用应承担的经济赔偿责任为保险标的的职业责任保险。

5. 施工人员工伤保险
承包人应参加工伤保险，为其履行合同所雇佣的全部人员，缴纳工伤保险费，并要求其分包人也进行此项保险。

6. 意外伤害保险
《中华人民共和国建筑法》规定，建筑施工企业鼓励企业为从事危险作业的职工办理意外伤害保险，支付保险费。

《标准施工招标文件》通用合同条款规定，发包人应在整个施工期间为其现场机构雇用的全部人员投保人身意外伤害险，缴纳保险费，并要求其监理人也进行此项保险。承包人应在整个施工期间为其现场机构雇用的全部人员投保人身意外伤害险，缴纳保险费，并要求其分包人也进行此项保险。

【经典例题】
1.【2024】下列工程保险中，属于职业责任保险的是（　　）。
A. 意外伤害险　　　　　　　　B. 设计责任险
C. 第三者责任险　　　　　　　D. 施工人员工伤险
2. 下列安装工程损失费用中，属于安装工程一切险免赔范围的是（　　）。
A. 因安装人员技术不精引起的事故损失
B. 因突降冰雹造成已安装设备损坏的损失
C. 因遭遇雷击造成电气设备损坏的损失
D. 因超负荷造成电气用具本身的损失
3. 关于工程保险，下列说法正确的是（　　）。
A. 建筑工程一切险以发包人和承包人共同名义投保
B. 第三者责任险的赔偿范围包括施工方
C. 鼓励承包人参加工伤保险
D. 监理人的意外伤害险由发包人负责缴纳
E. 第三者责任险一般附加在建筑工程一切险和安装工程一切险中
答案：1. B；2. D；3. A、E

考点二：工程保险的选择

承包人应以发包人和承包人的共同名义投保建筑工程一切险、安装工程一切险和第三者责任险。

保险人的选择主要考虑三方面因素：
（1）安全可靠性：指保险人履行承诺时的赔付能力。
（2）服务质量：重点从能力和意愿两方面进行评估。

（3）保险成本：决定保险成本的最主要因素是保险费率。

【经典例题】

1. 以下保险种类中，需要以发包人和承包人双方共同名义投保的险种有（   ）。

A. 建筑工程一切险　　　　　　　　　B. 安装工程一切险

C. 工伤保险　　　　　　　　　　　　D. 第三者责任险

E. 意外伤害保险

2. 在进行工程保险人的选择时，决定保险成本的最主要因素是（   ）。

A. 赔付能力　　　　　　　　　　　　B. 保险费率

C. 信用等级　　　　　　　　　　　　D. 承保业务量

答案：1. A、B、D；2. B

第4章 建设工程进度管理

4.1 工程进度影响因素与进度计划系统

- **4.1.1 工程进度影响因素**
  - 考点：工程施工进度影响因素 096

- **4.1.2 工程进度计划系统及表达形式**
  - 考点一：工程进度计划系统 097
  - 考点二：工程进度计划表达形式 097

4.1.1 工程进度影响因素

考点：工程施工进度影响因素

人为因素是最大的干扰因素。

1. 相关单位影响

如建设资金不到位、设计有缺陷或错误、进场材料设备质量检查验收不及时等。

2. 有关协作部门及社会环境影响

如节假日交通、市容整顿限制；临时停水、停电、断路等。

3. 自然条件影响

如复杂的工程地质条件；不明的水文气象条件；地下埋藏文物的保护、处理；洪水、地震、台风等不可抗力等。

4. 施工单位自身因素影响

（1）施工技术因素：如施工方案、施工工艺或施工安全措施不当；特殊材料及新材料的不合理使用；施工设备不配套，选型失当或有故障；不成熟的技术应用等。

（2）组织管理因素：如申请审批手续的延误；合同签订时遗漏条款、表达失当；计划安排不周密，组织协调不力，导致停工待料、相关作业脱节；指挥不力，使各专业、各施工过程之间交接配合不顺畅等。

【典型例题】

1.【2024】在下列影响施工进度的不利因素中，属于社会环境影响因素的是（ ）。
  A. 不明水文气象条件　　　　　　B. 地下埋藏文物的处理
  C. 建设资金不到位　　　　　　　D. 临时停水、停电、断路

2. 影响建设工程进度的不利因素有很多，其中属于施工单位组织管理因素的有（ ）。
  A. 地下埋藏文物的保护及处理　　B. 临时停水停电
  C. 施工安全措施不当　　　　　　D. 计划安排原因导致相关作业脱节
  E. 向有关部门提出各种申请审批手续的延误

3. 影响工程施工进度的因素中，最大的干扰因素是（ ）。
  A. 人为因素　　　　　　　　　　B. 技术因素
  C. 设备因素　　　　　　　　　　D. 地质因素

4. 下列施工进度影响因素中，属于自然条件影响的是（ ）。
  A. 有关部门不配合　　　　　　　B. 地下埋藏文物的保护
  C. 市容整改限制　　　　　　　　D. 施工设备不配套

答案：1. D；2. D、E；3. A；4. B

4.1.2 工程进度计划系统及表达形式

考点一：工程进度计划系统

1. 建设单位进度计划系统

（1）包括：工程项目前期工作计划、工程项目建设总进度计划和工程项目年度计划。

（2）工程项目进度平衡表主要用来明确设计文件交付日期、主要设备交货日期、施工单位进场日期、水电及道路接通日期等。

2. 施工单位进度计划系统

（1）按项目组成编制，包括施工总进度计划、单位工程施工进度计划及分部分项工程进度计划。

（2）按时间进展阶段编制，包括年度施工计划、季度施工计划和月（旬）作业计划。

【经典例题】

【2024】建设单位进度计划系统中，用来明确设计文件交付日期、主要设备交货日期、施工单位进场日期、水电及道路接通日期等的计划表是（　　）。

A. 工程项目综合进度计划表　　　　B. 工程项目总进度计划表
C. 工程项目年度计划表　　　　　　D. 工程项目进度平衡表

答案：D

考点二：工程进度计划表达形式

1. 横道图

包括两个部分，左侧的工作名称、持续时间和右侧的横道线部分。能直观表明各工作的开始时间和完成时间、持续时间，以及整个工程项目总工期。

（1）优点：形象、直观，且易于编制和理解。

（2）不足：

① 不能明确反映工作间的相互联系、相互制约关系。

② 不能反映关键工作和关键线路。

③ 不能反映工作的机动时间（时差）。

④ 不能反映工程费用与工期之间的关系，不便于优化。

2. 网络图

与横道计划相比，网络计划具有以下特点：

（1）能够明确表达各项工作之间的逻辑关系。

（2）能够通过时间参数计算，找出影响工期的关键工作和关键线路。

（3）能够通过时间参数计算，确定各项工作的机动时间。

（4）能够利用项目管理软件进行计算、优化和调整。

【经典例题】

1. 一般情况下，横道图能反映出工作的（　　）。

A. 总时差　　　　　　　　　　B. 关键工作

C. 持续时间　　　　　　　　　D. 自由时差

2. 与横道图相比，网络图具有的优点有（　　）。

A. 易于编制和理解

B. 能够明确表达各项工作之间的逻辑关系

C. 能够通过时间参数计算，找出影响工期的关键工作和关键线路

D. 通过时间参数计算，确定各项工作的机动时间

E. 形象、直观

答案：1. C；2. B、C、D

笔记区

4.2 流水施工进度计划

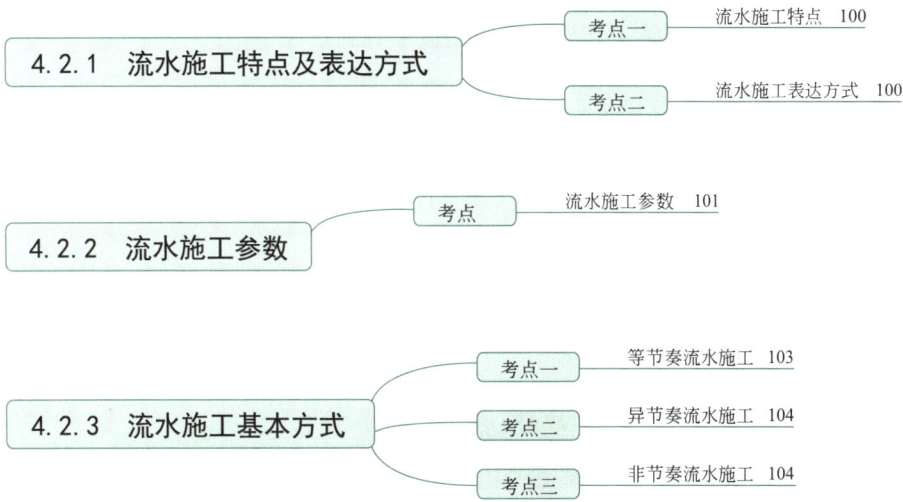

- 4.2.1 流水施工特点及表达方式
  - 考点一　流水施工特点　100
  - 考点二　流水施工表达方式　100
- 4.2.2 流水施工参数
  - 考点　　流水施工参数　101
- 4.2.3 流水施工基本方式
  - 考点一　等节奏流水施工　103
  - 考点二　异节奏流水施工　104
  - 考点三　非节奏流水施工　104

4.2.1 流水施工特点及表达方式

考点一：流水施工特点

工程施工组织方式通常有三种：依次施工、平行施工和流水施工。流水施工具有以下特点：

（1）尽可能利用工作面进行施工，工期较短。
（2）各工作队实现专业化施工。
（3）专业工作队能够连续施工，同时使相邻专业工作队之间能够最大限度地进行搭接作业。
（4）单位时间内投入的劳动力、施工机具等资源较为均衡。
（5）为施工现场的文明施工和科学管理创造了有利条件。

【经典例题】
【2024】与依次施工和平行施工相比，建设工程组织流水施工的特点有（　　）。
A．施工工期最短　　　　　　　　B．各工作队可实现专业化施工
C．能够尽可能利用工作面进行施工　D．施工现场组织管理比较简单
E．单位时间内投入的资源较为均衡
答案：B、C、E

考点二：流水施工表达方式

流水施工表达方式：网络图、横道图和垂直图。

1. 横道图

施工过程	施工进度安排(d)						
	2	4	6	8	10	12	14
挖基槽	①	②	③	④			
铺垫层		①	②	③	④		
砌基础			①	②	③	④	
回填土				①	②	③	④

某基础工程流水施工横道图

优点：绘图简单，施工过程及其先后顺序表达清楚，时间和空间状况形象直观，使用方便。

2. 垂直图

空间位置或里程	东段	中段	西段
14			
12	附属工程		
10		路面工程	
8			
6			
4	路基工程		
2			

某标段公路工程流水施工垂直图

优点：施工过程及其先后顺序表达清楚，时间和空间状况形象直观，斜率表示进展速度。

【经典例题】

1. 以下不是流水施工表达方式的是（　　）。
   A. 网络图　　　　　　　　　B. S形曲线
   C. 垂直图　　　　　　　　　D. 横道图
2. 关于流水施工横道图，下列说法错误的是（　　）。
   A. 广泛应用于工程实践中　　　B. 施工过程及先后顺序表达清楚
   C. 进度线的斜率反映施工过程的进展速度　　D. 时间和空间状况形象直观

答案：1. B；2. C

笔记区

4.2.2　流水施工参数

考点：流水施工参数

1. 工艺参数

（1）施工过程：可以是单项工程、单位工程、分部工程或分项工程，也可以是工序，划分的粗细程度由实际需要而定。

（2）流水强度：某施工过程（或专业工作队）在单位时间内所完成的工程量。

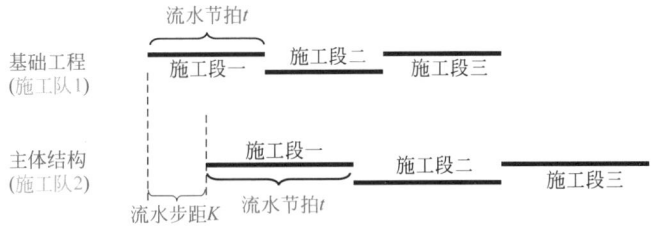

2. 空间参数

（1）工作面：某专业工种的工人或某种施工机械进行施工的活动空间。

（2）施工段：在组织流水施工时，将拟建工程在平面上划分成若干个劳动量相等或大致相等的施工区段。为合理划分施工段，应遵循下列原则：

① 各施工段的劳动量应大致相等，相差幅度不宜超过15%。

② 每个施工段要有足够的工作面。

③ 施工段的界限应尽可能与结构界限（如沉降缝、伸缩缝等）相吻合，或设在对建筑结构整体性影响小的部位。

④ 施工段数目要满足合理组织流水施工的要求。

⑤ 对于多层建筑物、构筑物或需要分层施工的工程，应既分施工段，又分施工层。

3. 时间参数

（1）流水节拍：某个专业队在一个施工段上的施工时间。

（2）流水步距：两个相邻专业队相继开始施工的最小间隔时间。流水步距的数目取决于参加流水的施工过程数。如果施工过程数为 n 个，则流水步距总数为 $n-1$ 个。流水步距的大小取决于相邻两个专业工作队在各施工段上的流水节拍及流水施工的组织方式。

（3）工期：从第一个专业工作队投入流水施工开始，到最后一个专业工作队完成流水施工为止的整个持续时间。

【经典例题】

1.【2024】下列流水施工参数中属于工艺参数的是（　　）。
A. 流水段和流水步距　　　　　B. 流水步距和流水强度
C. 流水强度和施工过程　　　　D. 施工过程和流水段

2. 下列流水时间的参数中，不属于时间参数的是（　　）。
A. 流水节拍　　　　　　　　　B. 流水步距
C. 流水强度　　　　　　　　　D. 流水施工工期

3. 下列流水时间的参数说法中，正确的是（　　）。
A. 施工过程数和流水步距数是相同的　B. 施工过程可以是单位工程，也可以是分部工程
C. 流水强度属于空间参数　　　　　　D. 不同施工段要求劳动量必须相等

4. 专业工作队在各个施工段上的劳动量要大致相等，其相差幅度不宜超过（　　）。
A. 5%　　　　　　　　　　　　B. 10%
C. 15%　　　　　　　　　　　　D. 20%

5. 在编制流水施工进度计划时，划分施工段应遵循的原则有（　　）。
A. 各施工段的劳动量应大致相同　　B. 施工段的界限应尽可能与结构界限相吻合
C. 各施工段要有足够的工作面　　　D. 多层建筑物应既分施工段，又分施工层

E. 施工段数目要小于施工过程数

6. 下列流水施工参数中，属于空间参数的有（　　）。

A. 流水步距　　　　　　　　　　B. 工作面
C. 流水强度　　　　　　　　　　D. 施工过程
E. 施工段

答案：1. C；2. C；3. B；4. C；5. A、B、C、D；6. B、E

笔记区

4.2.3 流水施工基本方式

考点一：等节奏流水施工

等节奏流水节拍表（周）

工程名称	施工段一	施工段二	施工段三
基础工程	5	5	5
主体结构	5	5	5
装饰装修	5	5	5

各施工过程的流水节拍都相等的流水施工，也称为固定节拍流水施工或全等节拍流水施工。具有以下特点：

（1）所有施工过程在各个施工段上的流水节拍均相等。

（2）相邻施工过程的流水步距相等，且等于流水节拍。

（3）专业工作队数等于施工过程数。

（4）各专业工作队在各施工段上能够连续作业，施工段之间没有空闲时间。

流水施工工期计算公式为：$T=(m+n-1)\times K+\sum Z-\sum C$

式中：　T——流水施工工期。

　　　　m——施工段数。

　　　　n——施工过程数。

　　　　K——流水步距。

　　　　$\sum Z$——技术间隔时间之和。

　　　　$\sum C$——提前插入（搭接）时间之和。

考点二：异节奏流水施工

同一施工过程的流水节拍相等，不同施工过程之间的流水节拍不尽相等的流水施工。可分为等步距异节奏和异步距异节奏流水施工两种方式。

异节奏流水节拍表（周）

工程名称	施工段一	施工段二	施工段三
基础工程	3	3	3
主体结构	9	9	9
装饰装修	6	6	6

（1）异步距异节奏流水施工

每个施工过程成立一个专业工作队，由其完成各施工段任务的流水施工。

（2）等步距异节奏流水施工

按每个施工过程流水节拍之间的比例关系，成立相应数量的专业工作队而进行的流水施工，也称为成倍节拍流水施工。具有以下特点：

① 同一施工过程在各个施工段上的流水节拍均相等；不同施工过程的流水节拍为倍数关系。

② 相邻施工过程的流水步距相等，且等于流水节拍的最大公约数。

③ 专业工作队数大于施工过程数。对于流水节拍大的施工过程，可按其倍数增加相应专业工作队数目。

④ 各专业工作队在施工段上能够连续作业，施工段之间没有空闲时间。

流水施工工期计算公式如下：

$$T=(m+N-1)\times K+\sum Z-\sum C$$

式中：K——流水步距，为流水节拍最大公约数。

N——专业队组数总和。

考点三：非节奏流水施工

流水节拍无任何规律的流水施工，具有以下特点：

（1）各施工过程在各施工段上的流水节拍不全相等。

（2）相邻施工过程的流水步距不尽相等。

（3）专业工作队数等于施工过程数。

（4）各专业工作队能够在施工段上连续作业，但有的施工段之间可能有空闲时间。

通常采用累加数列错位相减取大差法计算流水步距，流水施工工期计算公式如下：

$$T=\sum K+\sum t_n+\sum Z-\sum C$$

式中：$\sum K$——各施工过程流水步距之和。

$\sum t_n$——最后一个施工过程在各施工段上的流水节拍之和。

【经典例题】

1.【2024】建设工程组织固定节拍流水施工的特点有（　　）。
A. 相邻施工过程的流水步距相等
B. 专业工作队数等于施工过程数
C. 各施工段的流水节拍不全相等
D. 施工段之间可能有空闲时间
E. 各专业工作队能够连续作业

2.【2024】某分部工程有4个施工过程，划分为3个施工段组织加快的成倍节拍流水施工，流水节拍分别为4d、6d、4d和2d，该分部工程需安排的专业工作队数是（　　）个。
A. 8　　　　　　　　　　B. 3
C. 4　　　　　　　　　　D. 6

3. 某等节奏流水施工，其中施工过程 $n=3$，施工段 $m=4$，流水节拍 $t=2d$，其中施工过程①和施工过程②间隔1d，则该流水施工总工期为（　　）。
A. 10d　　　　　　　　　B. 11d
C. 12d　　　　　　　　　D. 13d

4. 某混凝土工程有架体搭设、模板安装、钢筋绑扎3个过程，划分5个流水施工段，采用成倍节拍流水组织施工，对应的流水节拍是2d、4d、6d，该混凝土工程的总工期是（　　）。
A. 24d　　　　　　　　　B. 14d
C. 16d　　　　　　　　　D. 20d

5. 某工程有3个施工过程，分3个施工段组织流水施工，流水节拍参数见下表，该工程流水工期是（　　）。

施工过程	施工段		
	Ⅰ	Ⅱ	Ⅲ
A	4	4	4
B	1	1	1
C	2	2	2

A. 17d　　　　　　　　　B. 7d
C. 11d　　　　　　　　　D. 21d

6. 某工程组织非节奏流水施工，两个施工过程在4个施工段上的流水节拍分别为5d、8d、5d、5d和7d、2d、5d、3d，则该工程的流水施工工期是（　　）。
A. 16d　　　　　　　　　B. 21d
C. 26d　　　　　　　　　D. 28d

7. 关于非节奏流水施工的说法，正确的是（　　）。
A. 专业工作队数和施工过程数不相等
B. 专业工作队连续作业，施工段之间没有空闲时间
C. 相邻施工过程的流水步距完全相同
D. 相同施工过程的流水节拍可能不同

8. 下列流水施工的基本方式中，施工队组数和施工过程数不相等的是（　　）。
A. 等节奏流水施工
B. 异步距异节奏流水施工

C. 等步距异节奏流水施工　　　　　　D. 无节奏流水施工

9. 某工程有3个施工过程，组织全等节拍流水施工，流水节拍均为2周，如果要求流水施工工期是12周，则应划分的施工段个数是（　　）。

A. 3　　　　　　　　　　　　　　　B. 4
C. 5　　　　　　　　　　　　　　　D. 6

答案：1. A、B、E；2. A；3. D；4. D；5. A；6. C；7. D；8. C；9. B

笔记区

4.3 工程网络计划技术

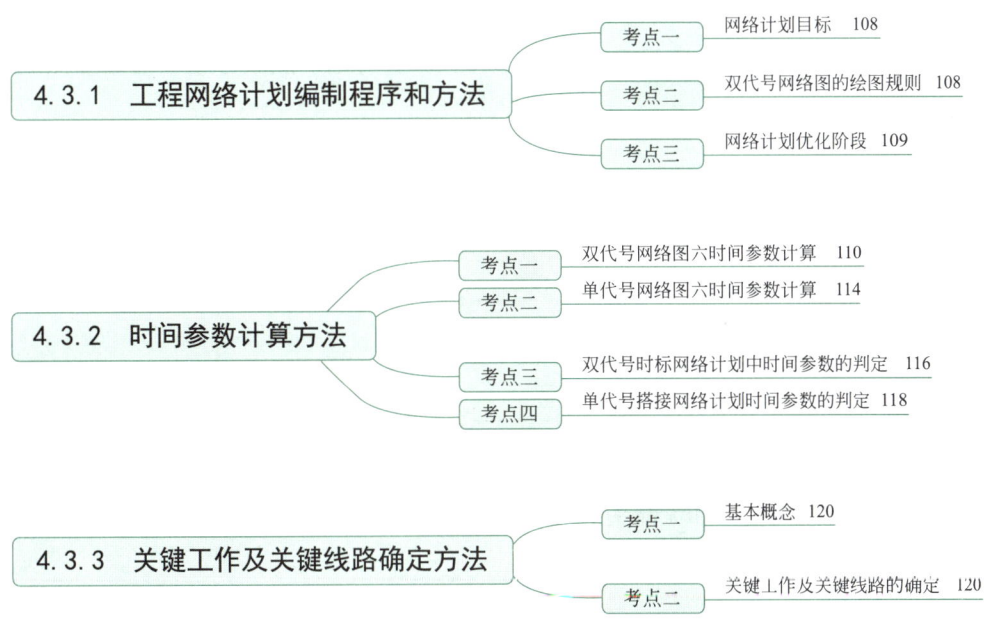

4.3.1 工程网络计划编制程序和方法

考点一：网络计划目标

网络计划目标一般可分为三类：时间目标、时间-资源目标、时间-成本目标。

考点二：双代号网络图的绘图规则

（1）必须按照已定逻辑关系绘制。

① 虚箭线既不消耗时间，也不消耗资源，主要用来表示相邻两项工作之间的逻辑关系。

② 节点必须编号，编号严禁重复，同一条箭线上箭尾节点编号小于箭头节点编号，即：$i<j$。

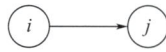

（2）严禁循环回路。

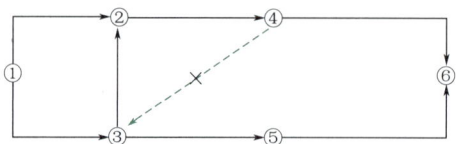

（3）箭线应保持自左向右的方向。

（4）严禁出现双向箭头和无箭头的连线。

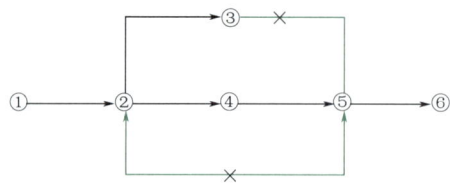

（5）严禁出现无箭头节点或箭尾节点的箭线。

（6）严禁在箭线上引入或引出箭线。

（7）应尽量避免箭线的交叉。当交叉不可避免时，可以采用过桥法或指向法处理。

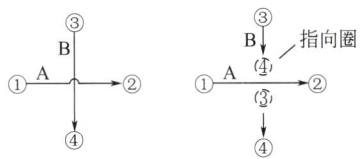

（8）应只有一个起点节点和终点节点。

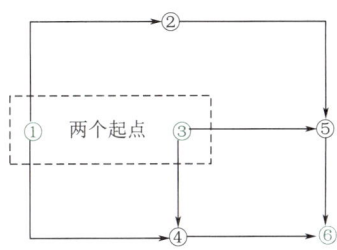

考点三：网络计划优化阶段

网络计划优化包括工期优化、费用优化和资源优化三种。

工期优化的基本方法是在不改变各项工作之间逻辑关系的前提下，通过压缩关键工作的持续时间来达到优化目标。选择缩短持续时间的关键工作应考虑下列因素：

（1）缩短持续时间对质量和安全影响不大的工作。
（2）有充足备用资源的工作。
（3）缩短持续时间所需增加费用最少的工作。

【经典例题】

1.【2024】工程网络计划工期优化过程中，为达到缩短工期的目的，应选择（　　）的关键工作缩短其持续时间。

A. 有充足备用资源　　　　　　B. 单位时间所需资源最少
C. 缩短持续时间对质量和安全影响不大　　D. 缩短持续时间所需增加费用最少
E. 持续时间较长

2. 某双代号网络计划如下图所示（时间单位：d），存在的绘图错误是（　　）。

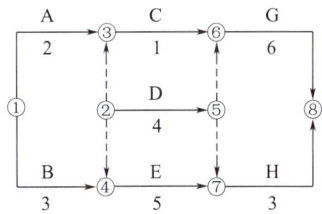

A. 有多个起点节点　　　　　　B. 工作标识不一致
C. 节点编号不连续　　　　　　D. 时间参数有多余

3. 根据下表逻辑关系绘制的双代号网络图如下所示，存在的绘图错误是（   ）。

工程名称	A	B	C	D	E	G	H
紧前工作	—	—	A	A	A、B	C	E

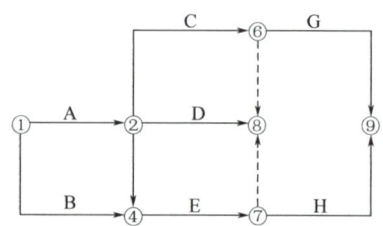

A. 节点编号不对
B. 逻辑关系不对
C. 有多个终点节点
D. 有多个起点节点

4. 根据《工程网络计划技术规程》JGJ/T 121—2015，网络图存在的绘图错误有（   ）。

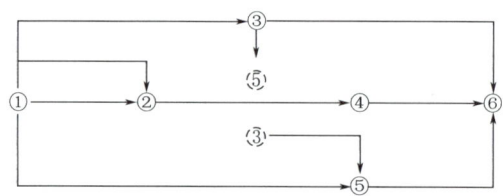

A. 箭线上有引出箭线
B. 多个起点节点
C. 相同的节点编号
D. 无箭尾节点的箭线

答案：1. A、C、D；2. A；3. C；4. A

> 笔记区

4.3.2 时间参数计算方法

考点一：双代号网络图六时间参数计算

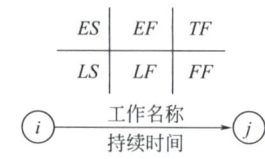

1. 六时间参数

（1）最早时间参数

最早开始时间 ES：指在各紧前工作全部完成后，本工作有可能开始的最早时刻。

最早完成时间 EF：指在各紧前工作全部完成后，本工作有可能完成的最早时刻。

（2）最迟时间参数

最迟开始时间 LS：在不影响整个任务按期完成的前提下，工作必须开始的最迟时刻。

最迟完成时间 LF：在不影响整个任务按期完成的前提下，本工作必须完成的最迟时刻。

（3）时差

总时差 TF：在不影响总工期的前提下，本工作可以利用的机动时间。

自由时差 FF：在不影响其紧后工作最早开始时间的前提下，本工作可以利用的机动时间。

2. 六时间参数计算公式

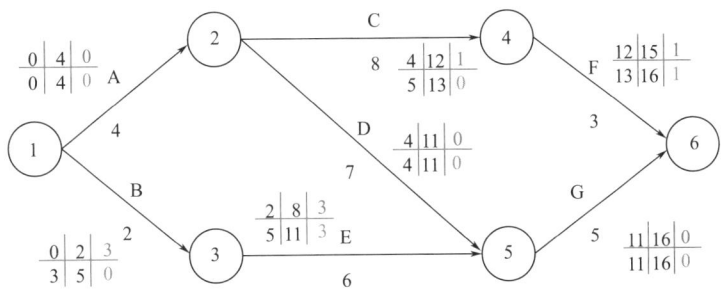

（1）最早时间参数

最早开始时间＝各紧前工作的最早完成时间的最大值

最早完成时间＝最早开始时间＋持续时间

（2）最迟时间参数

最迟完成时间＝各紧后工作的最迟开始时间的最小值

最迟开始时间＝最迟完成时间－持续时间

（3）时差

总时差＝最迟开始时间－最早开始时间＝最迟完成时间－最早完成时间

自由时差＝紧后工作的最早开始时间（最小值）－本工作的最早完成时间

注：末尾工作的自由时差＝计划工期－本工作的最早完成时间

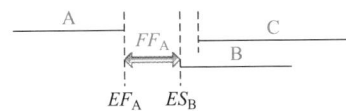

口诀：

最早从前往后取大；

最迟从后往前取小；

总时差最迟减最早；

自由时差紧后最早开始最小值减本项最早完成。

【经典例题】

1. 某工程网络计划中，工作M的持续时间是1d，最早第4天开始，工作M的两个紧后工作的最迟开始时间分别为第7天和第9天，工作M的总时差是（　　）。

　　A. 2d　　　　　　B. 1d　　　　　　C. 3d　　　　　　D. 5d

2. 某工作有两个紧前工作，最早完成时间分别是第2天和第4天，该工作持续时间是5d，则其最早完成时间是第（　　）天。

　　A. 9　　　　　　B. 6　　　　　　C. 7　　　　　　D. 11

3. 双代号网络计划中，某工作最早第3天开始，工作持续时间2d，有且仅有2个紧后工作，紧后工作最早开始时间分别是第5天和第6天，对应总时差是4d和2d。该工作的总时差和自由时差分别是（　　）。

　　A. 3d，0d　　　B. 0d，0d　　　C. 4d，1d　　　D. 2d，2d

4. 某双代号网络计划如下图所示，关于工作时间参数的说法，正确的有（　　）。

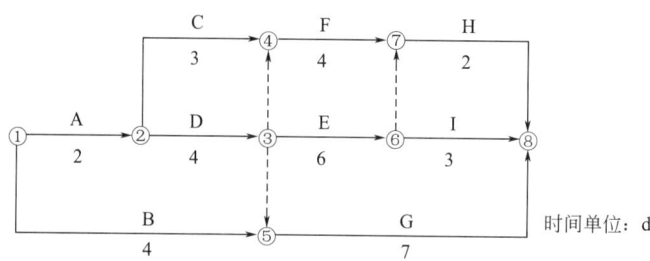

　　A. 工作B的最迟完成时间是第8天
　　B. 工作F的自由时差是1d
　　C. 工作C的最迟开始时间是第7天
　　D. 工作G的总时差是2d
　　E. 工作H的最早开始时间是第13天

5. 某工程持续时间2d，有2项紧前工作和3项紧后工作，紧前工作的最早开始时间分别是第3天、第6天（计算坐标系），对应的持续时间分别是5d、1d；紧后工作的最早开始时间分别是第15天、第17天、第19天，对应的总时差分别是3d、2d、0d。该工作的总时差是（　　）。

　　A. 9d　　　　　　B. 10d　　　　　　C. 8d　　　　　　D. 13d

6. 某工程网络计划如下图所示，工作D的最迟开始时间是第（　　）天。

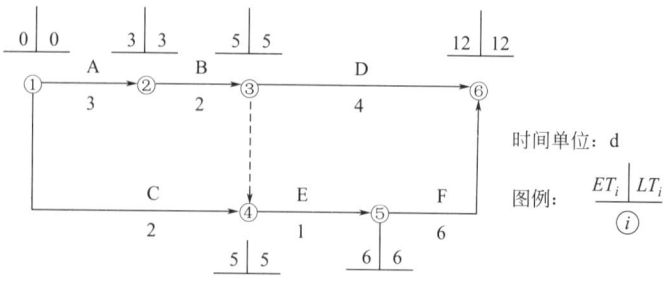

　　A. 3　　　　　　B. 5　　　　　　C. 6　　　　　　D. 8

7. 某双代号网络计划如下图所示（单位：d），则工作E的自由时差为（　　）。

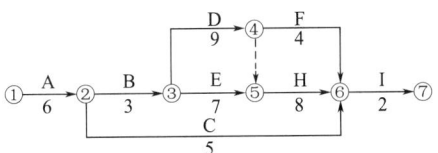

A. 3d B. 2d C. 4d D. 0d

8. 某网络计划中，工作N的持续时间为6d，最迟完成时间为第25天，该工作3项紧前工作的最早完成时间分为第10天、第12天和第13天，则工作N的总时差是（　　）。

A. 12d B. 8d C. 6d D. 4d

9. 某工作有3项紧后工作，持续时间分别为4d、5d、6d，对应的最迟完成时间分别为第18天、第16天、第14天，则该工作的最迟完成时间是第（　　）天。

A. 14 B. 12 C. 8 D. 6

10. 某工程双代号网络计划如下图所示（单位：d），其计算工期是（　　）。

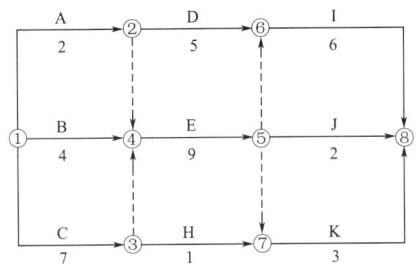

A. 11d B. 13d C. 15d D. 22d

11. 某工程网络计划中，工作N的自由时差为5d，计划执行过程中检查发现，工作N的工作时间延后了3d，其他工作均正常，此时（　　）。

A. 工作N的总时差不变，自由时差减少3d

B. 总工期不会延长

C. 工作N的总时差减少3d

D. 工作N的最早完成时间推迟3d

E. 工作N将会影响紧后工作

12. 某双代号网络计划中，工作M的自由时差为3d，总时差为5d。在进度计划实施检查中发现工作M实际进度落后，且影响总工期2d。在其他工作均正常的前提下，工作M的实际进度落后（　　）。

A. 7d B. 5d C. 6d D. 8d

13. 某双代号网络计划中，工作M的最早开始时间和最迟开始时间分别为第12天和第15天，其持续时间为5d。工作M有3项紧后工作，它们的最早开始时间分别为第21天、第24天和第28天，则工作M的自由时差为（　　）。

A. 4d B. 1d C. 3d D. 8d

14. 已知工作A的紧后工作是B和C，B工作的最迟开始时间为第20天，最早开始时间为第14天，C工作的最迟完成时间为第16天，最早完成时间为第14天，A工作的自由时差为5d，则A工作的总时差为（　　）。

A. 0d　　　　　　B. 7d　　　　　　C. 5d　　　　　　D. 9d

答案：1. A；2. A；3. A；4. A、D；5. C；6. D；7. B；8. C；9. C；10. D；11. B、C、D；12. A；13. A；14. B

考点二：单代号网络图六时间参数计算

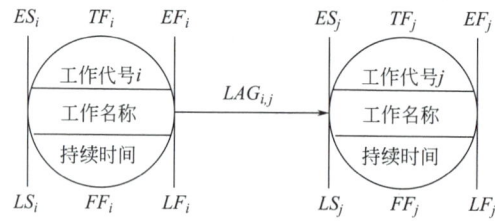

计算过程与双代号一样，仅需掌握相邻两项工作的时间间隔（$LAG_{i,j}$）。

（1）$LAG_{i,j}=$紧后工作（j）最早开始时间－本工作（i）最早完成时间。

（2）工作i的总时差TF_i等于该工作的各个紧后工作j的总时差TF_j加该工作与其紧后工作之间的时间间隔$LAG_{i,j}$之和的最小值。

$$TF_i=\min\{TF_j+LAG_{i,j}\}$$

（3）工作自由时差FF：（1）无紧后工作：$FF=$计划工期－该工作的最早完成时间。

（2）有紧后工作：$FF_i=\min\{LAG_{i,j}\}$。

【经典例题】

1. 某工作网络计划中，工作N的持续时间是1d，最早第14天上班时刻开始，工作N的三个紧前工作A、B、C最早完成时间分别是第9天、第11天、第13天下班时刻，则工作B和工作N的时间间隔是（　　）。

A. 0d　　　　　　　　　　　　　　B. 2d
C. 1d　　　　　　　　　　　　　　D. 4d

2. 某单代号网络计划如下图所示（单位：d），下列选项正确的是（　　）。

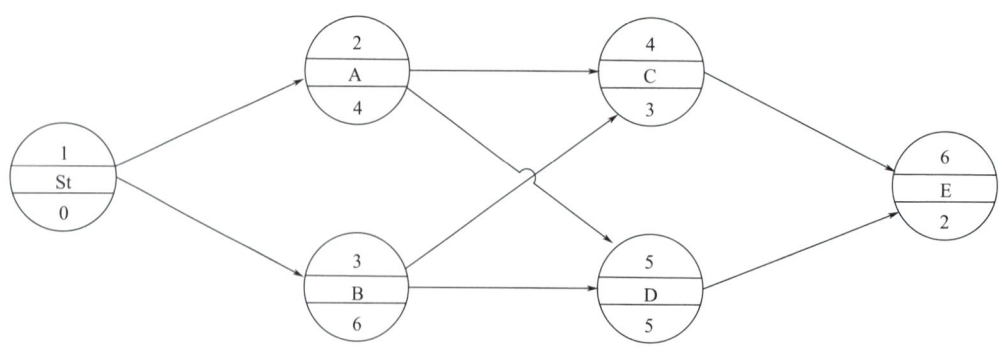

A. $LS_B=0d$　　　　　　　　　　B. $LS_A=0d$
C. $EF_D=11d$　　　　　　　　　　D. $TF_C=0d$
E. $LF_E=13d$

3. 某单代号网络计划如下图所示（单位：d），计算工期是（　　）。

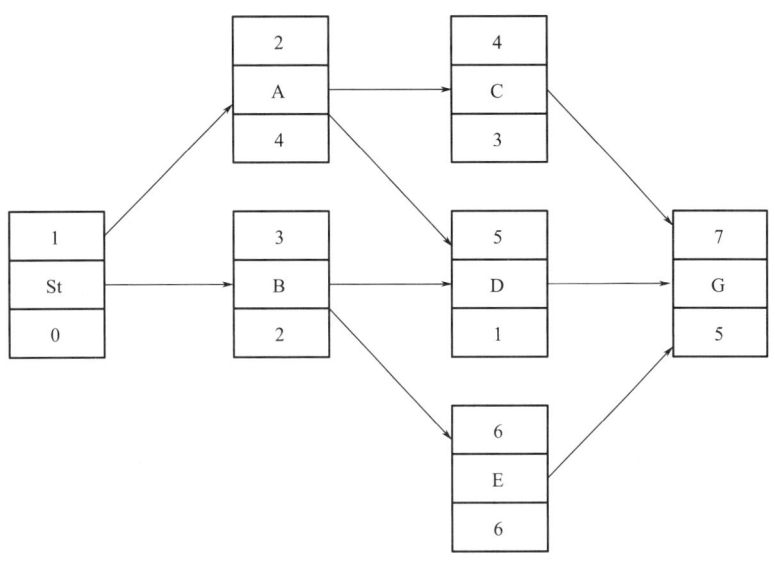

A. 8d　　　　　B. 13d　　　　　C. 10d　　　　　D. 12d

4. 某单代号网络计划如下图所示（单位：d），工作A、D之间的时间间隔是（　　）。

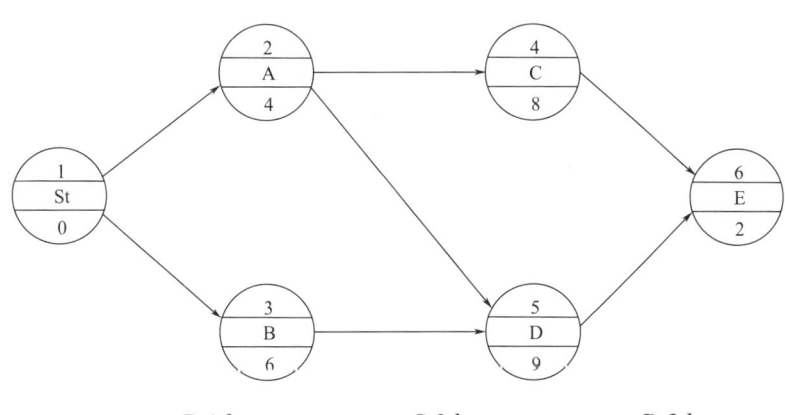

A. 0d　　　　　B. 1d　　　　　C. 2d　　　　　D. 3d

5. 某单代号网络计划中，工作A有两项紧后工作B和C，工作B和工作C的最早开始时间分别为第13天和第15天，最迟开始时间分别为第19天和第21天；工作A与工作B和工作C的间隔时间分别为0d和2d。如果工作A实际进度拖延7d，则（　　）。

A. 对工期没有影响　　　　　　　　B. 总工期延长2d
C. 总工期延长3d　　　　　　　　　D. 总工期延长1d

6. 已知工作F有且仅有两项并行的紧后工作G和H，G工作的最迟开始时间为第12天，最早开始时间为第8天，H工作的最迟完成时间为第14天，最早完成时间为第12天；工作F与G、H的时间间隔分别为4d和5d，则F工作的总时差为（　　）。

A. 0d　　　　　B. 5d　　　　　C. 7d　　　　　D. 9d

答案：1. B；2. A、C、E；3. B；4. C；5. D；6. C

考点三：双代号时标网络计划中时间参数的判定

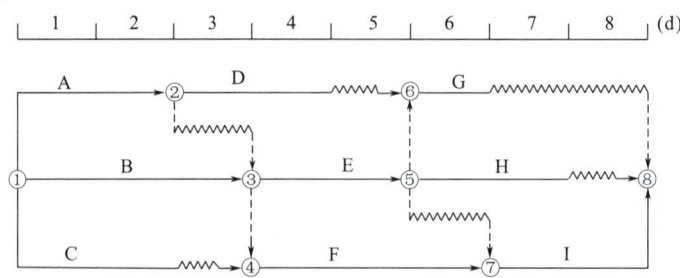

双代号时标网络计划是以时间坐标为尺度（小时、天、周、月或季度等）表示工作进度安排的双代号网络计划。时标网络计划宜按各项工作的最早开始时间编制。

实箭线表示工作，实箭线的水平投影长度表示该工作的持续时间；以虚箭线表示虚工作，由于虚工作的持续时间为零，故虚箭线只能垂直画；以波形线表示工作与其紧后工作之间的时间间隔（以终点节点为完成节点的工作除外，当计划工期等于计算工期时，这些工作箭线中波形线的水平投影长度表示其自由时差）。

自始至终不出现波形线的线路为关键线路。

双代号时标网络计划的最早时间可以看实箭线的起点和终点对应的时间。自由时差是本项工作波形线长度。仅需掌握总时差和最迟时间计算：

（1）总时差计算：从本项工作开始到最近关键节点，所有线路中波形线长度之和的最小值。如上图：$TF_A=1d$；$TF_C=1d$；$TF_D=3d$。

（2）最迟时间计算：

最迟开始时间＝最早开始时间＋总时差

最迟完成时间＝最早完成时间＋总时差

【典型例题】

1.【2024】双代号时标网络计划中，某工作箭线中的波形线水平投影长度表示的是（　　）。

A. 该工作的自由时差　　　　　　　　B. 该工作的总时差

C. 该工作与其紧后工作之间的时间间隔　　D. 该工作与其紧后工作之间的时距

2.【2024】某工程双代号时标网络计划如下图所示，图中显示的正确信息有（　　）。

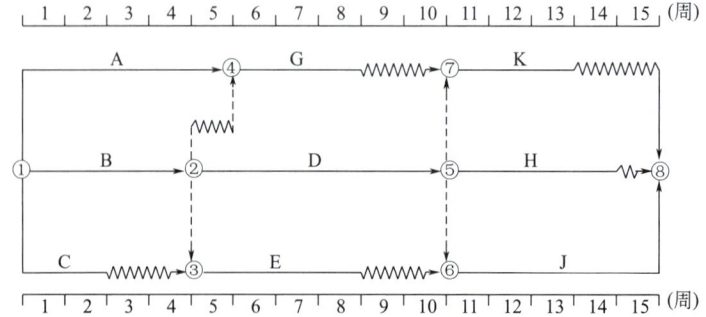

A. 工作A为非关键工作　　　　　　B. 工作C的自由时差为2周
C. 工作G的自由时差为4周　　　　D. 工作E的总时差为2周
E. 工作D的总时差为1周

3. 某工程双代号时标网络计划（时间：d）如下图所示，图中表达的正确信息是（　　）。

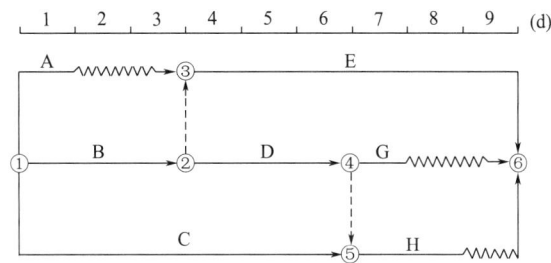

A. 工作A的总时差和自由时差不同　　B. 工作C为关键工作
C. 工作D的总时差为零　　　　　　　D. 工作E为关键工作

4. 某工程双代号时标网络计划（时间：d）如下图所示，图中表达的正确信息有（　　）。

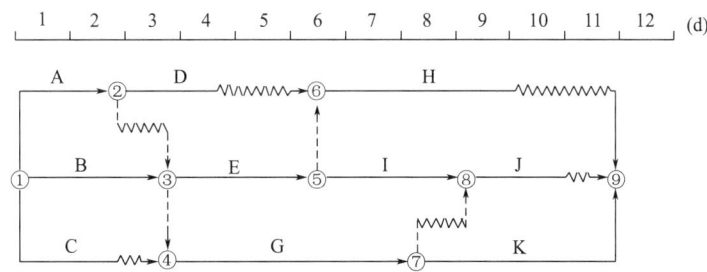

A. 工作A的总时差为1d　　　　　　B. 工作B的自由时差为1d
C. 工作C的总时差与自由时差相等　　D. 工作D的总时差为4d
E. 工作E的总时差为零

5. 某双代号时标网络计划如下图所示，如B、D、I工作共用一台施工机械且按B→D→I的顺序施工，则对网络计划可能造成的影响是（　　）。

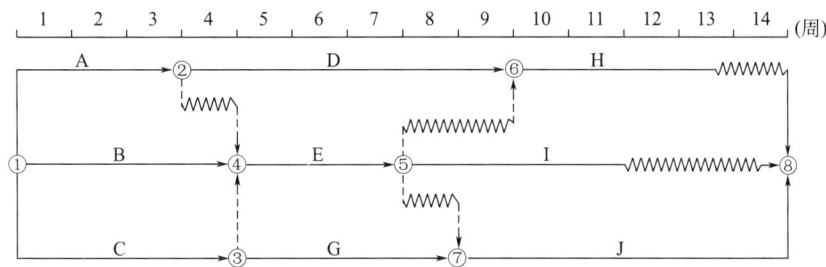

A. 总工期不会延长，但施工机械会在现场闲置1周
B. 总工期不会延长，且施工机械在现场不会闲置

C. 总工期会延长1周，但施工机械在现场不会闲置
D. 总工期会延长1周，且施工机械会在现场闲置1周

答案： 1. C；2. A、B、D；3. D；4. A、C、D；5. B

考点四：单代号搭接网络计划时间参数的判定

1. 时距

（1）结束到开始时距 $FTS_{i,j}$

表示紧前工作i的完成时间与紧后工作j的开始时间之间的时间距离。

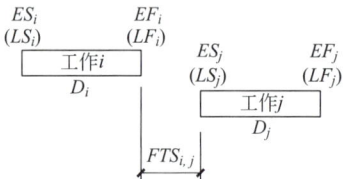

（2）结束到结束时距 $FTF_{i,j}$

表示紧前工作i的完成时间与紧后工作j的完成时间之间的时间距离。

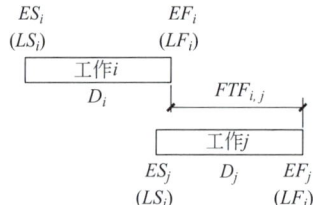

（3）开始到开始时距 $STS_{i,j}$

表示紧前工作i的开始时间与紧后工作j的开始时间之间的时间距离。

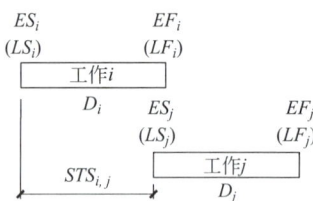

（4）开始到结束时距 $STF_{i,j}$

表示紧前工作i的开始时间与紧后工作j的完成时间之间的时间距离。

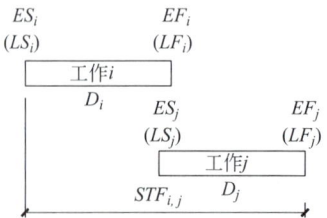

2. 单代号搭接网络计划

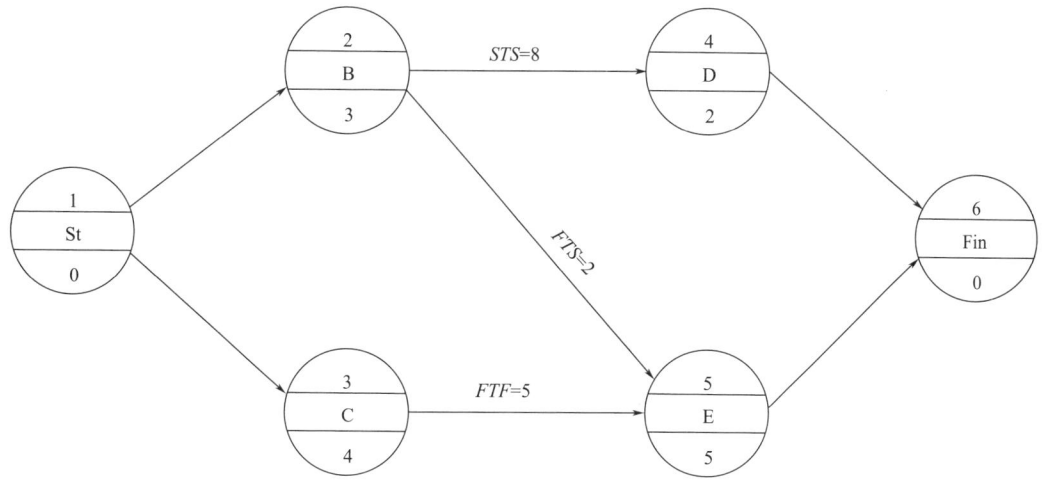

（1）每一个节点表示一项工作，宜用圆圈或矩形表示。节点所表示的工作名称、持续时间和工作代号等应标注在节点内。
（2）箭线及其上方的时距符号表示相邻工作间的逻辑关系。
（3）六时间参数计算可参考单代号网络计划。

【经典例题】
1. 某道路工程包括铺设路基工作A和浇筑路面工作B。根据施工组织安排，需待铺设路基工作A开始一段时间为浇筑路面工作B创造施工条件后，工作B才能开始进行。则制定施工计划时应将工作A与B的关系确定为（　　）。
A. FST　　　　　B. STF　　　　　C. STS　　　　　D. FTF

2. 某工程的单代号搭接网络计划如下图所示（时间单位：d）。该工程的计算工期是（　　）。

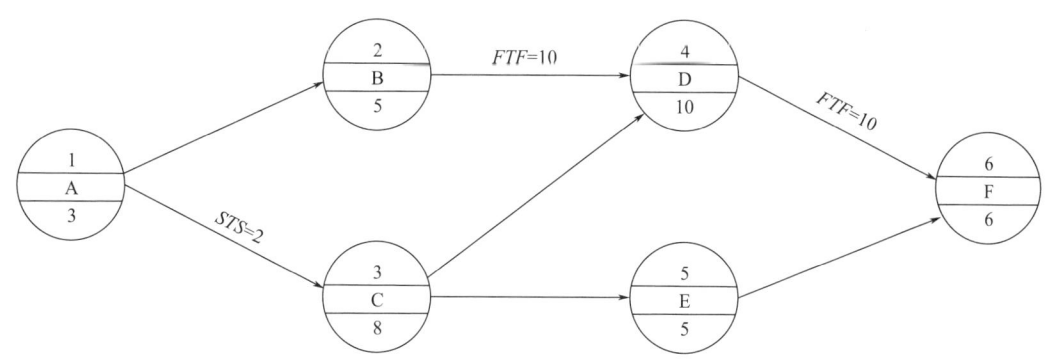

A. 24d　　　　　B. 26d　　　　　C. 30d　　　　　D. 27d

3. 修一条堤坝的护坡时，一定要等土堤自然沉降完成后开始，用单代号搭接网络计划表达堤坝填筑和堤坝护坡的逻辑关系时，应采用的搭接关系是（　　）。
A. FTF　　　　　B. STS　　　　　C. STF　　　　　D. FTS

4. 某单代号搭接网络计划如下图所示（时间单位：d），其时间参数正确的有（　　）。

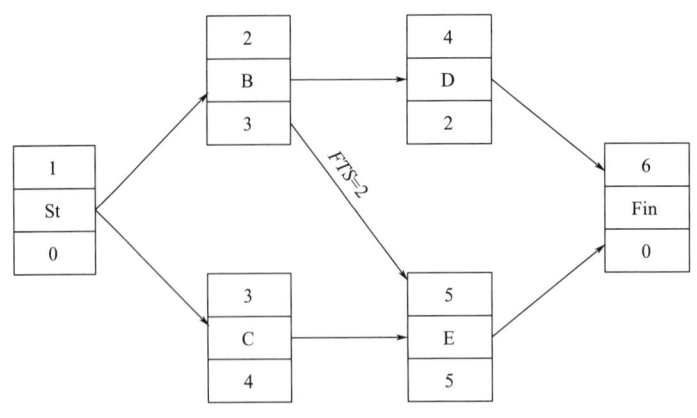

A. $TF_C=1$ B. $FF_B=2$
C. $LS_D=8$ D. $LS_E=5$
E. $LF_C=5$

答案：1. C；2. C；3. D；4. A、C、D、E

笔记区

4.3.3 关键工作及关键线路确定方法

考点一：基本概念

（1）线路：从起点节点到终点节点的通路。

（2）关键线路：总持续时间最长的线路。关键线路可能不止一条。

考点二：关键工作及关键线路的确定

1. 双代号网络计划中关键工作及关键线路的确定

（1）利用总时差判定

总时差最小的工作是关键工作。当计划工期等于计算工期时，总时差为零的工作是关键工作。

将关键工作连接成的通路成为关键线路。

（2）采用标号法判定

对每一个节点按顺序进行标号。如下图所示对各节点进行编号，对存在机动时间的工作加上波形线。

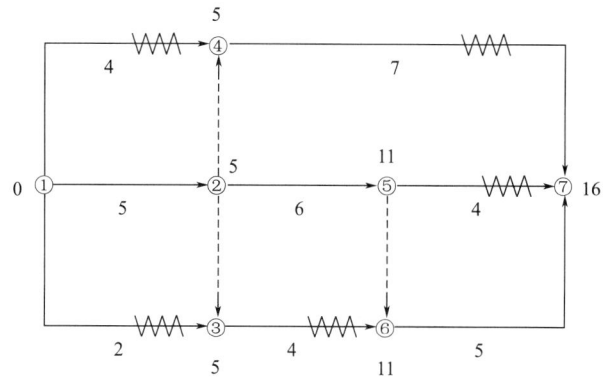

得到关键线路仅此一条,为①→②→⑤→⑥→⑦。

(3)几点说明

关键线路上的节点称为关键节点。关键工作两端的节点必为关键节点,但两端为关键节点的工作不一定是关键工作。

关键节点必然处在关键线路上,但由关键节点组成的线路不一定是关键线路。

2. 单代号网络计划关键工作及关键线路的确定

(1)利用总时差判定

总时差最小的工作是关键工作。将这些关键工作相连,并保证相邻两项关键工作之间的时间间隔为零而构成的线路就是关键线路。

(2)利用时间间隔判定

从终点节点开始,逆着箭线方向依次找出相邻两项工作之间时间间隔全部为零的线路即为关键线路。这句话也适用于单代号搭接网络计划。

【经典例题】

1.【2024】单代号搭接网络计划中,关键线路是指(   )的线路。

A. 自始至终由关键工作组成

B. 相邻两项工作之间的时间间隔均为零

C. 相邻两项工作之间的时距均为零

D. 自始至终由关键节点组成

2. 工程网络计划中,关键工作是指(   )的工作。

A. 最早开始时间与最迟开始时间相差最小

B. 总时差最小

C. 时标网络计划中无波形线

D. 与紧后工作之间的时间间隔为零

E. 双代号网络计划中两端节点均为关键节点

3. 在工程网络计划中,当计划工期等于计算工期时,关键工作的判定条件是(   )。

A. 该工作的总时差为零

B. 该工作与其紧后工作之间的时间间隔为零

C. 该工作的最早开始时间与最迟开始时间相等

D. 该工作的自由时差最小

E. 该工作的持续时间最长

4. 某工程双代号网络计划如下图所示（时间单位：周），其关键线路有（　　）条。

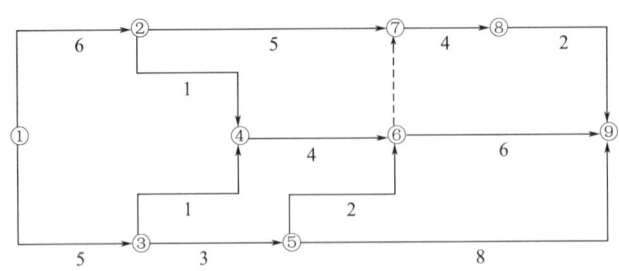

A. 1　　　　　　　B. 2　　　　　　　C. 3　　　　　　　D. 4

5. 某双代号网络计划如下图所示（时间单位：d），其关键工作有（　　）。

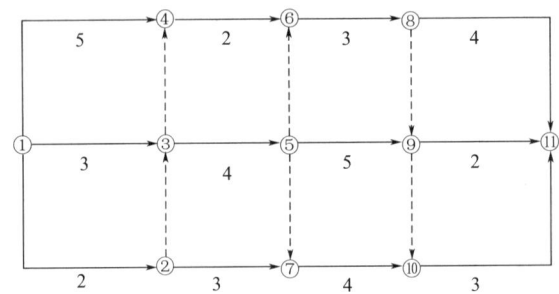

A. 工作③-⑤　　　　　　　　　　　B. 工作①-④
C. 工作⑤-⑨　　　　　　　　　　　D. 工作⑦-⑩
E. 工作⑧-⑪

6. 某双代号网络计划如下图所示（时间单位：d），其关键线路有（　　）条。

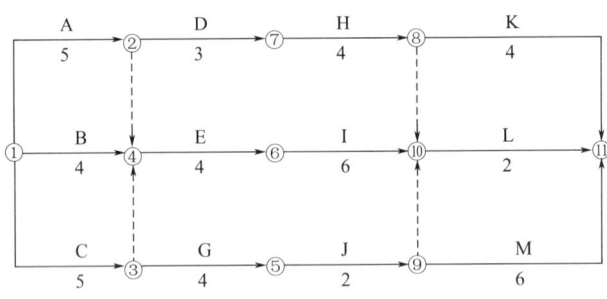

A. 1　　　　　　　B. 3　　　　　　　C. 2　　　　　　　D. 4

答案：1. B；2. A、B；3. A、C；4. C；5. A、C；6. B

4.4 施工进度控制

- 4.4.1 施工进度计划实施中的检查与分析
  - 考点一 —— 施工进度监测系统过程　124
  - 考点二 —— 施工进度调整系统过程　124

- 4.4.2 实际进度与计划进度比较方法
  - 考点 —— 前锋线比较法　125

- 4.4.3 施工进度计划调整方法及措施
  - 考点 —— 压缩某些工作持续时间的措施　127

4.4.1 施工进度计划实施中的检查与分析

考点一：施工进度监测系统过程

（1）收集整理实际进度数据。可采用施工进度报表、现场实地检查、施工进度协调会议等方式收集实际进度数据。
（2）实际进度与计划进度比较分析。

考点二：施工进度调整系统过程

（1）分析进度偏差产生的原因。
（2）分析进度偏差对后续工作及总工期的影响。

当工作实际进度拖后的时间未超过该工作的自由时差时，则该工作既不影响后续工作的正常进行，也不会影响总工期。

当工作实际进度拖后的时间超过该工作的自由时差，但未超过总时差时，则该工作影响后续工作的正常进行，但不会影响总工期。

当工作实际进度拖后的时间超过该工作的总时差时，则既影响后续工作的正常进行，也影响总工期。

（3）确定后续工作及总工期的限制条件。
（4）调整施工进度计划。

【经典例题】

1.【2024】某工程网络计划进行过程中，经检查发现仅有工作D的实际进度拖后4d。该工作原计划总时差和自由时差分别为5d和2d，则工作D实际进度拖后造成的影响是（　　）。
　A. 影响后续工作最迟开始时间，但不影响总工期
　B. 使紧后工作最早开始时间推迟2d，但不影响总工期
　C. 使紧后工作最早开始时间推迟1d，总工期延长2d
　D. 不影响后续工作最早开始时间，但会影响总工期

2.现场收集实际进度数据的方式不包括（　　）。
　A. 施工进度报表　　　　　　　　B. 现场实地检查
　C. 实际进度前锋线　　　　　　　D. 施工进度协调会议

3.下列施工进度控制工作中，属于监测系统过程的有（　　）。
　A. 分析产生进度偏差的原因
　B. 调整施工进度计划
　C. 分析进度偏差对后续工作及总工期的影响
　D. 收集反映工程实际进度的有关数据
　E. 实际进度与计划进度比较分析

4. 某工程网络计划中，工作N的自由时差为5d，计划执行过程中检查发现，工作N的工作时间延后了3d，其他工作均正常，此时（   ）。

A. 工作N的总时差不变，自由时差减少3d

B. 总工期不会延长

C. 工作N的总时差减少3d

D. 工作N的最早完成时间推迟3d

E. 工作N将会影响紧后工作

答案：1. B；2. C；3. D、E；4. B、C、D

4.4.2 实际进度与计划进度比较方法

实际进度与计划进度比较方法有：横道图比较法（最常用）、S曲线比较法、前锋线比较法。

考点：前锋线比较法

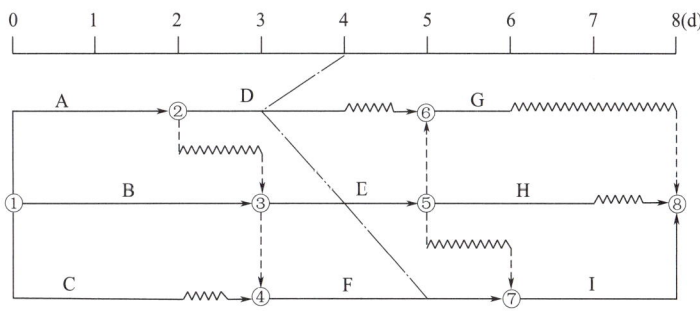

实际进度前锋线是在原时标网络计划上，自上而下从实际检查时刻的时标点出发，用点划线依次将各项工作实际进度达到的前锋点连接而成的折线。

（1）可判断实际进度与计划进度的偏差：

实际进度在检查日期左侧：进度延误。
实际进度在检查日期右侧：进度提前。
实际进度与检查日期重合：进度正常。

提前（延误）时间为实际进度点与检查日期点的水平投影长度。

（2）结论：

D工作实际进度在检查日期左侧，代表D工作延误，延误时间为1d。

F工作实际进度在检查日期右侧，代表F工作提前，提前时间为1d。

E工作实际进度与检查日期重合，代表E工作进度正常，按计划进行。

（3）判断实际进度对总工期及紧后工作的影响：

① 是否影响总工期，只看本项工作的总时差。

② 是否影响紧后工作的最早开始时间，只看本项工作的自由时差。

如：D工作延误1d，总时差为3d，自由时差为1d，不影响总工期，也不影响紧后工作。

【经典例题】

1.下列方法中，可以用来比较实际进度与计划进度的有（　　）。

A.横道图比较法　　　　　　　　B.前锋线比较法

C.动态比率比较法　　　　　　　D.S曲线比较法

E.流程图比较法

2.某工程双代号时标网络计划执行至第6周末和第10周末检查进度时，实际进度前锋线如下图所示。下列分析结论中，正确的有（　　）。

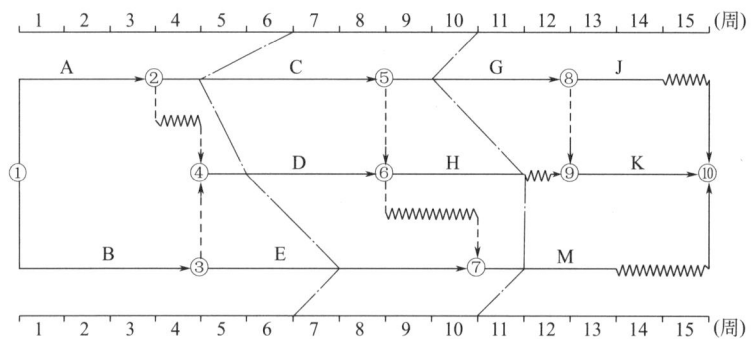

A.第6周末检查进度时，工作C拖后2周，影响工期2周

B.第6周末检查进度时，工作E提前1周，不影响工期

C.第10周末检查进度时，工作H已提前完成，不影响工期

D.第6周末检查进度时，工作D拖后1周，影响工期1周

E.第10周末检查进度时，工作G拖后1周，不影响工期

3.某工程双代号时标网络计划，在第5天末进行检查得到的实际进度前锋线如下图所示，正确的有（　　）。

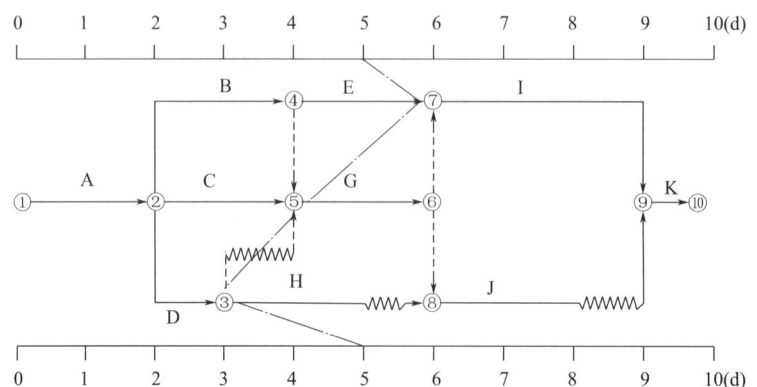

A. H工作还剩1d机动时间　　　　　　B. 总工期缩短1d
C. H工作影响总工期1d　　　　　　　D. E工作提前1d完成
E. G工作进度落后1d
答案：1. A、B、D；2. A、B、C；3. D、E

笔记区

4.4.3　施工进度计划调整方法及措施

考点：压缩某些工作持续时间的措施

为压缩某些工作的持续时间，通常需要采取以下措施来达到目的：

（1）组织措施。如增加工作面，组织更多施工队伍；增加每天施工时间，采用加班或多班制施工方式；增加劳动力和施工机械数量等。

（2）技术措施。如改进施工工艺和施工技术，缩短工艺技术间歇时间；采用更先进的施工方式（如将现浇混凝土方案改为预制装配方案），减少施工过程数量；采用更先进的施工机械等。

（3）经济措施。如实行包干奖励；提高奖金数额；对所采取的技术措施给予相应经济补偿等。

（4）其他配套措施。如改善外部配合条件；改善施工作业环境；实施强有力的组织调度等。

【经典例题】

1.【2024】工程施工过程中，通过缩短关键工作的持续时间来调整施工进度计划时，可采取的技术措施是（　　）。
A. 采用更先进的施工机械　　　　　B. 改善施工作业环境
C. 增加施工机械数量　　　　　　　D. 组织更多施工队伍

2. 通过压缩工作的持续时间达到压缩工期的目的，属于组织措施的是（　　）。
A. 改进施工工艺和施工技术　　　　B. 对先进技术措施给予经济补偿
C. 改善施工作业环境　　　　　　　D. 增加机械数量

3. 下列建设工程项目进度控制措施中，属于其他配套措施的是（　　）。
A. 增加工作面　　　　　　　　　　B. 实行包干奖励
C. 实施强有力的组织调度　　　　　D. 减少施工过程数量

答案：1. A；2. D；3. C

第5章　建设工程质量管理

5.1 工程质量影响因素及管理体系

- 5.1.1 工程质量形成过程及影响因素
  - 考点一　工程质量形成过程　132
  - 考点二　工程质量影响因素　132

- 5.1.2 全面质量管理
  - 考点　全面质量管理的特点和基础工作　133

- 5.1.3 工程质量管理体系
  - 考点一　工程质量管理体系的性质、特点和构成　134
  - 考点二　工程质量管理体系的建立与运行　136

5.1.1 工程质量形成过程及影响因素

考点一：工程质量形成过程

（1）工程投资决策：主要确定建设工程应达到的质量目标及水平。
（2）工程勘察设计：是影响工程质量的决定性阶段。
（3）工程施工：是工程质量控制的关键阶段。
（4）工程竣工验收：体现了工程质量水平的最终结果。
（5）工程保修。

【经典例题】

1.【2024】建设工程投资决策和建设实施的不同阶段对工程质量有着不同程度的影响。其中对工程质量有着决定性影响的是（　　）。
A. 工程投资决策　　　　　　　　B. 工程勘察设计
C. 工程施工　　　　　　　　　　D. 工程竣工验收

2. 建设工程投资决策的质量控制工作是（　　）。
A. 确定项目应采用的质量标准和管理方法
B. 编制项目质量控制工作计划
C. 确定项目应达到的质量目标和水平
D. 编制项目质量管理体系文件

3. 工程建设活动中，形成工程实体质量的关键阶段的是（　　）。
A. 工程决策　　　　　　　　　　B. 工程设计
C. 工程施工　　　　　　　　　　D. 工程竣工验收

答案：1. B；2. C；3. C

考点二：工程质量影响因素

人	（1）人的因素起着决定性作用。 （2）实行执业资格制度及作业人员持证上岗制度、培育建筑产业工人队伍等
材料	构成工程实体的原材料、半成品、成品、构配件，是控制工程质量的重要基础
机械设备	（1）构成工程实体及配套的工艺设备和各类机具，如用于生产产品的设备、电梯、智能控制及暖通设备等。 （2）施工机械，如垂直运输设备，各类操作工具、测量仪器和计量器具，各种施工安全设施等
方法或工艺	指施工方法、施工工艺、施工方案和技术措施等
环境	自然环境：地质、水文、气象条件、周边建筑、地下障碍物、其他不可抗力等。（先天、客观）
	技术环境：包括施工所依据的规范、规程、设计图纸、质量评价标准等。（规范、图纸）
	管理环境：质量检验制度、质量监控制度、质量管理制度。（现场、软件、虚）

【经典例题】

1. 建设工程中使用的施工安全设施属于工程项目质量影响因素中的（　　）。
   A. 材料因素　　　　　　　　　　B. 环境因素
   C. 机械设备因素　　　　　　　　D. 方法因素

2. 下列影响项目质量的环境因素中，属于管理环境因素的是（　　）。
   A. 项目质量管理制度　　　　　　B. 设计图纸
   C. 工程地质条件　　　　　　　　D. 工程质量评价标准

3. 下列影响施工质量的因素中，属于材料因素的有（　　）。
   A. 计量器具　　　　　　　　　　B. 建筑构配件
   C. 新型模板　　　　　　　　　　D. 工程设备
   E. 垂直运输设备

4. 我国实行执业资格制度和作业人员持证上岗制度，都是对工程质量影响因素中（　　）的控制。
   A. 人的因素　　　　　　　　　　B. 管理因素
   C. 方法因素　　　　　　　　　　D. 技术因素

5. 4M1E是影响工程质量的因素，其中控制工程质量的重要基础是（　　）。
   A. 人　　　　　　　　　　　　　B. 工程材料
   C. 方法或工艺　　　　　　　　　D. 机械设备

答案：1. C；2. A；3. B、C；4. A；5. B

5.1.2 全面质量管理

考点：全面质量管理的特点和基础工作

1. 全面质量管理的特点

（1）管理内容的全面性：对产品质量、工程质量、工作质量和服务质量的管理。

（2）管理范围的全面性。

（3）参加管理人员的全面性。

（4）管理方法的多样性。

2. 全面质量管理的基础工作

（1）最基本的基础工作包括标准化工作、计量和理化工作、质量信息工作、质量教育工作和质量责任制等。

（2）实事求是，如实反映情况，是质量信息工作的一项严格的纪律。

【经典例题】

1. 在企业范围内组建QC小组，充分调动全员积极参与质量管理的兴致，该措施符合全面质量管理的（　　）特点。

A. 管理内容的全面性　　　　　　B. 管理范围的全面性
C. 参加管理人员的全面性　　　　D. 管理方法的多样性

2. 全面质量管理中的"全面"是指对（　　）的管理。

A. 产品质量　　　　　　　　　　B. 设计质量
C. 工作质量　　　　　　　　　　D. 服务质量
E. 使用质量

3. 质量信息是企业进行产品质量研究的极为重要的资料，属于质量信息工作一项严格纪律的是（　　）。

A. 及时　　　　　　　　　　　　B. 实事求是
C. 全面　　　　　　　　　　　　D. 完整

答案：1. C；2. A、C、D；3. B

> 笔记区

5.1.3 工程质量管理体系

考点一：工程质量管理体系的性质、特点和构成

1. 特点

工程质量管理体系与企业质量管理体系的对比，存在以下不同：

不同点	工程质量管理体系	企业质量管理体系
目的	用于特定项目	用于建筑企业或组织
服务范围	项目实施过程中的质量责任主体	某一承包企业或组织
控制目标	项目质量目标	企业质量管理目标
作用时效	一次性	永久性
评价方式	项目管理组织者自我评价	第三方

2. 多层次结构

第一层次	建设单位的工程项目管理机构 委托项目管理——受托项目管理机构 交钥匙工程总承包——工程总承包企业
第二层次	设计总负责单位 施工总承包单位
第三层次	承担工程设计、施工安装、材料设备供应等分包单位

【经典例题】

1.【2024】建设工程项目质量管理体系通常是一个多层次结构体系，其中，由施工总承包单位建立的质量管理体系应属于质量管理体系的第（　　）层次。

A. 一　　　　　　　　　　　　B. 三

C. 二　　　　　　　　　　　　D. 四

2.【2024】与建筑企业建立的质量管理体系相比，建设工程项目层面的质量管理体系的差异有（　　）。

A. 管理原则不同　　　　　　　B. 过程方法不同

C. 服务范围不同　　　　　　　D. 评价方式不同

E. 作用时效不同

3. 评价和诊断工程质量管理体系的有效性，一般由（　　）进行。

A. 项目监理单位　　　　　　　B. 项目管理的组织者

C. 项目咨询单位　　　　　　　D. 第三方认证机构

4. 关于工程质量管理体系的说法，正确的是（　　）。

A. 涉及工程项目实施中所有的质量责任主体

B. 目的是用于建筑业企业的质量管理

C. 其控制目标是建筑业企业的质量管理目标

D. 对体系有效性进行第三方审核认证

5. 与建筑企业质量管理体系相比，工程项目质量管理体系的特点有（　　）。

A. 工程质量管理体系用于建筑企业的质量管理

B. 工程质量管理体系是针对某一个建筑企业服务的

C. 工程质量管理体系的管理目标是工程项目质量目标

D. 工程质量管理体系是一个一次性的质量工作体系

E. 工程质量管理体系的有效性需要进行第三方认证

6. 在大型群体工程项目中，第一层次质量控制体系可由（　　）的项目管理机构负责建立。

A. 建设单位　　　　　　　　　B. 设计总负责单位

C. 委托项目管理机构　　　　　D. 施工总承包单位

E. 工程总承包企业

答案：1. C；2. C、D、E；3. B；4. A；5. C、D；6. A、C、E

考点二：工程质量管理体系的建立与运行

1. 建立原则
（1）分层次规划原则：指项目管理总组织者和承担项目实施任务的各参与单位分别规划。
（2）目标分解原则。
（3）质量责任制原则。
（4）系统有效性原则。

2. 建立程序
（1）确立工程质量责任的网络架构
首先：明确系统各层面的工程质量负责人。
（2）制定工程质量管理制度
包括例会制度、协调制度、报告审批制度、质量验收制度和质量信息管理制度等。
（3）分析工程质量管理界面
静态界面：根据法律法规、合同条件、组织内部职能分工确定。
动态界面：指各参建单位间的衔接配合关系及其责任划分。
（4）编制工程质量计划

3. 运行环境
主要是指以下几方面为系统运行提供支持的条件：
（1）合同结构。
（2）质量管理资源配置：人员和资源的合理配置是系统运行的基础条件。
（3）质量管理组织制度：管理制度和程序性文件的建立是系统有序运行的基本保证。

4. 运行机制
（1）动力机制：项目工程质量管理体系运行的核心机制。
（2）约束机制：取决于质量责任主体内部的自我约束能力和外部的监控效力。
（3）反馈机制。
（4）持续改进机制：PDCA 循环原理。

【经典例题】

1. 建立工程质量管理体系的过程包括：① 分析工程质量管理界面；② 确立工程质量责任的网络架构；③ 制定工程质量管理制度；④ 编制工程质量计划。 其正确的工作步骤是（　　）。
　　A. ②→③→①→④　　　　　　　　B. ①→②→③→④
　　C. ②→①→③→④　　　　　　　　D. ①→③→②→④

2. 工程质量管理体系是工程项目管理组织的一个目标控制体系，其质量责任界面包括了静态界面和动态界面，属于静态界面确定依据的有（　　）。
　　A. 法律法规　　　　　　　　　　B. 组织内部职能分工
　　C. 设计与施工单位之间的衔接配合关系　　D. 合同条件
　　E. 设计单位之间的衔接配合关系

3. 工程质量管理体系的运行环境主要包括（　　）。
A. 项目的合同结构　　　　　　　B. 质量管理的资源配置
C. 质量管理的组织制度　　　　　D. 质量管理的动力机制
E. 质量管理的持续改进机制

4. 工程质量管理体系运行的核心机制是（　　）。
A. 约束机制　　　　　　　　　　B. 反馈机制
C. 持续改进机制　　　　　　　　D. 动力机制

5. 工程质量管理体系运行的约束机制，取决于（　　）。
A. 各质量责任主体对利益的追求　　B. 质量信息反馈的及时性和准确性
C. 各质量责任主体内部的自我约束能力　D. 外部的监控效力
E. 工程项目管理文化建设的程度

6. 建立工程质量管理体系的第一步工作是（　　）。
A. 制定工程质量管理制度　　　　B. 确定工程质量责任的网络架构
C. 分析工程质量管理界面　　　　D. 编制工作质量计划

7. 工程质量管理体系持续改进机制所应用的原理是（　　）。
A. 动态控制　　　　　　　　　　B. 及时响应
C. 全面监控　　　　　　　　　　D. PDCA 循环

答案：1. A；2. A、B、D；3. A、B、C；4. D；5. C、D；6. B；7. D

笔记区

5.2 施工质量抽样检验和统计分析方法

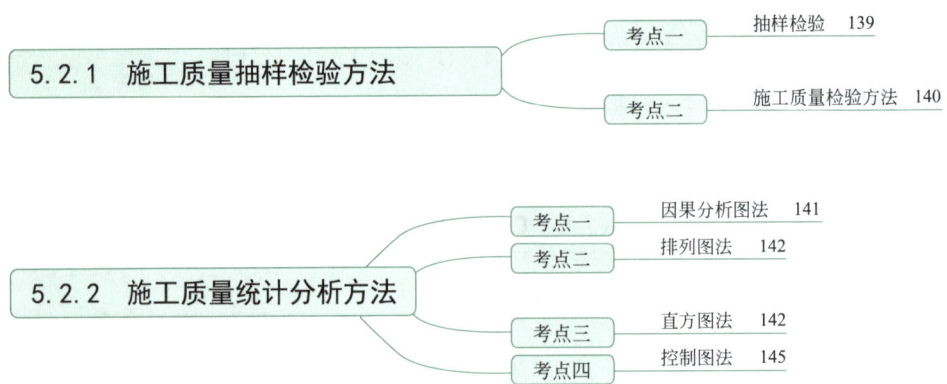

5.2.1 施工质量抽样检验方法

工程施工质量抽样检验和统计分析的目的有两个：一是判断工程施工质量是否合格；二是及时发现施工过程的不稳定性，以便及时采取措施加以纠正，使施工过程处于稳定状态。

工程实践中必须采用抽样检验方式。

1. 检验批

提供检验的一批产品称为检验批，检验批有稳定批和流动批两种形式。当一批产品体积大、检验批量大，需要较大储存场所时，需要采用流动批形式。

检验批中所包含的单位产品数量称为批量。批量大小没有统一规定，质量不太稳定的产品，以小批量为宜；质量很稳定的产品，批量可以取大些。

2. 随机抽样方法

（1）简单随机抽样：广泛用于原材料、构配件进货检验和分项工程、分部工程、单位工程完工后检验。

（2）系统随机抽样：主要用于工序质量检验。

（3）分层随机抽样。

（4）分级随机抽样。

（5）整群随机抽样。

3. 抽样检验分类

（1）按检验目的的不同，抽样检验可分为监督检验和验收检验。

（2）按产品质量特征不同，抽样检验可分为计数抽样检验和计量抽样检验。

（3）按抽取样本次数不同，抽样检验可分为一次、二次、多次抽样。

【经典例题】

1.【2024】工程施工中进行工序质量检验时，宜采用的随机抽样方法是（　　）。
A. 简单随机抽样　　　　　　　　　B. 分级随机抽样
C. 系统随机抽样　　　　　　　　　D. 分层随机抽样

2.【2024】按产品质量特征不同，抽样检验方法可划分的种类有（　　）。
A. 计数抽样检验　　　　　　　　　B. 计量抽样检验
C. 随机抽样检验　　　　　　　　　D. 多次抽样检验
E. 连续抽样检验

3. 施工现场某类钢材分多批次进场，该钢材体积较大，需要较大的存储场所，适宜采用的检验形式为（　　）。
A. 批量　　　　B. 检验批　　　　C. 流动批　　　　D. 稳定批

答案：1. C；2. A、B；3. C

考点二：施工质量检验方法

1. 感观检验法

采用看、摸、敲、照等方法对检查对象进行检查。

看：结构表面是否有裂缝、混凝土振捣是否符合要求。

2. 物理检验法

（1）度量检测法：检测长度、质量、体积、密度等。（尺寸）

（2）电性能检测法：电器设备绝缘电阻值、避雷接地和保护接地的电阻值等。

（3）机械性能检测法：钢筋抗拉、抗弯、抗剪性能；砂浆的抗压性能。（强度、力）

（4）无损检测法：射线探伤法、超声波探伤法、渗透探伤法等。

超声波和射线探伤方法主要用于探测被检物的内部缺陷；渗透探伤方法仅用于探测被检物表面开口的缺陷；磁粉和电磁（涡流）方法用于探测被检物的表面和近表面缺陷。

3. 化学检验法

检测材料的化学成分和含量。如水泥、钢材的化学成分。

4. 现场试验法

桩基的静载试验、给水工程的压力试验、设备试运行试验等。

【经典例题】

1.【2024】下列施工质量的物理检验方法中，属于无损检测的是（   ）。
   A.钢材焊接质量的超声波探伤检测   B.钢材抗拉、抗弯性能检测
   C.桩基静载试验检测   D.给水管道的压力检测

2.以下施工质量检测方法中，属于度量检测法的是（   ）。
   A.混凝土结构表面裂缝检测   B.楼板的厚度
   C.避雷接地的电阻值   D.混凝土的抗压强度

3.以下施工质量检测方法中，属于机械性能检测法的是（   ）。
   A.混凝土结构表面裂缝检测   B.楼板的厚度
   C.避雷接地的电阻值   D.混凝土的抗压强度

4.以下施工质量检测方法中，属于现场试验法的是（   ）。
   A.桩基的静载试验   B.超声波探伤
   C.钢材中磷含量   D.混凝土的抗渗性能

5.根据质量标准要求进行外观检查，例如结构表面是否有裂缝、混凝土振捣是否符合要求。该方法属于施工质量检验方法中的（   ）。
   A.感观检验法   B.物理检验法
   C.化学检验法   D.直接观察法

6.仅用于探测被检测物表面开口缺陷的无损检测方法是（   ）。
   A.射线探伤法   B.超声波探伤法
   C.渗透探伤法   D.电磁感应检测法

答案：1.A；2.B；3.D；4.A；5.A；6.C

5.2.2 施工质量统计分析方法

考点一：因果分析图法

1. 因果分析图又称鱼刺图或树枝图，是一种反映质量特性与质量缺陷产生原因之间关系的图形工具。（根据结果找原因）

2. 注意事项：

（1）一个质量特性（问题）使用一张图分析。

（2）采用QC小组活动的方式。

（3）可邀请小组以外有关人员参与。

（4）分析时充分发表意见，列出所有可能的原因。

（5）由各参与人员采用投票或其他方式，从中选择1～5项最主要原因。

【经典例题】

1. 在应用因果分析图确定质量问题的原因时，正确的做法是（　　　）。

A. 不同类型质量问题可以共同使用一张图分析

B. 通常选出1～5项作为最主要原因

C. 为避免干扰，只能由QC小组成员独立进行分析

D. 由QC小组组长最终确定分析结果

2. 关于因果分析图法应用的说法，正确的有（　　　）。

A. 一张分析图可以解决多个质量问题

B. 常采用QC小组活动的方式进行，有利于集思广益

C. 因果分析图法专业性很强，QC小组以外的人员不能参加

D. 因果分析图可以判定工序稳定性

E. 分析时要充分发表意见，层层深入，列出所有可能的原因

3. 工程质量控制中采用因果分析图法的目的是（　　　）。

A. 找出工程中存在的主要质量问题

B. 找出影响工程质量问题的最主要原因

C. 全面分析工程中可能存在的质量问题

D. 动态地分析工程中的质量问题

答案：1. B；2. B、E；3. B

考点二：排列图法

排列图法又称为主次因素分析法或帕累托图法，是用来分析影响质量主次因素的有效方法。

因素类别	累计频率	管理层次
A类因素（主要因素）	0～80%	加强控制
B类因素（次要因素）	80%～90%	常规管理
C类因素（一般因素）	90%～100%	放宽管理

确定ABC类因素的关键：对存在的问题先排序（由大到小），再累加。

【经典例题】

1. 当采用排列图法分析影响质量问题的主次因素时，将累计频率为（　　）的定为A类因素，进行重点管理。

A. 0～50%　　　　　　　　　　B. 0～70%
C. 0～80%　　　　　　　　　　D. 0～90%

2. 最能形象、直观、定量反映影响质量主次因素的施工质量统计分析方法是（　　）。

A. 相关图法　　　　　　　　　B. 直方图方
C. 控制图法　　　　　　　　　D. 排列图法

3. 对某模板工程进行抽样检查，发现在表面平整度、截面尺寸、平面水平度、垂直度和标高等方面存在质量问题。按照排列图法进行统计分析，上述质量问题累计频率依次为41%、79%、89%、98%和100%，需要进行重点管理的A类问题有（　　）。

A. 平面水平度　　　　　　　　B. 垂直度
C. 标高　　　　　　　　　　　D. 表面平整度
E. 截面尺寸

答案：1. C；2. D；3. D、E

考点三：直方图法

1. 直方图的主要用途

（1）判断工序的稳定性。
（2）推断工序质量规格标准的满足程度。
（3）分析不同因素对质量的影响。
（4）计算工序能力。

2. 常见的直方图形状

（1）图（a）：正常型。表示工序处于稳定状态，只存在随机误差。
（2）图（b）：折齿型。由于分组不当或组距确定不当而造成。
（3）图（c）：左（或右）缓坡型。操作中对上限（或下限）控制太严造成。

（4）图（d）：孤岛型。原材料发生变化或短时间内工人操作不熟练造成。

（5）图（e）：双峰型。取样时混批所致。

（6）图（f）：峭壁型。数据收集不正常，可能是有意识地去掉下限以下的数据，或是在检测过程中某种人为因素造成。

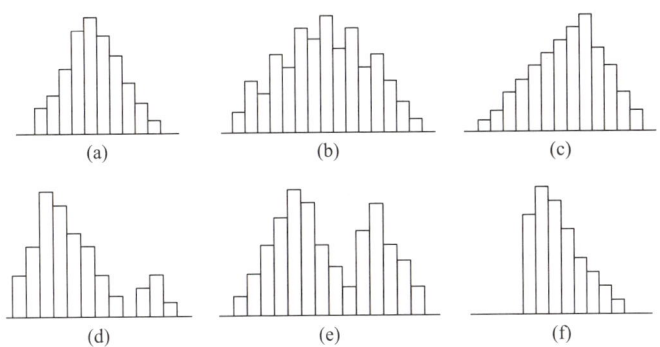

3. 将直方图与质量标准比较，判断实际生产能力

（1）图（a）：工序质量稳定，不会出现废品。

（2）图（b）：质量分布中心与质量标准中心不重合，偏向一侧。如果生产状态一旦发生变化，就可能出现不合格品。

（3）图（c）：范围重合，没有余地。生产过程一旦发生小的变化，就会出现不合格品。

（4）图（d）：两侧余地太大，表明工序稳定，但工序能力过于宽裕，经济性差。

（5）图（e）和（f）：已经超出质量标准界限，出现了不合格品。

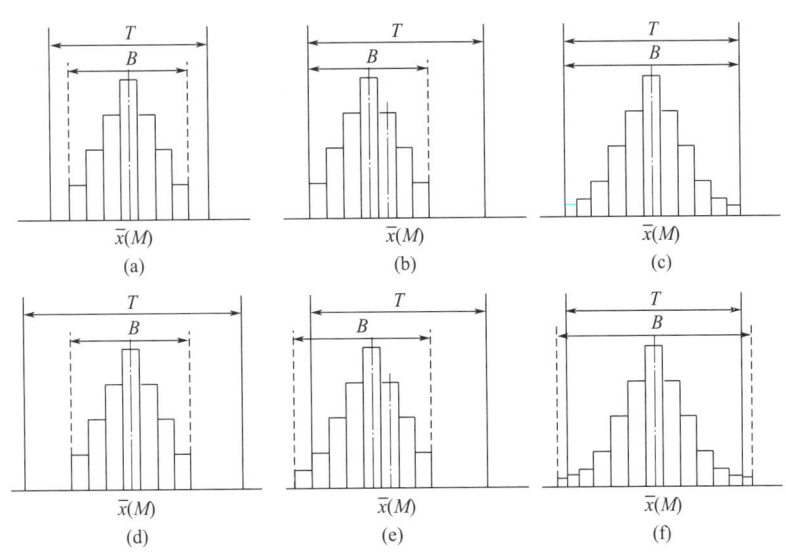

直方图与质量标准上下限

【经典例题】

1.【2024】采用直方图法分析混凝土预制构件质量时，出现孤岛图的原因是（　　）。

A. 数据分组不当　　　　　　　　B. 原材料发生变化

C. 短时间内工人操作不熟练
D. 组距确定不当
E. 施工操作中控制过严

2. 直方图的主要用途有（　　）。
A. 判断工序的稳定性
B. 计算工序能力
C. 推断工序质量规格标准的满足程度
D. 确定产生质量问题的主次影响因素
E. 逐项排查产生影响质量问题的可能因素

3. 在直方图的位置观察分析中，若质量特性数据的分布居中，边界在质量标准的上下界限内，且有较大距离时，说明该生产过程（　　）。
A. 工序不稳定
B. 工序能力过于宽裕
C. 必须采取措施缩小质量特性分布范围
D. 易出现不合格品

4. 施工质量统计分析方法中，峭壁型直方图原因可能是（　　）。
A. 分组不当
B. 原材料发生变化
C. 控制太严
D. 人为去掉下限

5. 双峰型直方图的产生原因是（　　）。
A. 分组不当或组距确定不当而造成的
B. 原材料发生变化
C. 取样时混批所致
D. 数据收集不正常

6. 下列直方图中，标明工序质量稳定，不会出废品的是（　　）。

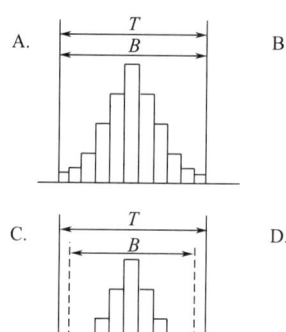

7. 某直方图如下图所示，该形状属于（　　）型直方图。

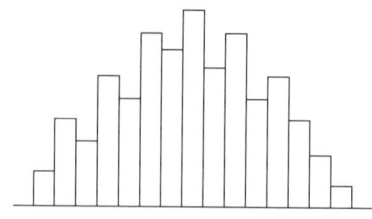

A. 左缓坡型
B. 折齿型
C. 峭壁型
D. 孤岛型

答案：1. B、C；2. A、B、C；3. B；4. D；5. C；6. C；7. B

考点四：控制图法

控制图又称管理图，是一种在直角坐标系内画有控制界限，描述生产过程中产品质量波动状态的图形。

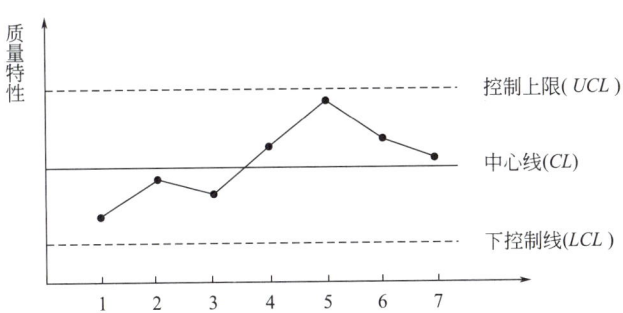

如果点子随机落在上、下控制界限内，则表明生产过程正常并处于稳定状态，不会产生不合格品；如果点子超出控制界限，或点子排列有缺陷，则表明生产状况有异常，生产过程处于失控状态。

绘制分析用控制图时，一般需连续抽取20～25组样本数据，计算控制界限。

分析用控制图中的点子同时满足以下两个条件时，可以认为生产过程基本上处于稳定状态：

（1）连续25点中没有一点在界限外或连续35点中最多一点在界限外或连续100点中最多2点在界限外。

（2）控制界限内的点子随机排列且没有缺陷。

【经典例题】

1. 如果点子随机落在上、下控制界限内，则表明生产过程正常并处于（　　）状态，不会产生不合格品。

   A. 可靠　　　　　　　　　　B. 可控
   C. 无缺陷　　　　　　　　　D. 稳定

2. 采用控制图法分析工程质量状况时，为了计算上下控制界限，通常需连续抽取（　　）组样本数据。

   A. 20～25　　　　　　　　　B. 5～10
   C. 10～15　　　　　　　　　D. 15～20

   答案：1.D；2.A

5.3 施工质量控制

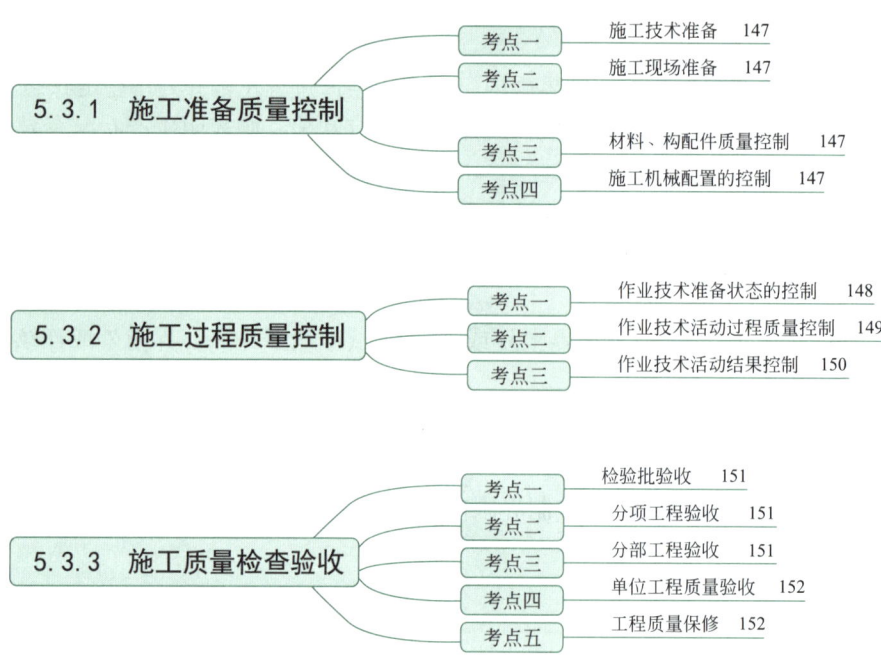

- **5.3.1 施工准备质量控制**
  - 考点一　施工技术准备　147
  - 考点二　施工现场准备　147
  - 考点三　材料、构配件质量控制　147
  - 考点四　施工机械配置的控制　147

- **5.3.2 施工过程质量控制**
  - 考点一　作业技术准备状态的控制　148
  - 考点二　作业技术活动过程质量控制　149
  - 考点三　作业技术活动结果控制　150

- **5.3.3 施工质量检查验收**
  - 考点一　检验批验收　151
  - 考点二　分项工程验收　151
  - 考点三　分部工程验收　151
  - 考点四　单位工程质量验收　152
  - 考点五　工程质量保修　152

5.3.1 施工准备质量控制

考点一：施工技术准备

（1）熟悉与会审图纸。
（2）编制和报审施工组织设计。
施工单位将完成施工组织设计报请项目监理机构审查，由总监理工程师审核签认。项目监理机构审查批准的施工组织设计应报送建设单位。

考点二：施工现场准备

（1）测量控制网的建立。如设置永久性经纬坐标桩、水准基桩和建立场区工程测量控制网等。
（2）施工平面布置的控制。如科学合理使用施工场地、正确布置施工机械设备和其他临时设施、维护现场施工道路畅通、保证充足的水电供应等。

考点三：材料、构配件质量控制

（1）大宗器材或材料的采购应当实行招标采购的方式。
（2）混凝土预制构件出厂时的混凝土强度不得低于设计混凝土强度等级值的75%。

考点四：施工机械配置的控制

质量控制主要围绕施工机械设备的选型、性能参数的确定、数量、使用操作等方面。

【经典例题】
1. 下列施工准备的质量控制工作中，属于施工现场准备工作的是（　　）。
   A. 组织设计交底　　　　　　B. 细化施工方案
   C. 复核测量控制点　　　　　D. 编制作业指导书
2. 下列施工准备质量控制的工作中，属于技术准备的是（　　）。
   A. 会审图纸　　　　　　　　B. 测量放线
   C. 规划施工场地　　　　　　D. 布置施工机械
3. 混凝土预制构件出厂时的混凝土强度不宜低于设计混凝土强度等级值的（　　）。
   A. 50%　　　　　　　　　　B. 90%
   C. 75%　　　　　　　　　　D. 100%
4. 施工机械设备的选择要满足施工生产的实际需求，施工机械配置质量控制主要考虑的因素有（　　）。

A. 施工机械设备的选型　　　　　　B. 机械设备性能参数的确定
C. 机械设备数量　　　　　　　　　D. 机械设备使用操作
E. 机械设备经济性

5. 下列施工质量控制工作中，属于事前控制的是（　　）。
A. 工程变更处置　　　　　　　　　B. 工序质量检验
C. 施工机械设备选型　　　　　　　D. 半成品现场取样送检

6. 施工组织设计是能够切实指导工程全部施工活动的文件，应由（　　）审核签认方可实施。
A. 施工项目经理　　　　　　　　　B. 总监理工程师
C. 专业监理工程师　　　　　　　　D. 建设单位代表

7. 大宗的器材或材料的采购应当实行（　　）方式。
A. 竞争性谈判　　　　　　　　　　B. 询价采购
C. 单一来源采购　　　　　　　　　D. 招标采购

答案： 1. C；2. A；3. C；4. A、B、C、D；5. C；6. B；7. D

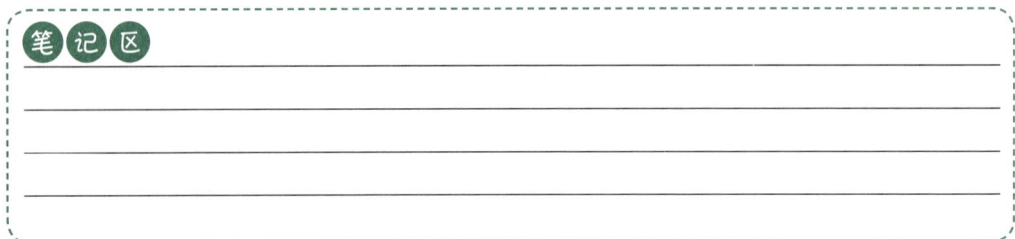

5.3.2　施工过程质量控制

 **考点一：作业技术准备状态的控制**

1. 质量控制点设置的原则

质量控制点是指为保证作业过程质量而确定的重点控制对象、关键部位或薄弱环节。质量控制点设置的原则包括：

（1）施工过程中的关键工序或环节及隐蔽工程，例如预应力结构的张拉工序、钢筋混凝土结构中的钢筋架立等。

（2）施工中的薄弱环节或质量不稳定的工序、部位或对象，例如地下防水层施工等。

（3）对后续工程施工或对后续工序质量或安全有重大影响的工序、部位或对象，例如预应力结构中的预应力钢筋质量、模板的支撑与固定等。

（4）采用新技术、新工艺、新材料的部位或环节。

（5）施工无足够把握、施工条件困难或技术难度大的工序或环节，例如复杂曲线模板的放样等。

2. 技术交底书

每一分项工程开始实施前均要进行交底。由项目技术人员编制技术交底书，并经项目技术负责人批准。技术交底书的内容主要包括：

（1）施工方法。

（2）质量要求和验收标准。

（3）施工过程中需注意的问题。

（4）可能出现意外情况的应急方案。

3. 作业环境状态控制

（1）施工作业环境：主要是指水电供应、施工照明、安全防护设备、施工场地空间条件和通道、交通运输和道路条件等。

（2）施工质量管理环境：施工单位的质量管理体系和质量控制自检系统；项目管理组织结构、管理制度、检测制度、检测标准、人员配备；质量责任制落实情况等。

（3）现场自然环境条件：高地下水位情况、施工场地的防洪与排水；风浪对水上打桩的影响。

4. 进场施工机械设备性能及工作状态控制

现场使用的塔式起重机及有特殊安全要求的设备，投入使用前，必须经当地劳动安全部门鉴定。

【经典例题】

1.【2024】施工单位编制的分项工程技术交底书应包括的内容有（   ）。

A. 施工方法　　　　　　　　B. 进度安排

C. 质量要求　　　　　　　　D. 成本控制措施

E. 验收标准

2. 以下环境条件中，属于施工作业环境条件的是（   ）。

A. 项目管理组织结构　　　　B. 施工场地道路条件

C. 高地下水位情况　　　　　D. 施工单位质量管理体系

3. 每一（   ）开始实施前均要进行作业技术交底。

A. 检验批　　　　　　　　　B. 分项工程

C. 分部工程　　　　　　　　D. 单位工程

答案：1. A、C、E；2. B；3. B

考点二：作业技术活动过程质量控制

1. 施工单位"三检"制度

作业活动结束后，作业者必须自检；不同工序交接，相关人员必须进行交接检查；施工单位专职质检员的专检。

2. 见证取样、送检

（1）在监理人员现场监督下，施工单位取样。

（2）施工单位将送检样品装入木箱，由监理人员加封。

（3）不能装入箱中的试件，如钢筋样品、钢筋接头，则贴上专用加封标志，然后送往试验室。

3. 工程变更控制

工程变更要求可能来自建设单位、设计单位或施工单位。

（1）技术修改：不改变原设计图纸和技术文件。可由专业监理工程师组织，施工单位和现场设计代表参加，经各方同意后签字形成纪要，作为工程变更单附件，经总监理工程师批准后实施。

（2）工程变更：对设计图纸和设计文件进行修改。如果工程变更涉及结构主体及安全，该工程变更还要报施工图原审查单位进行审查，否则变更不能实施。

【经典例题】

1.【2024】下列施工质量控制工作中，属于事中控制工作内容的是（　　）。
A. 监控质量活动过程　　　　　　B. 编制施工方案
C. 评定质量活动结果　　　　　　D. 纠正质量偏差

2.【2024】工程施工过程中，施工单位对施工质量的"三检"制度指的是（　　）。
A. 事前检—事中检—事后检　　　B. 自检—监理检—业主检
C. 自检—交接检—专检　　　　　D. 施工检—设计检—监理检

3. 关于材料、试块等见证取样、送检的说法，错误的是（　　）。
A. 取样前，应通知监理人员
B. 监理人员负责完成材料、试块、试件的取样
C. 送检样品应装入木箱
D. 监理人员对木箱进行加封

4. 施工单位提出的技术修改工程变更，经（　　）批准后实施。
A. 建设单位　　　　　　　　　　B. 当地建设行政主管部门
C. 总监理工程师　　　　　　　　D. 专业监理工程师

5. 若工程变更涉及结构主体及安全，该工程变更应按有关规定报送（　　）进行审查，否则变更不能实施。
A. 建设行政主管部门　　　　　　B. 施工图原审查机构
C. 工程质量监督机构　　　　　　D. 建设单位主管部门

6. 做好工程变更控制工作，也是作业过程质量控制的一项重要内容。工程变更的要求可能来自（　　）。
A. 建设单位　　　　　　　　　　B. 设计单位
C. 监理单位　　　　　　　　　　D. 施工单位
E. 建设行政主管部门

答案：1. A；2. C；3. B；4. C；5. B；6. A、B、D

考点三：作业技术活动结果控制

（1）工序质量是基础，直接影响工程项目整体质量。

（2）隐蔽工程施工完毕，施工单位应自检。合格后，填写《隐蔽工程报验申请表》，报送项目监理机构。

5.3.3 施工质量检查验收

工程施工前，应由施工单位制定单位工程、分部工程、分项工程和检验批的划分方案，并应由项目监理机构审核、建设单位确认后实施。

考点一：检验批验收

（1）按工程量、楼层、施工段划分检验批。
（2）专业监理工程师组织，专业质量检查员、工长参加。
（3）验收合格规定：
① 主控项目和一般项目的确定应符合规定。
② 主控项目的质量经抽样检验应全部合格。
③ 一般项目的质量应符合国家现行规定。
④ 应具有完整的施工操作依据和质量验收记录。

考点二：分项工程验收

（1）按工种、材料、施工工艺、设备类别划分分项工程。
（2）专业监理工程师组织，项目专业技术负责人参加。
（3）验收合格规定：
① 所含检验批质量均应验收合格。
② 所含检验批的质量验收记录应完整。

考点三：分部工程验收

（1）按专业性质、工程部位划分分部工程。
（2）参加人员：总监理工程师组织，项目经理和项目技术负责人参加。
① 针对地基与基础分部工程验收：勘察单位和设计单位项目负责人；施工单位技术、质量部门负责人也应参加。
② 针对主体结构、节能分部工程验收：设计单位项目负责人；施工单位技术、质量部门负责人参加。

（3）验收合格规定：
① 所含分项工程的质量均应验收合格。
② 质量控制资料应完整。
③ 有关安全、节能、环境保护和主要使用功能的抽样检验结果应符合相应规定。
④ 观感质量验收应符合要求。

考点四：单位工程质量验收

（1）施工单位自检，合格后编制工程竣工报告，向建设单位提交。
（2）项目监理机构组织竣工预验收，合格后编制工程质量评估报告，向建设单位提交。
（3）建设单位组织监理、施工、设计、勘察单位等相关单位项目负责人进行竣工验收。

考点五：工程质量保修

建设单位应建立工程质量回访和质量投诉处理机制。施工单位应与建设单位签署施工质量保修书，施工质量保修书中应明确保修范围、保修期限和保修责任。

【经典例题】

1.【2024】为了验收施工质量，制定和审核确认分部工程划分方案的做法，正确的是（　　）。
A. 由项目监理机构制定，建设单位确认
B. 由施工单位制定，项目监理机构审核
C. 由建设单位组织各方制定，工程质量监督机构确认
D. 由项目监理机构组织各方制定，建设单位审核

2. 关于检验批质量验收合格的说法，正确的是（　　）。
A. 可由监理员组织验收　　　　B. 应具有完整的施工操作依据和质量验收记录
C. 主控项目不需全部检验合格　D. 一般项目的检查具有否决权

3. 检验批是工程施工质量验收的最小单位，属于检验批质量验收划分依据的有（　　）。
A. 工程量　　　　　　　　　　B. 施工工艺
C. 楼层　　　　　　　　　　　D. 施工段
E. 工种

4. 分项工程质量验收的组织者是（　　）。
A. 项目经理　　　　　　　　　B. 项目技术负责人
C. 总监理工程师　　　　　　　D. 专业监理工程师

5. 工程质量验收时，设计单位项目负责人应参加验收的分部工程有（　　）。
A. 地基与基础　　　　　　　　B. 装饰装修

C. 主体结构　　　　　　　　　D. 环境保护
E. 节能工程

6. 根据《建筑工程施工质量验收统一标准》GB 50300—2013，进行施工质量验收时分部工程应按（　　）划分。
A. 工程量、楼层、施工段　　　B. 专业性质、工程部位
C. 能形成独立使用功能的部位　D. 工种、材料、施工工艺、设备类别

7. 单位工程完工后，施工单位自检合格，在确认具备竣工验收条件后，向（　　）提交工程竣工报告。
A. 监理单位　　　　　　　　　B. 建设单位
C. 勘察设计单位　　　　　　　D. 政府建设工程质量监督部门

8. 施工质量保修书应明确的内容有（　　）。
A. 保修范围　　　　　　　　　B. 保修期限
C. 保修责任　　　　　　　　　D. 保修金数额
E. 施工质量责任的保修金扣留方式

9. 工程施工前，应由施工单位制定单位工程、分部工程、分项工程和检验批的划分方案，经审批，由（　　）确认后实施。
A. 建设单位　　　　　　　　　B. 项目监理机构
C. 总监理工程师　　　　　　　D. 设计单位

10. 应由建设单位组织的施工质量验收项目是（　　）。
A. 分部工程　　　　　　　　　B. 分项工程
C. 单位工程　　　　　　　　　D. 检验批

答案：1. B；2. B；3. A、C、D；4. D；5. A、C、E；6. B；7. B；8. A、B、C；9. A；10. C

笔记区

5.4 施工质量事故预防与调查处理

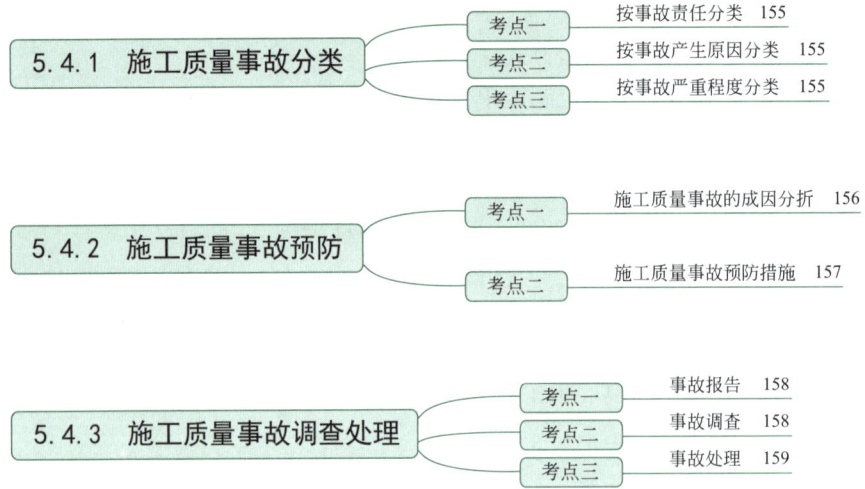

- 5.4.1 施工质量事故分类
  - 考点一　按事故责任分类　155
  - 考点二　按事故产生原因分类　155
  - 考点三　按事故严重程度分类　155

- 5.4.2 施工质量事故预防
  - 考点一　施工质量事故的成因分析　156
  - 考点二　施工质量事故预防措施　157

- 5.4.3 施工质量事故调查处理
  - 考点一　事故报告　158
  - 考点二　事故调查　158
  - 考点三　事故处理　159

5.4.1 施工质量事故分类

考点一：按事故责任分类

（1）指导责任事故（管理人员）：如工程负责人不按规范规程组织施工、盲目赶工、强令他人违章作业、降低工程质量标准等造成的质量事故。

（2）操作责任事故（生产工人）：如浇筑混凝土时随意浇水，土方工程中不按填方含水率和碾压遍数施工。

考点二：按事故产生原因分类

原因	实例
技术原因	（1）结构设计计算错误。 （2）地质情况估计错误。 （3）盲目采用新技术。 （4）采用不适宜的施工方法
管理原因	（1）检验制度不严密，进料检验不严格。 （2）质量控制不严格。 （3）质量管理措施落实不力，仪器设备管理不善失准，质量管理体系不完善
社会、经济原因	社会、经济因素，社会上存在的弊端和不良风气引起

考点三：按事故严重程度分类

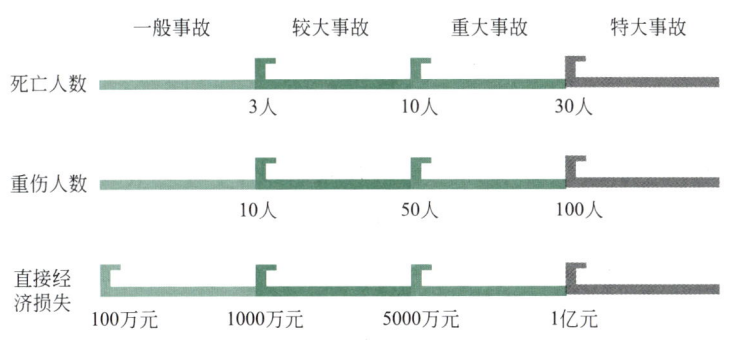

注：直接经济损失＜100万元，称为质量问题。

【经典例题】

1. 某工程施工过程中，发生混凝土结构坍塌事故，造成8人重伤和5000万元直接经济损失。该施工质量事故等级是（　　）。

A. 一般事故 B. 较大事故
C. 重大事故 D. 特大事故

2. 下列施工质量事故中，属于指导责任事故的有（   ）。

A. 混凝土振捣疏漏造成的质量事故

B. 砌筑工人不按操作规程施工导致墙体倒塌

C. 负责人放松质量标准造成的质量事故

D. 负责人追求施工进度造成的质量事故

E. 浇筑混凝土操作者随意加水使强度降低造成的质量事故

3. 下列工程质量事故中，属于技术原因引发的质量事故是（   ）。

A. 采用了不适宜的施工工艺引发的质量事故

B. 材料检验不严格引起的质量事故

C. 质量检验制度不严密引起的质量事故

D. 社会不良风气引起建设中的错误行为引发的质量事故

4. 某工程发生的质量事故导致2人死亡、直接经济损失4500万元，则该质量事故等级是（   ）。

A. 一般事故 B. 重大事故
C. 特别重大事故 D. 较大事故

答案： 1. C；2. C、D；3. A；4. D

笔记区

5.4.2 施工质量事故预防

考点一：施工质量事故的成因分析

1. 施工质量事故的成因之一：违背工程建设基本规律。主要表现在：

（1）违反工程建设程序。如未经可行性研究、不做调查分析就拍板定案；未搞清工程地质、水文情况等条件就仓促开工；边设计、边施工，任意修改设计，不按图纸施工；工程竣工不进行试车运行，未经验收就交付使用。

（2）违反有关法规和工程合同规定。如无证设计、无证施工、越级设计、越级施工，超低价中标，违法转包或分包等。

2. 施工与管理失控是造成大量质量事故的常见原因，主要表现在以下几方面：

（1）未经设计单位同意，擅自修改设计；或不按图施工。

（2）图纸未经会审即仓促施工；或不熟悉图纸，盲目施工。

（3）不按有关施工规范和操作规程施工。
（4）不懂装懂，蛮干施工。
（5）管理混乱，施工方案考虑不周，施工顺序错误，技术交底不清，违章作业，疏于检查、验收等。

考点二：施工质量事故预防措施

（1）坚持按工程建设程序办事。
（2）做好必要的技术复核、技术核定工作。
技术复核工作包括图纸会审或设计交底，工程定位引测点的复测，钢筋混凝土结构中钢筋的安装位置、规则、数量、连接及锚固情况的复核等。
（3）严格把好建筑材料及制品的质量关。
（4）加强质量培训教育，提高全员质量意识。
（5）加强施工过程组织管理。
（6）做好应对不利施工条件和各种灾害的预案。
（7）加强施工安全与环境管理。

【经典例题】

1. 下列施工质量事故发生的原因中，属于施工与管理失控的有（　　）。
A. 边设计、边施工　　　　　　　　B. 违反相关规范施工
C. 违法分包　　　　　　　　　　　D. 钢筋混凝土预制梁倒置吊装
E. 盲目套用图纸，采用不正确的结构方案

2. 为保证工程质量满足设计要求和合同约定，需要进行必要的技术复核工作。下列工作内容中，属于技术复核工作的是（　　）。
A. 施工方案论证　　　　　　　　　B. 施工设备验收
C. 施工图纸会审　　　　　　　　　D. 建筑材料检测

3. 下列措施中，属于施工质量事故预防措施的有（　　）。
A. 坚持按工程建设程序办事　　　　B. 做好必要的技术复核和技术核定工作
C. 及时做好质量事故的处理工作　　D. 加强施工安全与环境管理
E. 加强质量培训教育，提高全员质量意识

4. 边设计、边施工导致工程质量事故的，该施工质量事故的成因是（　　）。
A. 违反工程建设程序　　　　　　　B. 违反有关法规和工程合同规定
C. 设计计算失误　　　　　　　　　D. 施工与管理失控

5. 图纸未经会审即仓促施工导致工程质量事故的，该施工质量事故的成因是（　　）。
A. 违反有关法规和工程合同规定　　B. 施工与管理失控
C. 设计计算失误　　　　　　　　　D. 工程地质勘察失误

答案：1. B、D；2. C；3. A、B、D、E；4. A；5. B

5.4.3 施工质量事故调查处理

施工质量事故处理程序：事故报告→事故调查→事故处理→事故处理的鉴定验收→提交事故处理报告。

考点一：事故报告

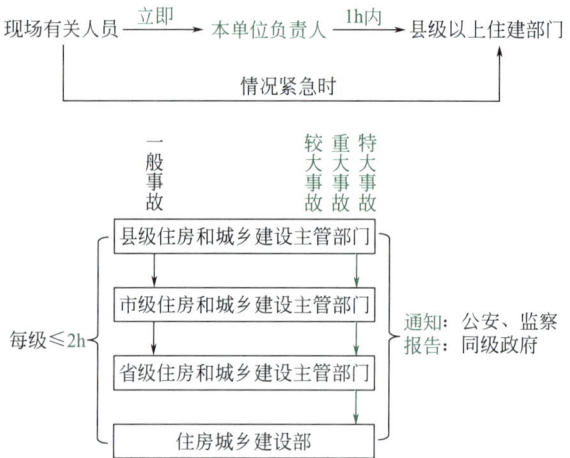

考点二：事故调查

事故类别	调查政府
特大事故	国务院
重大事故	省级政府
较大事故	市级政府
一般事故	县级政府

无人员伤亡的一般事故，县级政府可委托事故发生单位调查。

事故调查组构成：

（1）应参加的是：有关政府、应急管理部门、负有安监职责有关部门、监察机关、公安机关、工会、检察院。（7个）

(2)可聘请有关专家参与调查。

事故调查报告应包括以下内容：

(1)事故发生单位概况。

(2)事故发生经过和事故救援情况。

(3)事故造成的人员伤亡和直接经济损失。

(4)事故发生的原因和事故性质。

(5)事故责任的认定和事故责任者的处理建议。

(6)事故防范和整改措施。

政府主管部门依据事故调查报告的批复和有关规定，对责任者实施行政处罚。

考点三：事故处理

返修处理	(1)混凝土结构表面蜂窝、麻面。 (2)混凝土结构的表面或局部出现损伤，但不影响使用和外观。 (3)混凝土结构出现裂缝，但不影响安全和使用功能。裂缝宽度不大于0.2mm时，可采用表面密封法；当裂缝宽度大于0.3mm时，可采用嵌缝密闭法；当裂缝较深时，应采用灌浆修补法
加固处理	危及承载力的质量缺陷
返工处理	(1)防洪堤坝填筑压实后，压实土干密度未达到规定值。 (2)公路桥梁工程预应力规定张拉系数为1.3，实际仅为0.8。 (3)28d的混凝土实际强度不到规定强度的32%
限制使用	按返修处理无法保证规定的使用要求和安全要求，且无法返工
不作处理	(1)不影响结构安全和使用功能的。如：放线定位有偏差；混凝土表面由于养护不够出现干缩微裂。 (2)下一道工序可以弥补的质量缺陷。如：轻微麻面；混凝土现浇楼面平整度偏差达到10mm。 (3)法定检测单位鉴定合格的。 (4)质量缺陷经检测鉴定达不到设计要求，但经原设计单位核算，仍能满足结构安全和使用功能的
报废处理	采取上述处理方法后仍不能满足规定的质量要求或标准，则必须予以报废处理

【经典例题】

1.下列工程质量事故中，可由事故发生单位组织事故调查组的是（　　）。

A.2人以下死亡，100万元~500万元的直接经济损失

B.5人以下重伤，100万元~500万元的直接经济损失

C.未造成人员伤亡，1000万元~5000万元的直接经济损失

D.未造成人员伤亡，100万元~1000万元的直接经济损失

2.住房和城乡建设主管部门接到一般事故报告后，应当逐级上报至（　　）。

A.国务院

B.国务院住房和城乡建设主管部门

C.省级人民政府住房和城乡建设主管部门

D.市级人民政府住房和城乡建设主管部门

3. 根据施工质量事故调查处理的一般程序，事故处理的最后一步工作是（　　）。
   A. 提出事故鉴定结论　　　　　　　　B. 提交事故处理结果
   C. 提交事故处理报告　　　　　　　　D. 提出事故处理方案

4. 某工程混凝土结构出现了宽度大于0.3mm的裂缝，经分析研究其不影响结构的安全和使用，可采取的处理方法是（　　）。
   A. 返修处理　　　　　　　　　　　　B. 返工处理
   C. 限制使用　　　　　　　　　　　　D. 不作处理

5. 下列工程质量问题中，可不做专门处理的是（　　）。
   A. 某高层住宅施工中，底部二层的混凝土结构误用安定性不合格的水泥
   B. 某防洪堤坝填筑压实后，压实土的干密度未达到规定值
   C. 某检验批混凝土试块强度不满足规范要求，但混凝土实体强度检测后满足设计要求
   D. 某工程主体结构混凝土表面裂缝大于0.5mm

6. 某工程第三层混凝土现浇楼面的平整偏差达到10mm，其后续作业为找平层和面层的施工，这时应该（　　）。
   A. 加固处理　　　　　　　　　　　　B. 修补处理
   C. 不作处理　　　　　　　　　　　　D. 限制使用

7. 应参加质量事故调查组的部门有（　　）。
   A. 应急管理部门　　　　　　　　　　B. 监察机关
   C. 公安机关　　　　　　　　　　　　D. 相关专家
   E. 劳动保障部门

8. 质量事故调查报告应包括的内容有（　　）。
   A. 事故发生单位概况　　　　　　　　B. 事故发生经过
   C. 对事故责任者的处理决定　　　　　D. 事故发生的原因和事故性质
   E. 事故发展情况

9. 施工质量事故处理的工作包括：① 事故报告；② 事故调查；③ 事故处理的鉴定验收；④ 提交事故处理报告；⑤ 事故处理。正确的程序是（　　）。
   A. ①②⑤③④　　　　　　　　　　　B. ①②③④⑤
   C. ②①③④⑤　　　　　　　　　　　D. ④②⑤①③

10. 某混凝土结构出现宽度为0.5mm的裂缝且裂缝深度较深，应采用的处理方法是（　　）。
    A. 灌浆修补法　　　　　　　　　　　B. 表面密封法
    C. 嵌缝封闭法　　　　　　　　　　　D. 粘钢加固法

答案： 1.D；2.C；3.C；4.A；5.C；6.C；7.A、B、C；8.A、B、D；9.A；10.A

第6章 建设工程成本管理

6.1 工程成本影响因素及管理流程

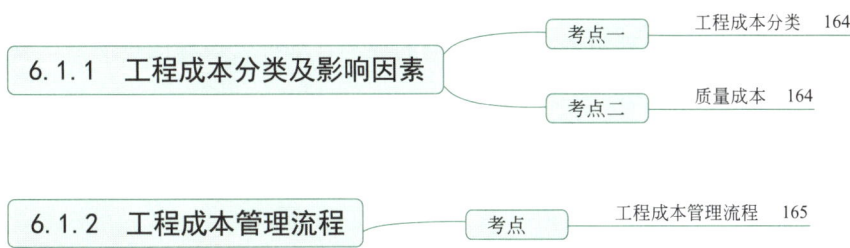

- 6.1.1 工程成本分类及影响因素
  - 考点一 —— 工程成本分类 164
  - 考点二 —— 质量成本 164
- 6.1.2 工程成本管理流程
  - 考点 —— 工程成本管理流程 165

6.1.1 工程成本分类及影响因素

考点一：工程成本分类

1. 按生产费用计入工程成本的方法分类

（1）直接成本：工程项目实施过程中直接耗费的构成工程实体或有助于工程形成的各项支出，包括人工费、材料费、机械使用费和其他直接费。

（2）间接成本：工程承包单位为工程设计、采购、施工准备、组织和管理施工生产所发生的全部施工间接费支出，包括勘察设计费、采购成本、现场管理人员的人工费、资产使用费、工具用具使用费、保险费、检验试验费、工程保修费以及其他费用等。

2. 按工程成本与工程数量的关系分类

（1）固定成本：不受工程量增减变动影响的成本，如办公设施的折旧费、管理人员工资等。

（2）变动成本：随着工程量的增减变化而成正比例变化的各项成本，如材料费、计件工资等。

3. 按工程成本要素构成划分

可以分为工期成本、质量成本、安全成本和绿色成本。

考点二：质量成本

质量成本可分为控制成本和损失成本。

（1）控制成本分为预防成本和鉴定成本。预防成本是指为防止工程质量缺陷和偏差出现，保证工程质量达到质量标准所采取的各项预防措施所支出的费用，包括质量规划费、工序控制费、新工艺鉴定费、质量培训费、质量信息费等；鉴定成本是指为保证工程质量而对工程本身及材料、构配件、设备等进行质量鉴定所支出的费用，包括施工图纸审查费、施工文件审查费、原材料、外购件检验试验费、工序检验费、工程质量验收费等。

（2）损失成本又分为内部损失成本和外部损失成本。内部损失成本是指在工程施工过程中造成的损失而发生的费用，包括返工损失、返修损失、停工损失、质量事故处理费用等；外部损失成本是指工程移交后损失的费用，包括工程保修费、损失赔偿费等。

【经典例题】

1.【2024】工程成本与工程数量的关系划分中，属于成本分类的是（　　）。
A. 目标成本和责任成本　　　　　　B. 固定成本和变动成本
C. 预算成本和计划成本　　　　　　D. 直接成本和间接成本

2.【2024】根据工程特点和成本管理要求不同，工程成本可分为不同类别。构成工程实体的材料费可归入的工程成本类别有（　　）。
A. 变动成本　　　　　　　　　　　B. 直接成本
C. 采购成本　　　　　　　　　　　D. 措施成本

E. 质量成本

3. 下列质量成本中,属于预防成本的是(　　)。
A. 材料检验试验费　　　　　　B. 工程质量验收费
C. 施工图纸审查费　　　　　　D. 工序控制费

4. 下列质量成本中,属于内部损失成本的是(　　)。
A. 工序控制费　　　　　　　　B. 工程保修费
C. 返工损失费　　　　　　　　D. 检验试验费

5. 工程保修费属于施工单位的(　　)成本。
A. 外部损失　　　　　　　　　B. 内部损失
C. 鉴定　　　　　　　　　　　D. 预防

6. 按工程成本与工程数量的关系分类,下列属于固定成本的是(　　)。
A. 计件工资　　　　　　　　　B. 材料费
C. 施工机械使用费　　　　　　D. 管理人员工资

答案：1. B；2. A、B；3.D；4. C；5. A；6.D

6.1.2 工程成本管理流程

考点：工程成本管理流程

工程成本管理各环节是一个有机联系与相互制约的系统过程。

（1）成本计划是开展成本控制和分析的基础，也是成本控制的主要依据。

（2）成本控制能对成本计划的实施进行监督，保证成本计划的实现。

（3）成本分析是对成本计划是否实现进行的检查，并为成本管理绩效考核提供依据。

（4）成本管理绩效考核是实现责任成本目标的保证和手段。

【经典例题】

1. 以下工程成本管理程序包括：① 成本

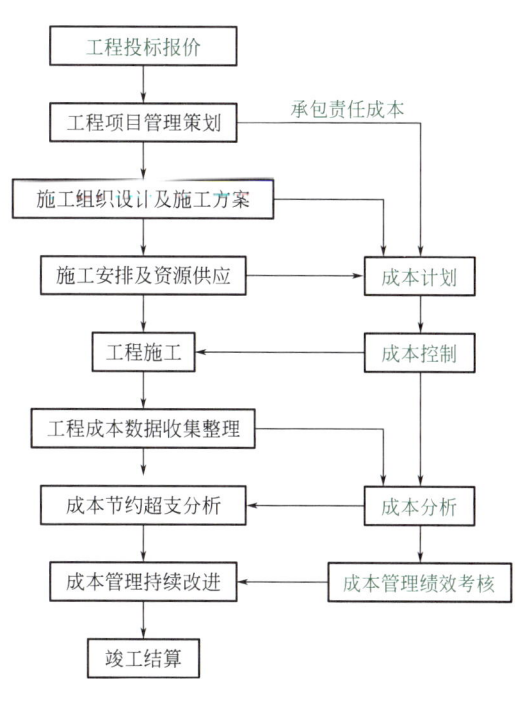

工程成本管理流程

控制；② 成本管理绩效考核；③ 成本计划；④ 成本分析；⑤ 确定承包责任成本。流程正确的是（　　）。

A. ③→⑤→①→④→②
B. ⑤→③→①→④→②
C. ⑤→③→①→②→④
D. ③→⑤→①→②→④

2. 工程成本管理各环节是一个有机联系和相互制约的过程。关于工程成本管理环节之间关系的说法，正确的有（　　）。

A. 成本控制是开展成本计划的基础
B. 成本控制可以对成本计划的实施进行监督
C. 成本分析是对成本计划进行的检查
D. 成本管理绩效考核保证成本计划的实现
E. 成本分析为成本管理绩效考核提供依据

3. 施工成本控制的主要依据是（　　）。

A. 成本预测
B. 成本核算
C. 成本分析
D. 成本计划

答案：1. B；2. B、C、E；3. D

> **笔记区**

6.2 施工成本计划

- 6.2.1 施工责任成本构成 — 考点 — 施工责任成本　168

- 6.2.2 施工成本计划编制
  - 考点一 — 施工成本计划的类型　169
  - 考点二 — 施工成本计划编制方法　170

6.2.1 施工责任成本构成

考点：施工责任成本

（1）预算成本是在既定的市场环境下，根据企业管理水平和管理特点，按企业费用支出标准、资源市场价格信息和工程实际情况，测算的项目各项费用总和。

（2）施工责任成本是以责任中心为对象来进行归集的可控成本。

（3）责任成本具有4个条件：可考核性、可预计性、可计量性、可控制性。

（4）施工责任成本的相关公式：

施工责任成本＝预计结算收入－税金－企业管理费－项目目标利润

施工责任成本降低额＝施工责任成本－项目实际成本

【经典例题】

1.【2024】关于施工责任成本的说法，正确的是（　　）。
A. 施工责任成本是以任务中心为对象进行归集的预算成本
B. 施工责任成本是以责任中心为对象进行归集的预算成本
C. 施工责任成本是以任务中心为对象进行归集的可控成本
D. 施工责任成本是以责任中心为对象进行归集的可控成本

2. 责任成本应具备的条件有（　　）。
A. 可考核性　　　　　　　　　B. 可预计性
C. 可动态性　　　　　　　　　D. 可计量性
E. 可控制性

3. 施工企业在既定的市场环境下，根据自身的管理水平和管理特点，按照企业费用支出标准、资源市场价格信息和工程实际情况，测算出项目各项费用总和。该费用可作为施工项目的（　　）。
A. 预算成本　　　　　　　　　B. 施工责任成本
C. 指导性成本　　　　　　　　D. 竞争性成本

答案：1. D；2. A、B、D、E；3. A

笔记区

6.2.2 施工成本计划编制

考点一：施工成本计划的类型

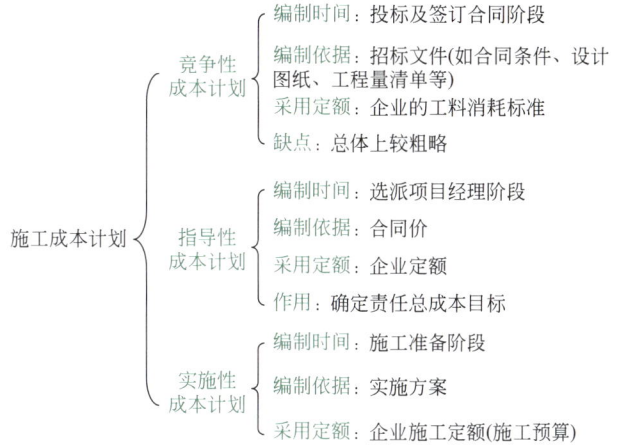

【经典例题】

1.下列成本计划中，用于确定责任成本的是（　　）。

A.指导性成本计划　　　　　　B.竞争性成本计划

C.响应性成本计划　　　　　　D.实施性成本计划

2.编制施工项目实施性成本计划的主要依据是（　　）。

A.项目投标报价　　　　　　　B.项目所在地造价信息

C.项目实施方案　　　　　　　D.施工图预算

3.施工项目竞争性成本计划是（　　）的估算成本计划。

A.投标阶段　　　　　　　　　B.选派项目经理阶段

C.签订合同阶段　　　　　　　D.施工准备阶段

E.制定企业年度计划阶段

4.选派项目经理阶段的预算成本计划是以（　　）为依据，按照企业定额标准制定的。

A.技术规程　　　　　　　　　B.设计图纸

C.合同价　　　　　　　　　　D.工程量清单

5.关于施工实施性成本计划的说法，正确的是（　　）。

A.以落实项目经理责任目标为出发点，根据企业施工定额编制

B.在工程项目投标及签订合同阶段进行编制

C.是选派项目经理时的预算成本计划

D.以合同价为依据，是战略性成本计划的深化

答案：1.A；2.C；3.A、C；4.C；5.A

考点二：施工成本计划编制方法

1. 按成本组成编制施工成本计划的方法

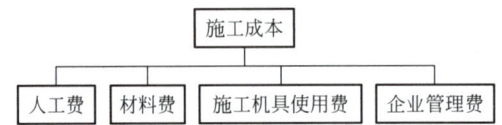

2. 按项目结构编制施工成本计划的方法

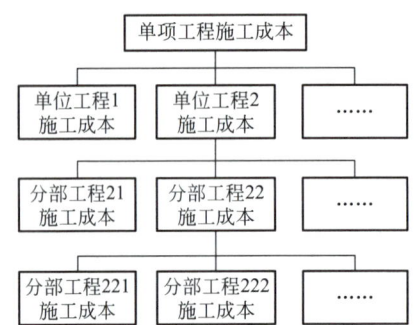

（1）首先将项目总成本分解到单项工程和单位工程中，再进一步分解到分部工程和分项工程中。

（2）编制成本支出计划时，在项目总体层面考虑总的预备费，也要在主要的分项工程中安排适当的不可预见费。

3. 按工程实施阶段编制施工成本计划的方法

（1）通常可在网络图的基础上进一步扩充得到。

（2）表示方式有两种：

① 在时标网络计划上按月编制的成本计划直方图。

② 时间－成本累积曲线（S曲线）。

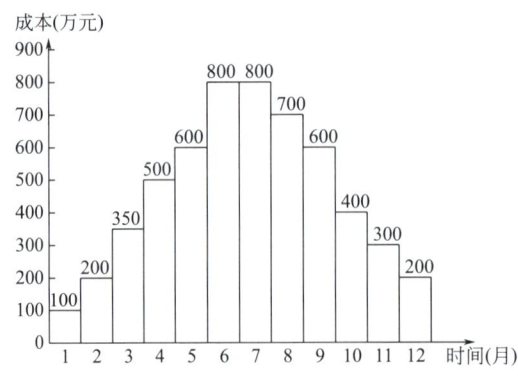

按月编制成本计划直方图

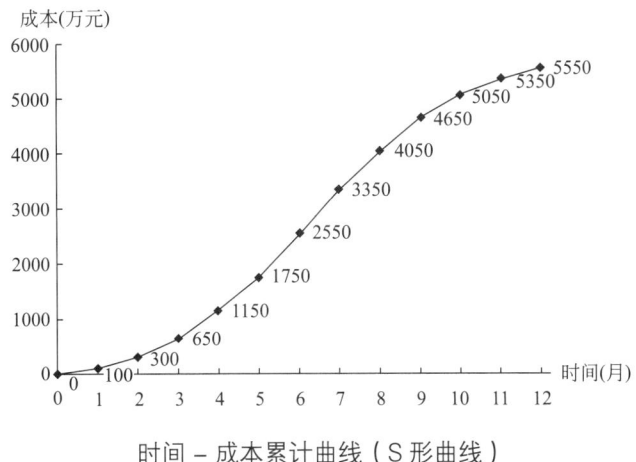

时间－成本累计曲线（S形曲线）

（3）时间－成本累积曲线（S曲线）的编制步骤：
① 编制工程项目施工进度时标网络计划。
② 计算单位时间成本，按时间编制成本支出计划（即成本计划直方图）。
③ 计算各单位时间的累计支出成本。
④ 绘制S曲线。

（4）S曲线必然包络在由全部工作都按最早开始时间开始和最迟开始时间开始的曲线组成的"香蕉图"内。

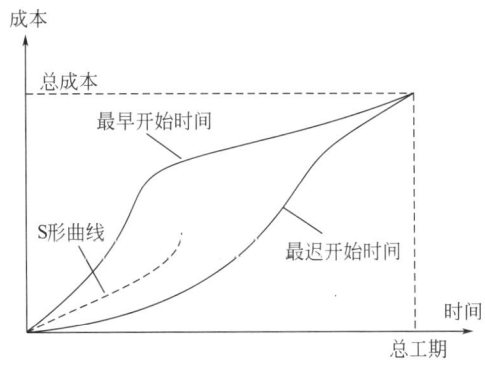

（5）对施工单位而言，所有工作均按最早时间安排，可以尽早获得工程进度款支付，同时也能提高工程按期竣工的保证率，但同时也会占用建设单位大量资金。

【经典例题】

1.【2024】施工单位按实施进度编制施工成本计划时，将施工进度网络计划中的所有工作均按其最早开始时间和最早完成时间安排的优点是（　　）。

　　A. 可增加非关键工作的总时差　　　　B. 可使累积工程量曲线更平缓
　　C. 可提高工程按期竣工保证率　　　　D. 可使工程资源投入更均衡

2. 按工程实施阶段编制施工进度计划的步骤中，紧接"计算规定时间 t 计划累计支出的成本额"之后的工作是（　　）。

A. 在时标网络图上，按时间编制成本支出计划

B. 编制工程项目施工进度时标网络计划

C. 绘制S曲线

D. 计算单位时间的成本

3. 关于按工程实施阶段编制施工成本计划的说法，正确的有（　　）。

A. 可在网络图的基础上进一步扩充得到

B. 可以用成本计划直方图的方式表示

C. 可以用时间–成本累积曲线表示

D. 可根据资金筹措情况在"香蕉图"内调整S曲线

E. 按最早时间安排工作可节约资金贷款利息

4. 按工程实施阶段编制施工成本计划，第一步是（　　）。

A. 计算单位时间施工成本　　　　B. 计算规定时间累计支出的成本额

C. 编制工程项目施工进度时标网络计划　　D. 绘制S曲线

5. 在编制成本计划时，施工单位将所有工作都按照最早开始时间开始绘制S曲线，会产生的情况有（　　）。

A. 计划成本支出总额变少　　　　B. 增加资金的贷款利息

C. 减少资金的贷款利息　　　　　D. 增加工程延期的风险

E. 降低工程延期的风险

6. 在某工程施工过程中，将工程按照基础、主体、安装、装饰装修等阶段进行分解编制的施工成本计划编制方法是（　　）。

A. 按工程分包划分编制　　　　　B. 按工程项目结构编制

C. 按工程成本组成编制　　　　　D. 按工程实施阶段编制

7. 某施工承包企业将其承接的高速公路项目的目标总成本分解为桥梁、隧道、道路工程成本等子项，并编制相应的成本计划，这是按（　　）分解的。

A. 成本组成　　　　　　　　　　B. 项目结构

C. 工程类别　　　　　　　　　　D. 工程性质

8. 关于编制施工项目成本计划时考虑预备费的说法，正确的是（　　）。

A. 只针对整个项目考虑总的预备费，以便灵活调用

B. 在分析各分项工程风险基础上，只针对部分分项工程考虑预备费

C. 既要针对项目考虑总的预备费，也要在主要分项工程中安排适当的不可预见费

D. 不考虑整个项目预备费，由施工企业统一考虑

9. 某工程施工成本计划采用时间–成本累积曲线（S曲线）表示，因进度计划中存在有时差的工作，S形曲线必然被包络在由全部工作都按（　　）的曲线所组成的"香蕉图"内。

A. 最早开始时间和最迟开始时间　　B. 最早完成时间和最迟完成时间

C. 最迟开始时间和最迟完成时间　　D. 最早完成时间和最迟开始时间

10. 某项目施工成本计划如下图所示，则5月末计划累计成本支出为（　　）万元。

项目名称	成本(万元/月)	工程进度(月)				
		1	2	3	4	5
A	10					
B	20					
C	15					
D	30					
E	25					

A. 325   B. 270
C. 180   D. 75

答案：1. C；2. C；3. A、B、C、D；4. C；5. B、E；6. D；7. B；8. C；9. A；10. B

笔 记 区

6.3 施工成本控制

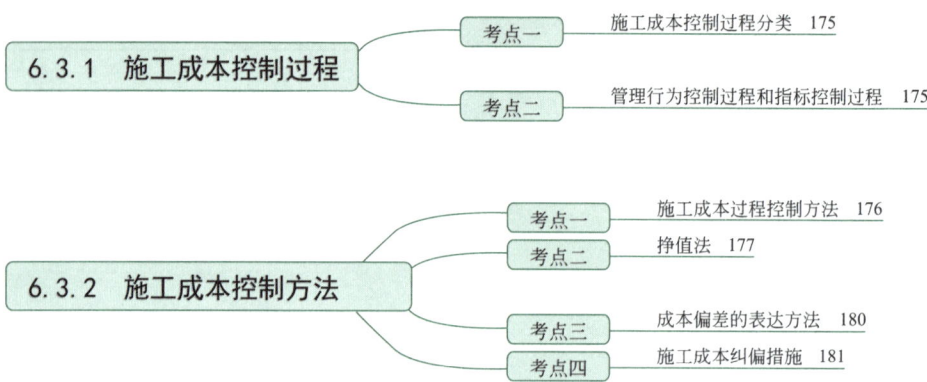

6.3.1 施工成本控制过程

考点一：施工成本控制过程分类

施工成本控制过程可分为两类：
（1）管理行为控制过程 → 成本全过程控制的基础。
（2）指标控制过程 → 成本过程控制的重点。
两个过程既相对独立又相互联系，既相互补充又相互制约。

考点二：管理行为控制过程和指标控制过程

1. 管理行为控制过程
成本管理体系无需社会组织来评审和认证。

2. 指标控制过程
（1）确定成本管理分层次目标 $\begin{cases} \text{项目成本管理目标：依据责任成本确定。} \\ \text{月度成本计划目标：依据工程进度计划确定。} \end{cases}$
（2）采集成本数据、监测成本形成过程。
（3）找出偏差，分析原因。
（4）制定对策，纠正偏差。
（5）调整改进成本管理方法：成本指标考核管理行为，管理行为保证成本指标。

【经典例题】
1. 关于成本控制过程的说法，正确的是（　　）。
A. 管理行为控制是成本全过程控制的重点
B. 成本管理体系需要经过社会组织评审和认证
C. 管理行为控制过程和指标控制过程在实施过程中相互补充又相互制约
D. 管理行为控制过程是项目施工成本结果控制的主要内容

2. 项目成本指标控制的工作包括：①采集成本数据，监测成本形成过程；②制定对策，纠正偏差；③找出偏差，分析原因；④确定成本管理分层次目标。其正确的工作程序是（　　）。
A. ④-①-③-②　　　　　　　　B. ①-②-③-④
C. ①-③-②-④　　　　　　　　D. ②-④-③-①

答案：1. C；2. A

笔 记 区

6.3.2 施工成本控制方法

考点一：施工成本过程控制方法

1. 人工费的控制

实行"量价分离"的方法，通过专业作业分包合同进行控制。

2. 材料费的控制

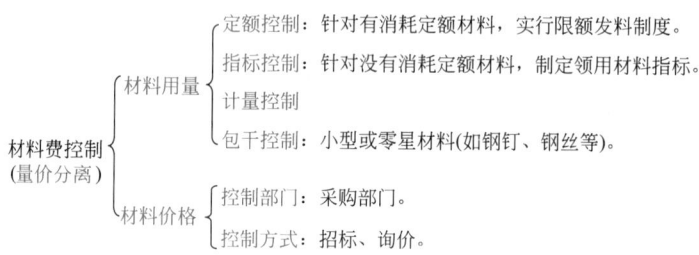

3. 施工机械使用费的控制

（1）台班数量

① 制定设备需求计划，充分利用现有机械设备，加强内部调配，提高利用率。

② 保证施工机械设备的作业时间，安排好生产工序的衔接。

③ 核定设备台班定额产量，实行超产奖励办法。

④ 加强设备租赁计划管理。

（2）台班单价

① 加强现场设备的维修、保养工作。

② 加强机械操作人员的培训工作。

③ 加强配件的管理。

④ 降低材料成本。

⑤ 成立设备管理领导小组，负责设备调度、检查、维修、评估等具体事宜。

4. 施工分包费用的控制

主要是要做好：

（1）分包工程的询价。

（2）订立平等互利的分包合同。

（3）建立稳定的分包关系网络。

（4）加强施工验收和分包结算。

【经典例题】

1. 关于施工材料费控制的说法，正确的是（　　）。

A. 主要是控制材料的采购价格　　B. 应由施工作业者包干控制

C. 应遵循"量价分离"的原则　　　D. 主要是定额控制

2. 施工成本过程控制中，控制人工费通常采用的方法是（　　）。

A. 弹性管理　　　　　　　　　　　B. 量价分离
C. 指标包干　　　　　　　　　　　D. 计量控制

3. 下列施工机械使用费控制措施中,属于控制台班数量的有(　　)。
A. 加强施工机械设备内部调配　　　B. 加强机械设备配件管理
C. 加强设备租赁计划管理　　　　　D. 提高机械设备利用率
E. 按油料消耗定额控制油料消耗

4. 在施工成本的过程控制中,需进行包干控制的材料是(　　)。
A. 钢钉　　　　　　　　　　　　　B. 水泥
C. 钢筋　　　　　　　　　　　　　D. 石子

5. 某施工项目部根据以往项目的材料实际耗用情况,结合具体施工项目要求,制定领用材料标准控制发料,这种材料用量控制方法是(　　)。
A. 定额控制　　　　　　　　　　　B. 计量控制
C. 指标控制　　　　　　　　　　　D. 包干控制

6. 利用施工成本过程控制方法对工程项目材料用量的控制过程中,具体采用的方法有(　　)。
A. 包干控制　　　　　　　　　　　B. 整体控制
C. 计量控制　　　　　　　　　　　D. 指标控制
E. 分级控制

7. 关于施工过程中材料费控制的说法,正确的是(　　)。
A. 没有消耗定额的材料必须包干使用
B. 有消耗定额的材料采用限额发料制度
C. 零星材料应实行计划管理并按指标控制
D. 有消耗定额的材料均不能调整领料限额

答案: 1. C;2. B;3. A、C、D;4. A;5. C;6. A、C、D;7. B

考点二:挣值法

1. 三个基本参数

已完工程预算费用($BCWP$)=∑(已完工程量×预算单价)
拟完工程预算费用($BCWS$)=∑(计划工程量×预算单价)
已完工程实际费用($ACWP$)=∑(已完工程量×实际单价)

2. 四个评价指标

(1)费用偏差(CV)=已完工程预算费用($BCWP$)-已完工程实际费用($ACWP$)
$CV>0$,表示费用节支;$CV<0$,表示费用超支

(2)进度偏差(SV)=已完工程预算费用($BCWP$)-拟完工程预算费用($BCWS$)
$SV>0$,表示进度提前;$SV<0$,表示进度滞后

(3)费用绩效指数(CPI)=已完工程预算费用($BCWP$)÷已完工程实际费用($ACWP$)

$CPI>1$，表示费用节支；$CPI<1$，表示费用超支

（4）进度绩效指数（SPI）=已完工程预算费用（BCWP）÷拟完工程预算费用（BCWS）

$SPI>1$，表示进度提前；$SPI<1$，表示进度滞后

总结：① 算费用偏差（绩效指数），保证工作量一样。

②算进度偏差（绩效指数），保证费用一样。

③＞表示"好"，＜表示"差"。

"好"表示费用节支、进度提前。

"差"表示费用超支、进度滞后。

3. 相关说明

（1）费用（进度）偏差反映绝对偏差，仅适合于对同一项目做偏差分析；费用（进度）绩效指数反映相对偏差，在同一项目和不同项目比较中均可采用。

（2）在项目的费用、进度综合控制中引入赢得值法，可以克服进度、费用分开控制的缺点，定量地判断进度、费用的执行效果。

【经典例题】

1.【2024】某工程开工后至第4月末，累计已完工程实际费用300万元，已完工程预算费用350万元，拟完工程预算费用330万元。则该工程第4月末实际进展和费用支出状况，正确的是（　　）。

A. 费用绩效指数为0.86，实际费用超支　　B. 进度偏差为20万元，实际进度拖后

C. 费用偏差为-50万元，实际费用节约　　D. 进度绩效指数为1.06，实际进度超前

2. 赢得值法评价指标中，适用于不同项目之间偏差分析的有（　　）。

A. 费用偏差　　　　　　　　　　　　　　B. 进度偏差

C. 综合绩效指数　　　　　　　　　　　　D. 费用绩效指数

E. 进度绩效指数

3. 某分项工程某月计划工程量为3200m²，计划单价为15元/m²。月末核定实际完成工程量为2800m²，实际单价为20元/m²。则该分项工程的已完工程预算费用（BCWP）是（　　）元。

A. 48000　　　　　　　　　　　　　　　B. 42000

C. 56000　　　　　　　　　　　　　　　D. 64000

4. 某混凝土工程施工情况如下图所示，清单综合单价为1000元/m³，按月结算，根据赢得值法，该工程6月末进度偏差（SV）是（　　）万元。

项目名称	计划施工(m³/月)	实际施工(m³/月)	工程进度(月)								
			1	2	3	4	5	6	7	8	9
A	2500	2300			计	计	计	计			
B	2600	2500			计	计					
C	3100	2900							计	计	
D	1000	1000						计			
E	1200	1250						计	计	计	

计划进度　　实际进度

A. -215   B. -200
C. -125   D. 60

5. 某分项工程月计划完成工程量为3200m², 计划单价为15元/m², 月底承包商实际完成工程量为2800m², 实际单价为20元/m², 则该工程当月的计划工程预算费用（BCWS）为（   ）元。

A. 42000   B. 48000
C. 56000   D. 64000

6. 某分项工程采用赢得值法分析得到：已完工程预算费用（BCWP）＞拟完工程预算费用（BCWS）＞已完工程实际费用（ACWP），则该工程（   ）。

A. 费用节余   B. 进度提前
C. 费用超支   D. 进度延误
E. 费用绩效指数大于1

7. 某混凝土工程的清单综合单价为1000元/m³, 按月结算, 进度数据见下表。按赢得值法计算, 3月末已完工程实际费用（ACWP）是9790千元。该工程3月末参数或指标正确的有（   ）。

工作名称	计划工程量(m³/月)	实际工程量(m³/月)	工程进度(月)			
			1	2	3	4
工作A	4500	4500				
工作B	2500	2300				
工作C	1200	1250				

▨ 实际进度   ■ 计划进度

A. 已完工程预算费用（BCWP）是9100千元
B. 进度偏差（SV）是-1600千元
C. 费用绩效指数（CPI）是0.93
D. 计划工程预算费用（BCWS）是10700千元
E. 费用偏差（CV）是690千元

8. 某工程项目截至8月末的有关费用数据为：BCWP为980万元, BCWS为820万元, ACWP为1050万元, 则其SV为（   ）万元。

A. -160   B. 160
C. 70   D. -70

9. 某分项工程某月计划工程量为3200m², 计划单价为15元/m²; 月底核定承包商实际完成工程量为2800m², 实际单价为20元/m², 则该工程的已完工程实际费用（ACWP）为（   ）元。

A. 42000   B. 56000
C. 48000   D. 64000

10. 某工程每月所需混凝土量相同, 混凝土用量3200m³, 计划4个月完成, 混凝土综合价格为1000元/m³; 实际混凝土用量为5000m³, 用时5个月, 从第1个月至第5个月各月混凝土价格指数（%）为100、115、110、105、115。则根据赢得值法，前3个月的费用偏差为（　　）万元。

A. -30
B. -25
C. -22
D. -20

答案： 1.D；2.D、E；3.B；4.A；5.B；6.A、B、E；7.A、B、C、D；8.B；9.B；10.B

考点三：成本偏差的表达方法

1. 横道图法
优点：形象、直观、准确表达费用的绝对偏差。
缺点：反映信息量少，一般在项目较高管理层应用。

2. 表格法

3. 曲线法

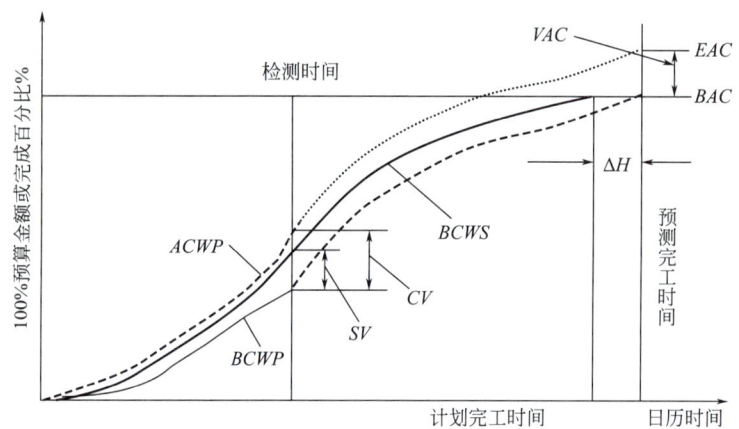

BAC：项目完工预算，编制计划时预计的项目完工费用。
EAC：项目完工估算，计划执行过程中预测的项目完工总费用。
VAC：预测项目完工时的费用偏差。

$$VAC=BAC-EAC$$

【经典例题】

1. 关于施工成本偏差的表达方法，说法正确的是（　　）。

A. 横道图法最常用
B. 横道图法能够准确表达费用的绝对偏差
C. 表格法形象、直观
D. 横道图法反映的信息量少
E. 曲线法能够反映相对偏差

2. 某工程的赢得值曲线如下图所示，关于t_1时点成本和进度状态的说法，正确的是（　　）。

A. 费用节约、进度超前
B. 费用超支、进度拖延
C. 费用节约、进度拖延
D. 费用超支、进度超前

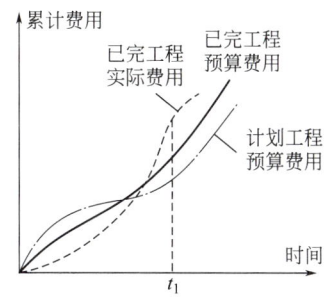

3. 应用曲线法进行施工成本偏差分析时，已完工程实际费用曲线与已完工程预算费用曲线的竖向距离，表示（　　）。

　　A. 费用累计偏差　　　　　　　　B. 进度累计偏差
　　C. 进度局部偏差　　　　　　　　D. 费用局部偏差

4. 下列成本偏差表达方式中，适用于较高管理层应用的是（　　）。

　　A. 横道图法　　　　　　　　　　B. 表格法
　　C. 曲线法　　　　　　　　　　　D. 时间-成本累积曲线法

5. 某项目地面铺贴的清单工程量为 1000m²，预算费用单价为 60 元/m²，计划每天施工 100m²。第 6 天检查时发现实际完成 800m²，实际费用为 5 万元。根据上述情况，预测项目完工时的费用偏差（VAC）是（　　）元。

　　A. 2500　　　　　　　　　　　　B. 2000
　　C. -2500　　　　　　　　　　　D. -2000

答案：1. B、D；2. D；3. A；4. A；5. C

考点四：施工成本纠偏措施

名称	关键词	示例（来自教材）
组织措施	与人有关	（1）实行项目经理责任制。 （2）落实成本管理的组织机构和人员。 （3）明确各级成本管理人员的任务和职能分工、权利和责任。 （4）编制成本管理工作计划，确定合理的工作流程。 （5）做好施工采购计划，生产要素优化配置、合理使用、动态管理
技术措施	设计、方案 材料、机械	（1）进行技术经济分析，确定最佳的施工方案。 （2）通过代用、改变配合比、使用添加剂等方法降低材料消耗的费用。 （3）确定合适的施工机械、设备使用方案。 （4）结合项目施工组织设计和自然条件，降低材料的库存成本和运输成本。 （5）应用先进的施工技术，运用新材料，使用先进的机械设备
经济措施	资金 资源 签证	（1）对成本管理目标进行风险分析，并制定防范性对策。 （2）做好资金使用计划，施工中严控各项开支。 （3）及时记录、收集、整理、核算实际支出。 （4）对工程变更及时做好增减账、落实业主签证并结算工程款
合同措施	合同 索赔	（1）密切注视对方合同执行情况，以寻求合同索赔的机会。 （2）密切关注自身履行合同的情况，以防被对方索赔

第 6 章　建设工程成本管理

【经典例题】

1. 下列成本管理措施中，属于合同措施的是（　　）。
   A. 编制成本管理工作计划　　　　　　B. 在项目实施过程中寻求索赔机会
   C. 对成本管理目标进行风险分析　　　D. 使用外加剂等方法降低材料消耗费用

2. 在下列成本管理措施中，属于经济措施的有（　　）。
   A. 做好资金使用计划　　　　　　　　B. 分析合同条款
   C. 对成本管理目标进行风险分析　　　D. 对施工方案进行技术经济比较
   E. 明确成本管理人员的工作任务

3. 下列施工成本管理措施中，属于组织措施的是（　　）。
   A. 明确各级成本管理人员的任务和责任
   B. 做好资金使用计划，严格控制各项开支
   C. 选用满足功能要求且成本低的施工机械
   D. 通过代用、使用外加剂等方法减少材料消耗量

4. 当工程实际成本费用支出超出成本计划时，需要采取施工成本纠偏措施，属于经济措施的是（　　）。
   A. 编制成本管理工作计划，确定详细工作流程
   B. 对成本管理目标进行风险分析，制定防范性对策
   C. 应用先进施工技术，使用新型建筑材料
   D. 对不同技术方案进行技术经济分析，选择最佳方案

答案：1. B；2. A、C；3. A；4. B

笔记区

6.4 施工成本分析与管理绩效考核

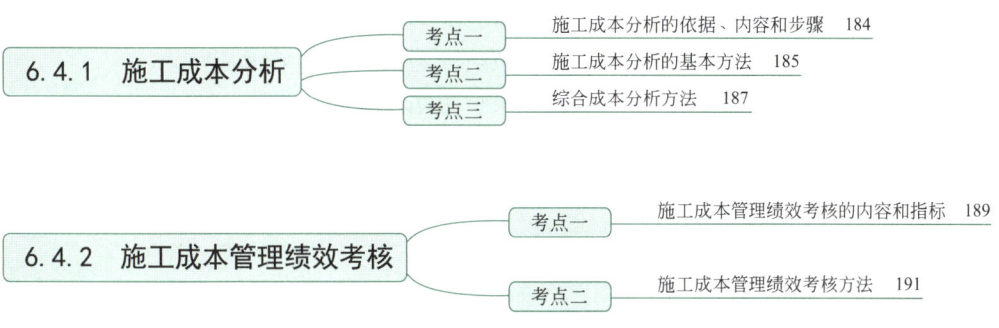

6.4.1 施工成本分析
- 考点一　施工成本分析的依据、内容和步骤　184
- 考点二　施工成本分析的基本方法　185
- 考点三　综合成本分析方法　187

6.4.2 施工成本管理绩效考核
- 考点一　施工成本管理绩效考核的内容和指标　189
- 考点二　施工成本管理绩效考核方法　191

6.4.1 施工成本分析

考点一：施工成本分析的依据、内容和步骤

1. 依据

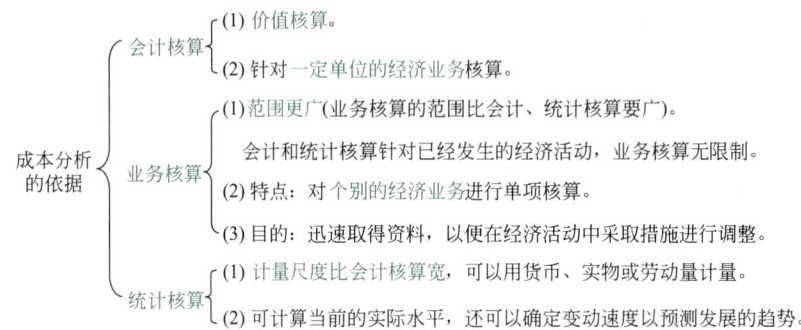

2. 内容

（1）时间节点成本分析。
（2）工作任务分解单元成本分析。
（3）组织单元成本分析。
（4）单项指标成本分析。
（5）综合项目成本分析。

3. 步骤

（1）选择成本分析方法。
（2）收集成本信息。
（3）进行成本数据处理。
（4）分析成本形成原因。
（5）确定成本结果。

【经典例题】

1. 成本分析的步骤包括：①收集成本信息；②选择成本分析方法；③进行成本数据处理；④分析成本形成原因；⑤确定成本结果。正确的编制程序是（　　）。
A.①②④③⑤　　　　　　　　B.①②⑤③④
C.②①③④⑤　　　　　　　　D.②①④⑤③

2. 下列项目成本分析所依据的资料中，可以计算项目当前实际成本，并可以确定变动速度和预测成本发展趋势的是（　　）。
A. 统计核算　　　　　　　　B. 表格核算
C. 会计核算　　　　　　　　D. 业务核算

3. 在项目成本分析的依据中，既可对已经发生的经济活动进行核算，又可对尚未发生的经济活动进行核算的方式是（　　）。

A. 会计核算　　　　　　　　　　B. 成本核算
C. 业务核算　　　　　　　　　　D. 统计核算
4. 关于成本分析依据的说法，正确的是（　　）。
A. 统计核算可以用货币计算
B. 业务核算主要是价值核算
C. 统计核算的计量尺度比会计核算窄
D. 会计核算可以对尚未发生的经济活动进行核算
5. 业务核算是成本分析的依据之一，其目的是（　　）。
A. 预测成本变化发展的趋势
B. 迅速取得资料，及时采取措施调整经济活动
C. 计算当前的实际成本水平
D. 记录企业的一切生产经营活动
答案： 1. C；2. A；3. C；4. A；5. B

考点二：施工成本分析的基本方法

施工成本分析的基本方法包括比较法、因素分析法、差额计算法和比率法。

1. 因素分析法

（1）因素分析法又称连环置换法，用来分析各种因素对成本的影响程度。

（2）分析时，假定众多因素中的一个因素发生变化，其他因素不变，逐个替换，比较其计算结果，以确定各个因素的变化对成本的影响。

（3）因素的排序规则：先实物量，后价值量；先绝对值，后相对值。

例如：商品混凝土目标成本为443040元，实际成本为473697元，比目标成本增加30657元，资料见下表。

项目	单位	目标	实际	差额
产量	m³	600	630	+30
单价	元	710	730	+20
损耗率	%	4	3	−1
成本	元	443040	473697	+30657

解析： 以目标成本443040元（600×710×1.04）为分析替代的基础。
第一次替代产量，以630替代600：
$$630 \times 710 \times 1.04 = 465192 \text{元}$$
第二次替代单价，以730替代710：
$$630 \times 730 \times 1.04 = 478296 \text{元}$$
第三次替代损耗率，以1.03替代1.04：
$$630 \times 730 \times 1.03 = 473697 \text{元}$$
结论：产量增加使成本增加了465192−443040=22152元

单价提高使成本增加了 478296-465192=13104 元

损耗率降低使成本减少了 478296-473697=4599 元

2. 差额计算法

差额计算法为因素分析法的一种简化形式，利用各因素的目标值与实际值的差额计算其对成本的影响程度。

例如：某施工项目某月的实际成本降低额比计划提高了 2.40 万元，见下表。

项目	单位	计划	实际	差额
预算成本	万元	300	320	+20
成本降低率	%	4	4.5	+0.5
成本降低额	万元	12	14.40	+2.40

根据上表，应用"差额计算法"分析预算成本和成本降低率对成本降低额的影响程度。

解析：

（1）预算成本增加对成本降低额的影响程度

$$(320-300) \times 4\% = 0.80 \text{ 万元}$$

（2）成本降低率提高对成本降低额的影响程度

$$(4.5\% - 4\%) \times 320 = 1.60 \text{ 万元}$$

以上两项合计：0.80+1.60=2.40 万元

3. 比率法

（1）相关比率法：将两个性质不同且相关的指标加以对比，求出比率，并以此来考察经营成果的好坏。如用产值工资率指标来考核人工费的支出水平。

（2）构成比率法：可以考察成本总量的构成情况及各成本项目占总成本的比重，同时也可看出预算成本、实际成本和降低成本的比例关系。

（3）动态比率法：将同类指标不同时期的数值进行对比，求出比率，以分析该项指标的发展方向和发展速度。通常采用基期指数和环比指数两种方法。

【经典例题】

1.【2024】砖基础工程施工成本的主要影响因素由工程量、砖消耗量和价格构成。上述三个影响因素的计划值分别为 500m^3、529 块/m^3 和 0.26 元/块，实际值分别为 510m^3、530 块/m^3 和 0.25 元/块。采用因素分析法进行成本分析时，按上述影响因素顺序，第二次替代与第一次替代的差额是（　　）元。

A. -2703　　　　B. 132.6　　　　C. -1195　　　　D. 1375.4

2. 某工程各门窗安装班组的相关经济指标见下表，按照成本分析的比率法，人均效益最好的班组是（　　）。

项目	班组甲	班组乙	班组丙	班组丁
工程量（m^3）	5400	5000	4800	5200
班组人数（人）	50	45	42	43
班组人工费（元）	150000	126000	147000	429000

A. 甲 B. 乙
C. 丙 D. 丁

3. 下列建设工程项目成本分析方法中，属于分析各种因素对成本影响程度的是（ ）。

A. 连环置换法 B. 相关比率法
C. 比重分析法 D. 动态比率法

4. 某项目施工成本数据见下表，根据差额计算法，成本降低率提高对成本降低额的影响程度为（ ）万元。

项目	单位	计划	实际	差额
成本	万元	220	240	20
成本降低率	%	3	3.5	0.5
成本降低额	万元	6.6	8.4	1.8

A. 0.6 B. 0.7
C. 1.1 D. 1.2

5. 某分项工程的混凝土成本数据见下表，应用因素分析法分析各因素对成本的影响程度，可得到的正确结论是（ ）。

项目	单位	目标	实际
产量	m³	800	850
单价	元/m³	600	640
损耗率	%	5	3

A. 由于产量增加50m³，成本增加21300元
B. 由于单价提高40元/m³，成本增加35020元
C. 实际成本与目标成本的差额为56320元
D. 由于损耗下降2%，成本减少9600元

6. 工程项目施工成本分析的基本方法有（ ）。

A. 统计核算法 B. 比较法
C. 因素分析法 D. 差额计算法
E. 比率法

7. 施工成本分析的基本方法中，把两个以上对比指标的数值变成相对数，观察其相互之间关系的分析方法是（ ）。

A. 比较法 B. 因素分析法
C. 比率法 D. 差额计算法

答案：1.B；2.A；3.A；4.D；5.C；6.B、C、D、E；7.C

考点三：综合成本分析方法

综合成本的分析包括分部分项工程成本分析、月（季）度成本分析、年度成本分析、

竣工成本综合分析。

1. 分部分项工程成本分析

（1）施工项目成本分析的基础，对象为已完成分部分项工程。

（2）方法："三算"对比（预算成本、目标成本和实际成本），分别计算实际偏差和目标偏差。

三算对比 ｛ 预算成本：投标报价成本
目标成本：施工预算
实际成本：施工任务单的实际工程量、实耗人工和限额领料单的实耗材料

（3）无法也没有必要对每一个分部分项工程都进行成本分析，但是主要的分部分项工程必须进行成本分析，而且要做到从开工到竣工进行系统的成本分析。

2. 月（季）度成本分析

（1）项目定期的、经常性的中间成本分析。

（2）成本中的"政策性"亏损，从控制支出入手，把超支额压缩到最低限度。

3. 年度成本分析

（1）企业成本要求一年结算一次，不得转入下一年度。

（2）项目成本以项目周期为结算期，要求从开工到竣工到保修期结束连续计算。

（3）年度成本分析的依据是年度成本报表。

（4）年度成本分析重点是针对下一年度的施工进展情况规划切实可行的成本管理措施。

4. 竣工成本综合分析

（1）以各单位工程竣工成本分析资料为基础，可以全面了解单位工程的成本构成和降低成本的来源。

（2）单位工程竣工成本分析，包括以下内容：

① 竣工成本分析。

② 主要资源节超对比分析。

③ 主要技术节约措施及经济效果分析。

【经典例题】

1. 关于分部分项工程成本分析的说法，正确的有（　　）。

A. 分部分项工程成本分析的对象为已完成分部分项工程

B. 分部分项工程成本分析是施工项目成本分析的基础

C. 必须对施工项目的所有分部分项工程进行成本分析

D. 主要分部分项工程要做到从开工到竣工进行系统的成本分析

E. 分部分项工程成本分析是定期的中间成本分析

2. 施工项目年度成本分析的内容，除了月（季）度成本分析的六个方面以外，重点是（　　）。

A. 针对下一年度施工进展情况，制定切实可行的成本管理措施

B. 通过对技术组织措施执行效果的分析，寻求更加有效的节约途径

C. 通过实际成本与计划成本的对比，分析成本降低水平

D.通过实际成本与目标成本的对比,分析目标成本控制措施落实情况

3. 下列施工项目综合成本的分析方法中,可以全面了解单位工程的成本构成和降低成本来源的是( )。

A.分部分项工程成本分析　　　　B.月(季)度成本分析
C.竣工成本综合分析　　　　　　D.年度成本分析

4. 下列成本分析工作中,属于综合成本分析的有( )。

A.年度成本分析　　　　　　　　B.工期成本分析
C.资金成本分析　　　　　　　　D.月度成本分析
E.分部分项工程成本分析

5. 某工程项目进行月(季)度成本分析时,发现属于预算定额规定的"政策性"亏损,则应采取的措施是( )。

A.从控制支出入手,把超支额压缩到最低限度
B.增加变更收入,弥补政策亏损
C.将亏损成本转入下一月(季)度
D.停止施工生产,并报告业主方

6. 单位工程竣工成本分析的内容包括( )。

A.专项成本分析　　　　　　　　B.竣工成本分析
C.成本总量构成比例分析　　　　D.主要资源节超对比分析
E.主要技术节约措施及经济效果分析

7. 某施工单位已经完成一座消防泵站基础工程的施工,现在需要对该基础工程进行成本分析,其成本分析的资料来源有( )。

A.投标报价成本　　　　　　　　B.施工预算
C.施工概算　　　　　　　　　　D.实际工程量、实耗人工和材料
E.计划工程量、计划人工和材料

答案:1. A、B、D;2. A;3. C;4. A、D、E;5. A;6. B、D、E;7. A、B、D

6.4.2 施工成本管理绩效考核

考点一:施工成本管理绩效考核的内容和指标

1. 施工成本管理绩效考核的内容

绩效考核应分层进行,包括:

（1）企业对项目成本的考核。

（2）企业对项目管理机构可控责任成本的考核。

（3）项目经理对所属部门、施工队和班组的考核。

2. 施工成本管理绩效考核指标

（1）企业的项目成本考核指标

项目施工成本降低额＝项目施工合同成本－项目实际施工成本

项目施工成本降低率＝项目施工成本降低额/项目施工合同成本×100%

（2）项目管理机构可控责任成本考核指标

① 项目经理责任目标总成本降低额和降低率

目标总成本降低额＝项目经理责任目标总成本－项目竣工结算总成本

目标总成本降低率＝目标总成本降低额/项目经理责任目标总成本×100%

② 施工责任目标成本实际降低额和降低率

施工责任目标成本实际降低额＝施工责任目标总成本－工程竣工结算总成本

施工责任目标成本实际降低率＝施工责任目标成本实际降低额/施工责任目标总成本×100%

（3）项目经理对所属部门、施工队和班组的考核

① 项目经理对各部门的考核内容：本部门、本岗位责任成本的完成情况；成本管理责任的执行情况。

② 项目经理对各施工队的考核内容：合同规定的承包范围和承包内容的执行情况、合同外的补充收费情况、对班组施工任务单的管理情况、对班组完成施工任务后的考核情况。

③ 项目经理对各班组的考核内容：班组责任成本的完成情况。

【经典例题】

1.【2024】进行施工成本管理绩效考核时，从企业层面考核项目施工成本降低额的正确计算公式是（　　）。

A. 项目计划总成本－项目实际施工成本

B. 项目施工合同成本－项目实际施工成本

C. 施工计划总成本－工程竣工结算成本

D. 施工责任目标成本－工程竣工结算成本

2. 施工成本管理绩效考核的内容包括（　　）。

A. 企业对项目成本的考核

B. 企业对项目管理机构可控责任成本的考核

C. 企业对施工队成本的考核

D. 企业对班组成本的考核

E. 项目经理对所属部门成本的考核

3. 下列施工成本管理绩效考核内容中，属于项目部对各班组考核内容的是（　　）。

A. 岗位成本管理责任的执行情况　　B. 班组任务单的管理情况

C. 班组完成施工任务后的考核情况　　D. 班组责任成本的完成情况

答案：1.B；2.A、B、E；3.D

 考点二：施工成本管理绩效考核方法

1. 关键绩效指标
优点：明确管理焦点、提高管理成效、提高考核客观性。
缺点：指标难界定且缺乏弹性、适用范围有限、实施困难。
适用于需要定量化考核且考核周期短的企业。

2. 360°反馈法
优点：提高考核准确性、促进个体发展、增强部门合作。
缺点：考核时间和成本较高、考核标准不明确、存在负面影响。
适用于需要定性化考核的企业。

3. PDCA管理循环法
优点：提高管理成效、增强部门协作。
缺点：投入成本高、过于强调计划性。
适用于需要周期性考核的企业。

4. 平衡积分卡
优点：提高考核准确性、提高管理效率、促进长期发展、激发个体积极性。
缺点：实施难度大且缺乏弹性、实施周期长。
适用于需要定量化考核且考核周期长的企业。

5. 目标管理法
优点：提高管理成效、提高考核客观性、考核成本较低、激发个体积极性、增强部门协作。
缺点：目标设定难度大且协调成本高、缺乏过程管理。
适用于需要定量化考核的企业。

【经典例题】
1.【2024】采用PDCA循环法进行施工成本管理绩效考核的不足有（　　）。
A. 不适合需要周期性考核的企业　　B. 投入成本高
C. 会抑制各部门之间的协同合作　　D. 难以持续提高管理成效
E. 过于强调计划性

2. 通过制定明确的施工成本目标来指导项目管理机构和个人的行为和绩效的施工成本管理绩效考核方法是（　　）。
A. 关键绩效指标法　　B. 目标管理法
C. 平衡积分法　　D. 全视角反馈法

3. 下列成本管理绩效考核方法的优点中，属于关键绩效指标法的有（　　）。
A. 增强部门协作　　B. 促进个体发展
C. 明确管理焦点　　D. 提高考核客观性
E. 适用范围较广

4. 采用平衡积分卡法考核施工成本管理绩效的优点有（　　）。
A. 能够提高考核准确性　　B. 能够实现短期灵活考核

C. 能够提高管理效率　　　　　　　D. 能够促进长期发展
E. 能够激发个体积极性

答案：1. B、E；2. B；3. C、D；4. A、C、D、E

笔记区

第7章 建设工程施工安全管理

7.1 施工安全管理基本理论

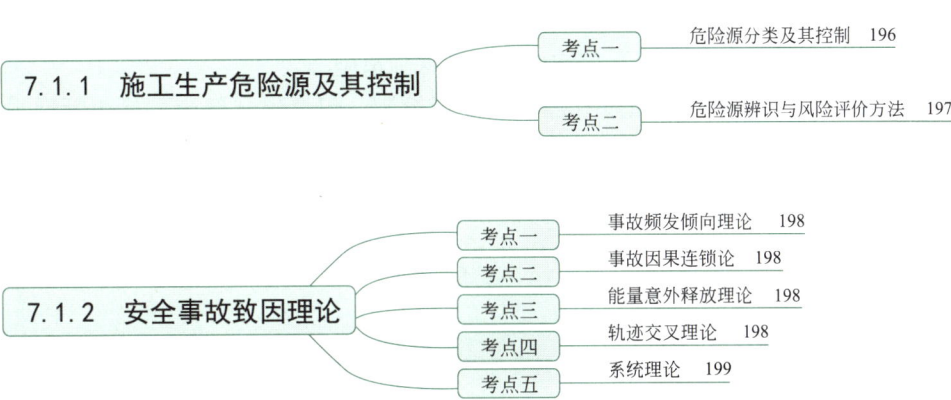

7.1.1 施工生产危险源及其控制
- 考点一　危险源分类及其控制　196
- 考点二　危险源辨识与风险评价方法　197

7.1.2 安全事故致因理论
- 考点一　事故频发倾向理论　198
- 考点二　事故因果连锁论　198
- 考点三　能量意外释放理论　198
- 考点四　轨迹交叉理论　198
- 考点五　系统理论　199

7.1.1 施工生产危险源及其控制

考点一：危险源分类及其控制

1. 危险源分类

第一类危险源：施工现场或生产过程中各种能量或危险物质，如变电站、锅炉、化学物质、行驶的车辆等，决定了事故后果的严重程度。

第二类危险源：包括物的不安全状态（危险状态）、人的不安全行为、环境不良及管理缺陷等因素，如安全装置性能低下、各类违规操作等，决定了事故发生的可能性。

2. 危险源控制

第一类危险源控制：主要采用技术手段加以控制，包括消除能量源、约束或限制能量、屏蔽隔离、防护等技术手段，落实应急预案保障措施。

第二类危险源控制：主要通过管理手段加以控制，包括建立健全危险源管理规章制度，做好危险源控制管理基础工作，明确控制责任，加强安全教育、定期开展安全检查和隐患治理，实施考核评价和奖惩等。

【经典例题】

1.【2024】施工生产危险源可分为第一类危险源和第二类危险源。下列危险源中，属于第二类危险源的是（　　）。

A. 施工用炸药储存室　　　　　　B. 行驶中的车辆

C. 违规操作设备　　　　　　　　D. 可燃烧危险物质

2. 下列施工生产常见危险源中，属于第一类危险源的是（　　）。

A. 物的不安全状态　　　　　　　B. 环境不良

C. 管理缺陷　　　　　　　　　　D. 危险物质

E. 能量

3. 下列危险源控制的方法中，属于第一类危险源控制的是（　　）。

A. 建立健全危险源管理规章制度

B. 限制能量和隔离危险物质

C. 加强安全教育

D. 做好危险源控制管理基础工作

4. 下列危险源控制的方法中，属于第二类危险源控制的是（　　）。

A. 消除能量源

B. 做好屏蔽隔离

C. 落实应急预案保障措施

D. 建立健全危险源管理规章制度

5. 下列危险源中，属于第一类危险源的有（　　）。

A. 直接供给能量的装置和设备

B. 作业过程中拥有能量的物体

C. 可能发生能量蓄积或者突然释放的装置

D. 物的缺陷和物件堆放不当

E. 人的不安全行为

答案：1. C；2. D、E；3. B；4. D；5. A、B、C

考点二：危险源辨识与风险评价方法

1. 安全检查表法

检查项目包括场地、周边环境、设施、设备、操作、管理等各方面。

2. 预先危险性分析

在设计的开始阶段，对识别和评价对象存在的危险类别、出现条件、事故后果等进行概略分析，尽可能评价出潜在的危险性。

3. 危险与可操作性分析

该方法主要用于生产工艺流程分析，可借鉴用于施工生产危险源辨识和评价。

4. 事故树分析法

该方法是从一个可能的事故开始，自下而上、一层层地寻找顶事件的直接原因事件和间接原因事件，直到基本原因事件，并用逻辑图将这些事件之间的逻辑关系表达出来的分析方法。

5. LEC评价法

L：事故发生的可能性。

E：人员暴露于危险环境中的频繁程度。

C：一旦发生事故可能造成的后果。

给三种因素的不同等级分别确定不同的分值，再以三个分值的乘积来评价作业条件危险性的大小。

【经典例题】

1. 关于常见的危险源辨识与评价方法，说法正确的是（　　）。

A. 事故树分析法是用逻辑图表达事件之间逻辑关系的分析方法

B. LEC评价法根据事故概率、触发条件和后果评价作业风险

C. 事故树分析法主要应用于任务活动开始之前进行的危险源识别

D. LEC评价法是危险源辨识与评价的定性分析方法

2. 辨识危险源时，从一个可能的事故开始，自下而上、一层层地寻找顶事件的直接原因事件和间接原因事件，直到基本原因事件，并用逻辑图表达事件之间的逻辑关系。这种分析方法是（　　）。

A. LEC评价法　　　　　　　　　B. 预先危险性分析法

C. 事故树分析法　　　　　　　　D. 安全检查表法

3. （　　）主要用于生产工艺流程分析，可借鉴用于施工生产危险源辨识和分析。

A. 安全检查表法　　　　　　　　B. 预先危险性分析

C. 危险与可操作性分析　　　　　　　D. 事故树分析法

答案：1. A；2. C；3. C

> 笔记区

7.1.2 安全事故致因理论

考点一：事故频发倾向理论

事故的发生主要是人的因素引起的。

预防安全事故的措施有：

（1）人员选择。通过严格的生理、心理检验，选择身体、智力、性格特征及动作特征等方面优秀的人才就业。

（2）人事调整。把企业中的事故频发倾向者调整岗位或解雇。

考点二：事故因果连锁论

海因里希最初提出的事故因果连锁过程包括5个因素。5个因素及其连锁关系是：遗传及社会环境→（诱发）人的缺点→（造成）人的不安全行为或物的不安全状态→（发生）事故→（导致）伤害。

海因里希事故因果连锁论提出了人的不安全行为和物的不安全状态是导致事故的直接原因这一论断，而安全管理工作的中心就是防止人的不安全行为，消除物的不安全状态，中断事故连锁的进程进而避免事故的发生。

考点三：能量意外释放理论

安全事故的基本预防措施有：（1）用安全的能源代替不安全的能源；（2）限制能量；（3）防止能量蓄积；（4）缓慢地释放能量；（5）设置屏蔽设施；（6）时间和空间上把能量与人体隔离。

考点四：轨迹交叉理论

轨迹交叉理论基于人的不安全行为和物的不安全状况共同作用进行事故致因分析。

轨迹交叉理论将事故的发生与发展过程描述为：基本原因→间接原因→直接原因→事故→伤害。

考点五：系统理论

把人、机械、环境作为一个整体（系统）看待，研究人、机械、环境之间的相互作用、反馈和调整机理，从中发现事故的致因，揭示出预防事故的途径。

（1）瑟利模型

瑟利模型把事故的发生过程分为危险出现和危险释放两个阶段，两个阶段各自包括感觉、认识和响应（做出对应行为）3部分，具体化为6个问题：

① 危险的出现（或释放）有警告吗？
② 能感觉到此警告吗？
③ 认识到了此警告吗？
④ 是否知道避免危险？
⑤ 决定要采取行动吗？
⑥ 能否避免危险？

（2）安德森模型

【经典例题】

1.【2024】海因里希提出的事故因果连锁过程包括5个因素：①伤害；②事故；③遗传及社会环境；④人的缺点；⑤人的不安全行为或物的不安全状态。上述因素之间正确的连锁关系是（　　）。

A. ①→②→③→④→⑤　　　　　　B. ③→④→⑤→②→①
C. ③→④→①→②→⑤　　　　　　D. ⑤→③→①→④→②

2.【2024】根据轨迹交叉理论，造成安全事故的直接原因有（　　）。

A. 社会环境条件差　　　　　　　B. 物的不安全状况
C. 组织不健全　　　　　　　　　D. 管理制度不完善
E. 人的不安全行为

3. 事故频发倾向理论将安全事故归因为（　　）的因素。

A. 人　　　　　　　　　　　　　B. 物
C. 管理　　　　　　　　　　　　D. 环境

4. 某机械厂认为优秀的人员选择是预防事故的重要措施，该厂通过严格的生理、心理检验，从众多的求职人员中选择身体、智力、性格特征及动作特征等方面优秀的人才就业。该厂做法符合事故致因理论中的（　　）。

A. 能量意外释放理论　　　　　　B. 事故频发倾向理论
C. 系统安全理论　　　　　　　　D. 轨迹交叉理论

5. （　　）理论，把人、机械、环境作为一个整体看待，研究人、机械、环境之间的相互作用、反馈和调整机理，从中发现事故的致因，揭示出预防事故的途径。

A. 事故因果连锁　　　　　　　　B. 事故频发倾向

C. 系统理论   D. 能量意外释放

答案：1. B；2. B、E；3. A；4. B；5. C

7.2 施工安全管理体系及基本制度

7.2.1 施工安全管理体系
- 考点一　施工安全管理常见缺陷　202
- 考点二　施工安全管理体系的内容　202
- 考点三　本质安全化管理　202

7.2.2 施工安全管理基本制度
- 考点一　全员安全生产责任制　205
- 考点二　安全生产费用提取、管理和使用制度　205
- 考点三　安全生产教育培训制度　206
- 考点四　安全生产许可制度　207
- 考点五　管理人员及特种作业人员持证上岗制度　207
- 考点六　重大危险源管理制度　208
- 考点七　劳动保护用品使用管理制度　209
- 考点八　安全检查制度　209
- 考点九　安全生产会议制度　210

7.2.1 施工安全管理体系

考点一：施工安全管理常见缺陷

（1）人员配备及持证上岗常见缺陷
① 未按规定配备专职安全员。
② 项目负责人、专职安全员和特种作业人员未持证上岗。
③ 未经培训从事施工、安全管理和特种作业。
（2）安全操作规程及安全技术交底常见缺陷
① 未制定安全操作规程。
② 未进行书面安全技术交底。
③ 未按分部分项进行交底。
④ 交底内容不全面或针对性不强。
⑤ 交底未履行签字手续。
（3）安全检查常见缺陷
① 未建立安全检查制度。
② 未做好安全检查记录。
③ 事故隐患的整改未做到"三定"（定人、定时间、定措施）。
④ 对重大事故隐患整改通知所列项目未按期整改和复查。

考点二：施工安全管理体系的内容

（1）施工安全生产方针和目标
（2）组织保证体系
项目经理应为工程项目安全生产第一责任人，工程项目总承包单位、专业承包和劳务分包单位的项目经理、技术负责人和专职安全生产管理人员，应组成安全管理组织。
（3）文化保证体系
安全文化是安全生产的灵魂。
（4）制度保证体系
（5）工作保证体系
（6）信息保证体系

考点三：本质安全化管理

（1）狭义本质安全
狭义本质安全是指施工活动使用的机械、设备以及施工工艺和工程产品本身具有的安全性能。狭义的本质安全固有两项功能：

① 失误-安全功能：设备、设施和技术工艺本身具有自动防止人的不安全行为的功能。

② 故障-安全功能：设备、设施或技术工艺发生故障或损坏时，还能暂时维持正常工作或自动转变为安全状态。

狭义本质安全是绝对安全的理想状态，实际运行中很难达到。

（2）广义本质安全具有的特征

① 人的安全可靠性。

② 物的安全可靠性。

③ 系统的安全可靠性：人机互补、人机制约。

④ 制度系统规范、管理科学严格。

（3）人的本质安全化控制措施

① 建立个人健康档案，开展心理测试、健康体检。

② 坚持持证上岗。

③ 做好安全培训和教育及制度建设。

④ 开展安全文化建设。

⑤ 落实一线岗位人员"两单两卡"清单制度。

⑥ 动态监测员工心理、生理状况，及时调整工作岗位。

（4）物的本质安全化控制措施

① 开展预先危险性分析。

② 落实安全风险分级管控和隐患排查治理双重预防机制。

③ 严格工程质量全过程、全方位管理。

④ 运用四新技术。

⑤ 严把设备设施选用关、验收关。

（5）系统的安全可靠性控制措施

① 运用人机匹配法分析最佳人机组合，通过合理的施工组织设计实施。

② 合理的施工组织和现场平面布局，避免或减少人的因素运动轨迹与物的因素运动轨迹交叉。

③ 通过装配式建筑、建筑工业化、智能建造、机器人等技术手段减少人机交互的概率。

④ 运用人工智能等信息技术提高人机环境系统的自适应能力以及警示、反馈和调整能力。

（6）本质安全属于安全管理范畴，应当遵循安全管理3E原则（工程技术、教育培训、强制管理）

【经典例题】

1.【2024】安全生产管理3E原则是（　　）。
A. 强制管理　　　　　　　　B. 工程技术
C. 教育培训　　　　　　　　D. 安全交底
E. 环境管理

2. 施工安全管理体系包括（　　）。
A. 施工安全生产方针和目标　　　　B. 组织保证体系
C. 思想保证体系　　　　　　　　　D. 文化保证体系
E. 制度保证体系

3. 下列本质安全控制措施中，属于系统的安全可靠性控制措施的有（　　）。
A. 运用人机匹配法分析最佳人机组合
B. 避免或减少人的因素运动轨迹与物的因素运动轨迹交叉
C. 淘汰施工现场落后的工艺、设备和材料
D. 开展人员心理测试和健康体检
E. 特种作业人员持证上岗

4. 关于狭义本质安全的内涵，说法正确的是（　　）。
A. 狭义的本质安全是指人的可靠性
B. 失误–安全功能要求设备发生故障时还能暂时维持正常运转
C. 本质安全目标很难达到
D. 故障–安全功能要求设备本身具有自动防止人的不安全行为的功能

5. 下列本质安全化控制措施中，属于人的本质安全相关措施的是（　　）。
A. 预先危险性分析　　　　　　　　B. 风险分级管控
C. 安全培训　　　　　　　　　　　D. 四新技术

6. 下列本质安全化控制措施中，属于物的本质安全相关措施的是（　　）。
A. 安全培训　　　　　　　　　　　B. 安全文化建设
C. 运用四新技术　　　　　　　　　D. 健康筛查

7. 促进工程项目物的本质安全的主要措施包括（　　）。
A. 实施合理的施工组织设计
B. 开展预先危险性分析
C. 落实安全风险分级管控和隐患排查治理双重预防机制
D. 严把设备设施使用前的验收
E. 布局施工现场平面

答案： 1. A、B、C；2. A、B、D、E；3. A、B；4. C；5. C；6. C；7. B、C、D

7.2.2 施工安全管理基本制度

考点一：全员安全生产责任制

（1）企业所有安全生产管理制度的核心，企业最基本的安全管理制度。
（2）全员安全生产责任制内容应包括：各岗位的责任人员、责任范围和考核标准。
（3）企业主要负责人是本单位安全生产第一责任人。
（4）施工单位应当设立安全生产管理机构，配备专职安全生产管理人员。

【经典例题】
1. 施工企业最基本的安全管理制度是（　　）。
　A. 安全生产检查制度　　　　　　B. 安全生产许可制度
　C. 全员安全生产责任制度　　　　D. 安全生产教育培训制度
2. 根据《中华人民共和国安全生产法》和相关法律法规，施工单位安全生产第一责任人是（　　）。
　A. 施工项目经理　　　　　　　　B. 企业技术负责人
　C. 企业安全生产总监　　　　　　D. 企业主要负责人
3. 根据《建设工程安全生产管理条例》，施工企业全员安全生产责任制包括（　　）。
　A. 为作业人员提供劳动保护用品　B. 特种作业人员持证上岗
　C. 各岗位的责任人员　　　　　　D. 各岗位的责任范围
　E. 各岗位的考核标准
　答案：1. C；2. D；3. C、D、E

考点二：安全生产费用提取、管理和使用制度

（1）企业提取的安全生产费用从成本中列支并专项核算。
（2）企业安全生产费用管理原则：筹措有章、支出有据、管理有序、监督有效。
（3）建设单位应在开工日一个月内向承包单位支付至少50%企业安全生产费用。
（4）施工企业以工程造价为依据，于月末按工程进度计算提取企业安全生产费用。房屋建筑工程提取标准为3%。
（5）企业职工薪酬、福利不得从企业安全生产费用中支出。企业从业人员发现报告事故隐患的奖励支出，应从企业安全生产费用中列支。
（6）企业安全生产费用年度结余资金结转下年度使用。

【经典例题】
1. 关于企业安全生产费用，下列说法错误的是（　　）。
　A. 年度结余安全生产费用不得结转下年度使用
　B. 开工日一个月内，建设单位向承包单位支付至少50%企业安全生产费用
　C. 施工企业月末提取安全生产费用

D. 从成本中列支并专项核算

2. 建设工程施工企业以建筑安装工程造价为依据提取安全生产费用，其中房屋建筑工程的提取标准是（　　）。

A. 3.5%
B. 2.5%
C. 3%
D. 1.5%

答案：1. A；2. C

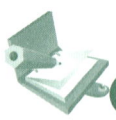

考点三：安全生产教育培训制度

（1）企业主要负责人和安全生产管理人员初次安全培训时间不得少于32学时，每年再培训时间不得少于12学时。

（2）其他从业人员在上岗前必须经过企业、项目部、班组三级安全培训教育。企业新上岗的从业人员，岗前安全培训时间不得少于24学时。

（3）项目部级岗前安全培训内容包括：

① 工作环境及危险因素。
② 所从事工种可能遭受的职业伤害和伤亡事故。
③ 所从事工种的安全职责、操作技能及强制性标准。
④ 自救互救、急救方法、疏散和现场紧急情况的处理。
⑤ 安全设备设施、个人防护用品的使用和维护。
⑥ 本项目安全生产状况及规章制度。
⑦ 预防事故和职业危害的措施及应注意的安全事项。
⑧ 有关事故案例。

（4）从业人员在本单位内调整工作岗位或离岗一年以上重新上岗时，应重新接受项目部和班组的安全培训。

【经典例题】

1. 关于企业安全生产教育培训制度，下列说法错误的是（　　）。

A. 企业主要负责人初次安全培训时间不得少于36学时
B. 安全生产管理人员每年再培训时间不得少于12学时
C. 施工企业一般从业人员在上岗前必须经过三级安全培训教育
D. 企业新上岗从业人员岗前安全培训时间不得少于24学时

2. 根据安全生产教育培训制度，新上岗的施工企业从业人员，岗前培训时间的最少学时是（　　）学时。

A. 12
B. 36
C. 48
D. 24

3. 根据安全生产教育培训相关制度，企业主要负责人和安全生产管理人员初次安全培训时间不得少于（　　）学时。每年再培训时间不得少于（　　）学时。

A. 16，12
B. 32，12
C. 32，16
D. 96，48

4.下列安全教育培训内容,属于项目级岗前安全培训内容的有（　　）。
A.本单位安全生产情况及安全生产基本知识
B.所从事工种的安全职责、操作技能和强制性标准
C.岗位安全操作规程
D.岗位之间工作衔接配合的安全与职业卫生事项
答案：1.A；2.D；3.B；4.B

考点四：安全生产许可制度

（1）国务院住房和城乡建设主管部门负责对全国建筑施工企业安全生产许可证的颁发和管理工作进行监督指导。省、自治区、直辖市人民政府住房和城乡建设主管部门负责本行政区域内的颁发和管理工作。

（2）安全生产许可证的有效期为3年，企业于期满前3个月办理延期手续。

（3）有效期内严格遵守安全生产法律法规，未发生死亡事故，有效期届满时，经颁发管理机关同意，安全生产许可证可不再审查延期3年。

【经典例题】
1.根据《安全生产许可证条例》，安全生产许可证的有效期是（　　）年。
A.6　　　　　　　　　　　　　B.5
C.4　　　　　　　　　　　　　D.3
2.根据《安全生产许可证条例》，对建筑施工企业安全生产许可证的颁发进行监督指导的是（　　）。
A.国务院发展与改革主管部门
B.国务院安全生产监督管理主管部门
C.国务院应急管理主管部门
D.国务院住房和城乡建设主管部门
3.下列各级政府部门，（　　）负责颁发和管理建筑施工企业安全生产许可证。
A.国务院住房和城乡建设主管部门
B.省、自治区、直辖市人民政府住房和城乡建设主管部门
C.市、县人民政府建设主管部门
D.市、县人民政府工商管理部门
答案：1.D；2.D；3.B

考点五：管理人员及特种作业人员持证上岗制度

（1）施工单位主要负责人、项目负责人、专职安全生产管理人员应经考核合格方可任职。管理人员和作业人员每年至少进行一次安全生产教育培训。

（2）取得职业高中、技工学校及中专以上学历的毕业生从事与其所学专业相应的特种作业，持学历证明经考核发证机关同意，可以免予相关专业的培训。

（3）特种作业操作证每3年复审1次。连续从事本工种10年以上，严格遵守安全生产法律法规，经原考核发证机关同意，复审时间可延长至每6年1次。

（4）特种作业操作证应在期满前60日内提出复审申请。

（5）特种作业操作证申请复审或者延期复审前，特种作业人员应参加必要的安全培训并考试合格。安全培训时间不少于8个学时。

【经典例题】

1.【2024】特种作业操作证的复审时间可以延长的基本条件是持有该证的特种作业人员在证书有效期内，连续从事本工种工作（　　）年以上。

A. 3　　　　　　　　　　　　B. 5
C. 10　　　　　　　　　　　　D. 6

2. 首次取得特种作业操作证的人员，其证书的复审周期为（　　）年一次。

A. 1　　　　　　　　　　　　B. 6
C. 3　　　　　　　　　　　　D. 10

3. 关于特种作业人员管理，说法正确的是（　　）。

A. 特种作业人员必须具有高中及以上文化程度
B. 特种作业操作证每4年复审一次
C. 特种作业操作证申请复审前需要完成不少于6学时的安全培训
D. 中专以上学历毕业生申请所学专业特种作业操作证可免予相关专业培训

4. 下列建筑工程作业人员，属于特种作业人员的有（　　）。

A. 电工　B. 架子工　C. 瓦工　D. 起重机械司机　E. 高处作业吊篮安装拆卸工

5. 特种作业人员在特种作业操作证有效期内，连续从事本工种10年以上，严格遵守有关安全生产法律法规的，经原考核发证机关或者从业所在地考核发证机关同意，特种作业操作证的复审时间可延长至（　　）。

A. 每3年一次　　　　　　　　B. 每4年一次
C. 每5年一次　　　　　　　　D. 每6年一次

答案： 1.C；2.C；3.D；4.A、B、D、E；5.D

考点六：重大危险源管理制度

（1）建设单位办理安全监督手续时，应如实申报拟建工程的重大危险源。

（2）危险源公示内容：危险源名称、出现的时段、涉及的危险因素、控制措施、责任部门和责任人。

（3）每周组织现场重大危险源安全检查。

【经典例题】

1. 建设单位在（　　）时，应如实申报拟建工程的重大危险源。

A. 办理安全监督手续　　　　　B. 办理质量监督手续
C. 办理施工许可证　　　　　　D. 施工承包合同备案

2. 建筑施工企业对施工现场重大危险源辨识后，要及时公示。重大危险源公示内容包括（　　）。
A. 危险源名称	B. 出现的时段
C. 涉及的危险因素	D. 责任部门和责任人
E. 岗位操作规范/规程
答案：1. A；2. A、B、C、D

考点七：劳动保护用品使用管理制度

（1）劳动保护用品包括安全帽、安全带、安全鞋、防护眼镜、防护手套、防尘口罩等。
（2）作业人员所在企业必须按规定免费发放劳动保护用品。
（3）必须以实物形式发放。

【经典例题】
1. 下列不属于作业人员劳动保护用品的是（　　）。
A. 安全帽	B. 安全带
C. 安全网	D. 安全鞋
2. 下列关于劳动保护用品使用管理制度，说法正确的是（　　）。
A. 用人单位有偿向施工作业人员提供劳动保护用品
B. 劳动保护用品可折算人民币发放
C. 施工总承包单位负责督促分包单位施工人员正确使用劳动保护用品
D. 劳动保护用品可视个人需求购买
答案：1. C；2. C

考点八：安全检查制度

（1）项目部每天实行安全巡查。
（2）总承包工程项目部应组织各分包单位每周进行安全检查。
（3）施工企业每月应对工程项目施工现场安全生产情况至少进行一次检查，并应针对检查中发现的倾向性问题、安全生产状况较差的工程项目，组织专项检查。

【经典例题】
施工企业对工程项目施工现场检查中发现的倾向性问题、安全生产状况较差的工程项目，应组织（　　）。
A. 日常巡查	B. 专项检查
C. 定期检查	D. 不定期抽查
答案：B

考点九：安全生产会议制度

（1）定期安全生产例会：月度安全生产例会、周安全生产例会。
（2）不定期安全生产会议：技术交底会、专题会、事故分析会、现场会。
（3）班前会议。

【经典例题】

1. 属于不定期安全生产会议的是（　　）。
   A. 周安全生产例会　　　　　　　　B. 安全生产技术交底会
   C. 安全生产事故分析会　　　　　　D. 安全生产现场会
   E. 班前会议

2. 施工企业针对安全生产和特殊季节安全防范的需要，可以适时召开（　　）。
   A. 安全生产专题会　　　　　　　　B. 安全生产事故分析会
   C. 安全生产技术交底会　　　　　　D. 安全生产现场会

   答案： 1. B、C、D；2. A

7.3 专项施工方案及施工安全技术管理

- 7.3.1 专项施工方案编制与报审
  - 考点一　专项施工方案编制对象　212
  - 考点二　专项施工方案的编制和审查程序　212

- 7.3.2 施工安全技术措施及安全技术交底
  - 考点一　施工安全技术措施　213
  - 考点二　安全技术交底　215

7.3.1 专项施工方案编制与报审

考点一：专项施工方案编制对象

（1）达到一定规模的危险性较大分部分项工程应编制专项施工方案，经施工单位技术负责人、总监理工程师签字后实施，由专职安全员进行现场监督。

（2）深基坑工程、地下暗挖工程、高大模板工程的专项施工方案，施工单位应当组织专家进行论证、审查。

考点二：专项施工方案的编制和审查程序

1. 编制

实行施工总承包的，专项方案应当由施工总承包单位组织编制。危险性较大的分部分项工程实行分包的，专项方案可由专业承包单位组织编制。

2. 审批

施工单位	（1）应由施工单位技术负责人审核签字、加盖单位公章。 （2）由分包单位编制的，应由总承包单位技术负责人及分包单位技术负责人共同审核签字并加盖单位公章
监理单位	由总监理工程师审查签字、加盖执业印章

3. 专家论证

组织	施工单位组织专家论证。实行施工总承包的，施工总承包单位组织
论证结论	（1）通过：施工方可参考专家意见自行修改完善。 （2）修改后通过：施工方应按照专家意见修改，并及时告知专家。 （3）不通过：施工方修改后重新组织专家论证
论证内容	（1）专项施工方案内容是否完整、可行。 （2）专项施工方案计算书和验算依据、施工图是否符合有关标准规范。 （3）专项施工方案是否满足现场实际情况，并能够确保施工安全

【经典例题】

1.【2024】在建设工程专项施工方案审批环节，需要签字盖章的有（　　）。
A.施工单位技术负责人签字　　B.施工单位公章
C.总监理工程师签字　　D.总监理工程师执业印章
E.施工单位法定代表人签字

2.根据《建设工程安全生产管理条例》，施工单位应当组织专家进行论证的有（　　）。
A.脚手架工程　　B.深基坑工程
C.拆除爆破工程　　D.地下暗挖工程
E.高大模板工程

3. 根据《建设工程安全生产管理条例》，达到一定规模的危险性较大的起重吊装工程应由（　　）进行现场监督。

A. 施工单位技术负责人　　　　　B. 总监理工程师
C. 专职安全生产管理人员　　　　D. 专业监理工程师

4. 专家论证会对专项施工方案提出通过、修改后通过或者不通过的一致意见。施工单位下列做法正确的是（　　）。

A. 结论为"通过"的，施工单位无需做任何修改
B. 结论为"修改后通过"的，施工单位可参考专家意见自行修改
C. 结论为"修改后通过"的，施工单位修改后按照规定的要求重新组织专家论证
D. 结论为"不通过"的，施工单位修改后按照规定要求重新组织专家论证

5. 对于专业分包单位实施的危险性较大的分部分项工程，由该专业分包单位编制的专项施工方案应由（　　）共同审核签字并加盖单位公章后，方可报送项目监理机构。

A. 建设单位项目负责人　　　　　B. 总承包单位技术负责人
C. 专业分包项目技术负责人　　　D. 专业分包单位技术负责人
E. 总承包单位项目负责人

答案：1. A、B、C、D；2. B、D、E；3. C；4. D；5. B、D

笔记区

7.3.2　施工安全技术措施及安全技术交底

考点一：施工安全技术措施

1. 防高处坠落的安全技术措施

（1）在坠落高度基准面2m及以上进行临边作业时，应在临空一侧设置防护栏杆，并应采用密目式安全立网或工具式栏板封闭。

（2）当竖向洞口短边边长大于或等于500mm时，应在临空一侧设置高度不小于1.2m的防护栏杆，并应采用密目式安全立网或工具式栏板封闭，设置挡脚板。

（3）当非竖向洞口短边边长为25～500mm时，应采用盖板覆盖，盖板四周搁置均衡，且防止盖板移位；短边边长为500～1500mm时，应采用盖板覆盖或防护栏杆等措施，并固定牢固；短边边长大于或等于1500mm时，应在洞口作业侧设置高度不小于1.2m的防护栏杆，洞口采用安全平网封闭。

（4）使用单梯时梯面应与水平面成75°夹角，踏步不得缺失，梯格间距宜为300mm，不得垫高使用。

（5）使用固定式直梯攀登作业时，当攀登高度超过3m时，宜加设护笼；当攀登高度超过8m时，应设置梯间平台。

（6）悬空作业（安装拆除模板、吊装等），施工人员必须站在操作平台上作业。

2. 防触电的安全技术措施

（1）现场移动式灯具采用便桥防水灯具，设备外皮做好保护接地，灯具距地面高度不小于3m，生活区民工住宿达不到标准的必须使用36V安全电压。

（2）保护接地：在电气设备的金属外壳或构架等与接地体之间所做的良好的连接。

（3）保护接零：将电气设备的金属外壳与电网的零线相连接。

（4）工作接地：将电力系统中某一点直接或经特殊设备与地做金属连接。

3. 防火技术措施

（1）施工现场出入口数量不宜少于2个，当确有困难只能设置1个出入口时，应在现场内设置满足消防车通行的环形道路。

（2）临时消防车道与在建工程、临时用房、可燃材料及其加工厂的距离，不宜小于5m，且不宜大于40m。

（3）防火间距应符合：易燃易爆危险品库房与在建工程的防火间距不应小于15m；可燃材料堆场及其加工厂、固定动火作业场与在建工程的防火间距不应小于10m；其他临时用房、临时设施与在建工程的防火间距不应小于6m。

【经典例题】

1.【2024】关于施工现场防触电技术措施的说法，正确的是（　　）。
A. 保护接地是指将电气设备的金属外壳或构架等与电网的零线连接
B. 保护接零是指将电气设备的金属外壳或构架等与接地体连接
C. 现场移动式灯具距地面高度应不小于2m
D. 工作接地是指将电力系统中的某一点直接或经特殊设备与地做金属连接

2. 在现场施工过程中，在坠落高度基准面（　　）及以上进行临边作业时，应当采取临边作业防坠落措施。
A. 2m　　　　B. 4m　　　　C. 6m　　　　D. 8m

3. 施工现场使用固定直梯进行攀登作业时，攀登高度超过（　　）时应设置梯间平台。
A. 3m　　　　B. 5m　　　　C. 8m　　　　D. 6m

4. 根据《建筑施工高处作业安全技术规范》JGJ 80—2016规定，使用单梯时梯面应与水平面成75°夹角，踏步不得缺失，梯格间距宜为（　　），不得垫高使用。
A. 100mm　　B. 200mm　　C. 300mm　　D. 400m

5. 施工现场内临时消防车道与在建工程的距离不宜小于（　　）。
A. 3 m　　　B. 4 m　　　C. 5 m　　　D. 6 m

6. 防护栏杆立杆间距不应大于（　　）。
A. 2.5 m　　B. 2.1 m　　C. 2 m　　　D. 1.5 m

答案：1.D；2.A；3.C；4.C；5.C；6.C

考点二：安全技术交底

由项目技术负责人向施工员、班组长、分包单位技术负责人交底，再由班组长向操作工人交底。对于超危大工程，必须先由施工单位技术负责人向项目技术负责人交底。

（1）必须实行逐级安全技术交底制度，纵向延伸至班组全体作业人员。

（2）应将工程概况、施工方法、施工程序、安全技术措施等向施工员、班组长进行详细交底；应将安全技术措施、安全操作规程、防护用品用具使用等向操作人员进行详细交底。

（3）优先采用新的安全技术措施。

（4）定期向由两个以上作业队和多工种进行交叉施工的作业队伍进行书面交底。

（5）保存书面安全技术交底签字记录。

施工安全技术交底的主要内容包括：

（1）工程项目和分部分项工程概况。

（2）施工项目的施工作业特点和危险点。

（3）针对危险点的具体预防措施。

（4）作业中应遵守的安全操作规程及应注意的安全事项。

（5）作业人员发现事故隐患应采取的措施。

（6）发生事故后应及时采取的避难和急救措施。

【经典例题】

1.关于安全技术交底要求的说法，错误的是（　　）。

A.必须采用新的安全技术措施

B.必须实行逐级安全技术交底制度

C.定期向多工种交叉施工作业队伍进行书面交底

D.保存书面安全技术交底签字记录

2.建设工程施工安全技术交底的主要内容包括（　　）。

A.工程项目的施工作业特点和危险点

B.作业中应注意的安全事项

C.针对危险点的具体预防措施

D.事故报告的程序与基本要求

E.发生事故后应及时采取的避难和急救措施

答案：1.A；2.A、B、C、E

7.4 施工安全事故应急预案和调查处理

7.4.1 施工安全事故隐患处置和应急预案
- 考点一　安全风险分级管控　217
- 考点二　安全隐患治理"五落实"　218
- 考点三　安全事故应急预案　218

7.4.2 施工安全事故等级及应急救援
- 考点一　施工安全事故等级　219
- 考点二　施工安全事故应急救援　220

7.4.3 施工安全事故报告和调查处理
- 考点一　施工安全事故报告　221
- 考点二　施工安全事故调查和处理　222
- 考点三　施工安全事故罚款处罚　223

7.4.1 施工安全事故隐患处置和应急预案

考点一：安全风险分级管控

（1）施工企业应构建安全风险分级管控和隐患排查治理双重预防机制。

（2）安全风险等级从高到低划分为重大风险、较大风险、一般风险和低风险，分别用红、橙、黄、蓝四种颜色标示。其中，重大安全风险应填写清单、汇总造册，按照职责范围报告属地负有安全生产监督管理职责的部门。

（3）通过隔离危险源、采取技术手段、实施个体防护、设置监控设施等措施，达到回避、降低和监测风险的目的。有效管控安全风险的措施：

① 组织方面：成立安全管理组织机构，落实全员安全生产责任。

② 制度方面：制定全员安全生产责任制和安全生产管理制度，制定安全技术操作规程、重大危险源监控管理制度，编制专项施工方案，组织专家论证，开展安全技术交底，对安全生产过程进行监控、进行安全检查，对设备设施进行技术检测以及实施安全奖惩等。

③ 技术方面：重点是作业、设备设施本身固有的控制措施。

④ 应急方面：风险监控、预警、应急预案制定、现场处置方案制定、应急物资准备及应急演练等。

（4）安全技术措施按等级顺序排列为：消除、预防、减弱、隔离、连锁、警告。

（5）风险管控分为四级：企业、项目部、施工班组、作业人员，并遵循风险等级越高、管控层级越高的原则。

【经典例题】

1.【2024】根据《中华人民共和国安全生产法》，建筑企业应构建（　　）双重预防机制。

A. 安全风险辨识排查和分级管控　　B. 安全风险分级管控和隐患排查治理

C. 安全意识教育和隐患排查治理　　D. 安全意识教育和安全风险辨识排查

2.【2024】施工安全风险等级从高到低可划分为重大风险、较大风险、一般风险和低风险，分别用（　　）四种颜色标示。

A. 橙、紫、黄、蓝　　B. 红、橙、黄、蓝

C. 紫、橙、蓝、黄　　D. 红、橙、蓝、黄

3. 安全风险分级管控的基本原则是（　　）。

A. 风险越大，管控层级越高

B. 风险越小，管控层级越高

C. 上级负责管控的风险，下级不必管控

D. 低风险可以不必管控

4.（　　）应填写清单、汇总造册，按照职责范围报告属地负有安全生产监督管理职责部门。

A. 特大安全风险
B. 重大安全风险
C. 重大安全风险、较大安全风险
D. 特大安全风险、重大安全风险、较大安全风险

5. 施工企业根据风险评估结果，针对安全风险特点，（　　）是从组织方面对安全风险的有效管控。

A. 制定现场处置方案
B. 成立安全管理组织机构
C. 对设备设施进行技术检测
D. 机械设备上安装有效的防护装置

答案：1.B；2.B；3.A；4.B；5.B

考点二：安全隐患治理"五落实"

（1）落实隐患排查治理责任。
（2）落实隐患排查治理措施。
（3）落实隐患排查治理资金。
（4）落实隐患排查治理时限。
（5）落实隐患排查治理预案。

考点三：安全事故应急预案

（1）分为综合应急预案、专项应急预案和现场处置方案。
（2）专项应急预案与综合应急预案中的应急组织机构、应急响应程序相近时，可不编写专项应急预案。
（3）现场处置方案是针对具体场所、装置或者设施所制定的应急处置措施。
（4）应急预案的编制以应急处置为核心。企业在编制应急预案的基础上，编制简明、实用、有效的应急处置卡。
（5）应急预案论证可通过推演的方式开展。
（6）企业应在应急预案公布之日起20个工作日内，向县级以上人民政府应急管理部门和其他负有安全生产监督管理职责的部门进行备案，并依法向社会公布。
（7）施工单位应至少每半年组织一次应急预案演练。
（8）施工单位应当每三年进行一次应急预案评估。

【经典例题】

1. 在应急预案体系的构成中，针对具体设施所制定的应急处置措施属于（　　）。
A. 综合应急预案　　　　　　　　B. 专项应急预案
C. 现场处置方案　　　　　　　　D. 应急行动指南

2. 关于安全事故应急预案的说法，正确的是（　　）。
A. 包括综合应急预案、专项应急预案和现场处置方案
B. 专项应急预案必须编写
C. 应急演练是应急预案的核心
D. 应急预案论证可采用推演方式开展
E. 每年至少组织一次应急预案演练

3. 建筑施工企业应急预案评估的频次为（　　）。
A. 每半年一次　　B. 每年一次　　C. 每两年一次　　D. 每三年一次

4. 企业应制定本单位的应急预案演练计划，建筑施工单位应至少（　　）组织一次生产安全事故应急预案演练。
A. 每半年　　B. 每年　　C. 每两年　　D. 每三年

5. 施工企业应在应急预案公布之日起（　　）个工作日内，向县级以上人民政府应急管理部门和其他负有安全生产监督管理职责的部门进行备案。
A. 10　　B. 15　　C. 20　　D. 30

答案：1. C；2. A、D；3. D；4. A；5. C

笔记区

7.4.2 施工安全事故等级及应急救援

考点一：施工安全事故等级

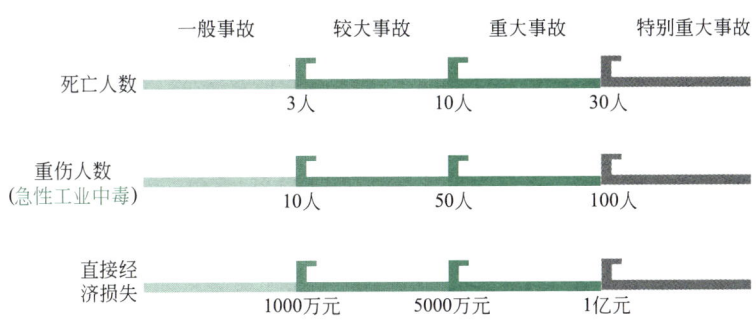

【经典例题】
1. 根据《生产安全事故报告和调查处理条例》，下列安全事故中，属于较大事故的是（　　）。

A. 10人死亡，3000万元直接经济损失

B. 3人死亡，4800万元直接经济损失

C. 4人死亡，6000万元直接经济损失

D. 2人死亡，9万元直接经济损失

2. 某施工生产安全事故，造成2人死亡、11人重伤，直接经济损失5500万元，则该事故属于（　　）。

A. 特别重大事故　　　　　　　　B. 重大事故

C. 较大事故　　　　　　　　　　D. 一般事故

3. 某工程项目施工过程中发生安全事故，导致1人死亡、11人重伤，直接经济损失约为500万元。该生产安全事故等级属于（　　）。

A. 特别重大事故　　　　　　　　B. 较大事故

C. 重大事故　　　　　　　　　　D. 一般事故

答案：1. B；2. B；3. B

考点二：施工安全事故应急救援

应急救援的基本任务如下：

（1）立即组织营救受害人员，组织撤离或者采取其他措施保护危害区域内的其他人员。抢救受害人员是应急救援的首要任务。

（2）迅速控制事态，并对事故造成的危害进行检测、监测，测定事故的危害区域、危害性质及危害程度。

（3）消除危害后果，做好现场恢复。

（4）查清事故原因，评估危害程度。

【经典例题】

下列施工安全事故应急救援的工作中，属于应急救援任务的有（　　）。

A. 施工单位根据可能发生的生产安全事故配备必要的救援物资和器材

B. 迅速控制事态，并对事故造成的危害进行检测和监测，测定事故危害程度

C. 施工单位建立应急值班制度，配备应急值班人员

D. 及时调查事故发生原因和事故性质，评估出事故危害范围和危害程度

E. 组织营救受害人员，组织撤离或者采取其他措施保护危害区域内的其他人员

答案：B、D、E

7.4.3 施工安全事故报告和调查处理

考点一：施工安全事故报告

1. 施工单位事故报告要求

2. 应急管理部门事故报告要求

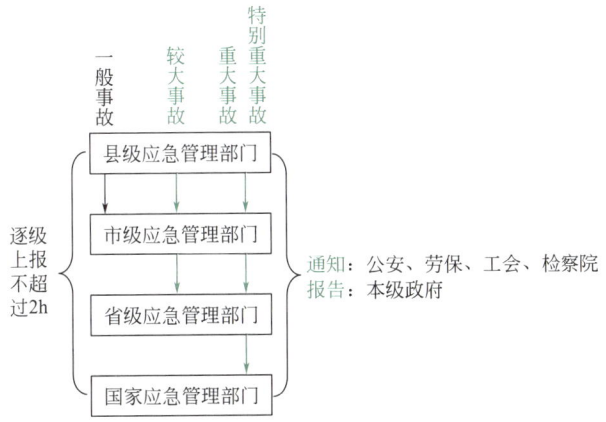

3. 事故报告应当包括下列内容：

（1）事故发生单位概况。
（2）事故发生的时间、地点以及事故现场情况。
（3）事故发生的简要经过。
（4）事故已经造成或者可能造成的伤亡人数（包括下落不明的人数）和初步估计的直接经济损失。
（5）已经采取的措施。
（6）其他应当报告的情况。

【经典例题】
1.应急管理部门在逐级上报安全事故时，应同时通知（　　）。
A.公安机关　　　　　　　　　B.人民检察院
C.监察机关　　　　　　　　　D.劳动保障行政部门
E.工会
2.关于按规定向有关部门报告建设工程安全事故情况的说法，正确的是（　　）。
A.事故发生后,事故现场有关人员应当于1h内向本单位安全负责人报告
B.重大事故应逐级上报至省、自治区、直辖市应急管理部门
C.事故现场人员可以直接向事故发生地县级以上人民政府应急管理部门报告

D. 应急管理部门每级上报的时间不得超过4h

3. 应急管理部门和负有安全生产监督管理职责的有关部门接到事故报告后应依据相关规定逐级上报事故情况,每级上报的时间不得超过(　　)。

A. 2 h B. 4 h
C. 6 h D. 8 h

4. 安全事故报告应包括的内容有(　　)。

A. 事故发生单位概况

B. 事故发生的原因和事故性质

C. 事故发生的简要经过

D. 事故责任的认定以及对事故责任者的处理建议

E. 已经采取的措施

答案:1. A、B、D、E;2. C;3. A;4. A、C、E

考点二:施工安全事故调查和处理

项目	一般事故	较大事故	重大事故	特别重大事故
组织调查 (人民政府或授权部门)	县级 (无伤亡可委托事故发生单位)	市级	省级	国务院
提交调查报告	自事故发生之日起60日内(可延期60日)			
批复调查报告	收到事故调查报告之日15日内			收到30日内 (可延期30日)
调查报告内容	(1)事故发生单位概况。 (2)事故发生经过和救援情况。 (3)事故造成的人员伤亡和直接经济损失。 (4)事故发生的原因和事故性质。 (5)事故责任的认定及对事故责任者的处理建议。 (6)事故防范和整改措施			
处罚	依据政府的批复对相关单位和个人进行处罚			

安全事故调查组构成:

(1)参加的是:有关政府、应急管理部门、负有安全生产监督管理职责的有关部门、监察机关、公安机关、工会、检察院。(7个)

(2)可聘请有关专家参与调查。

【经典例题】

1. 建设工程安全事故调查组应当提交事故调查报告的时间为(　　)。

A. 自事故发生之日起30日内 B. 自调查组成立之日起30日内
C. 自调查组成立之日起60日内 D. 自事故发生之日起60日内

2. 某县一建筑工地发生生产安全重大事故,则事故调查组应由(　　)负责组织。

A. 事故发生地县级人民政府 B. 国务院安全生产监督管理部门
C. 事故发生单位 D. 事故发生地省级人民政府

3. 应参加安全事故调查组的部门不包括（　　）。
A. 应急管理部门　　　　　　　　B. 公安机关
C. 监察机关　　　　　　　　　　D. 劳动保障行政部门
4. 县级人民政府自收到调查报告 15 日内批复的安全事故有（　　）。
A. 无人员死亡的较大事故　　　　B. 直接经济损失较小的重大事故
C. 人员死亡的一般事故　　　　　D. 特别重大事故
E. 无人员伤亡的一般事故
5. 发生建设工程重大安全事故时，负责事故调查的人民政府应当自收到事故调查报告起（　　）日内作出批复。
A. 30　　　　　　　　　　　　　B. 15
C. 45　　　　　　　　　　　　　D. 60
答案：1.D；2.D；3.D；4.C、E；5.B

考点三：施工安全事故罚款处罚

1. 事故发生单位谎报、瞒报、伪造等行为的罚款

事故发生单位有下列行为之一的，将根据事故等级处以不同额度的罚款：① 谎报或者瞒报事故的；② 伪造或者故意破坏事故现场的；③ 转移、隐匿资金、财产，或者销毁有关证据、资料的；④ 拒绝接受调查或者拒绝提供有关情况和资料的；⑤ 在事故调查中作伪证或者指使他人作伪证的。具体罚款额度如下：

（1）发生一般事故的，处 100 万元以上 150 万元以下的罚款。
（2）发生较大事故的，处 150 万元以上 200 万元以下的罚款。
（3）发生重大事故的，处 200 万元以上 250 万元以下的罚款。
（4）发生特别重大事故的，处 250 万元以上 300 万元以下的罚款。

2. 事故发生单位贻误事故抢救或造成重大社会影响等行为的罚款

事故发生单位有上述谎报、瞒报、伪造等行为，贻误事故抢救或者造成事故扩大或者影响事故调查或者造成重大社会影响的，将根据事故等级处以不同额度的罚款：

（1）发生一般事故的，处 300 万元以上 350 万元以下的罚款。
（2）发生较大事故的，处 350 万元以上 400 万元以下的罚款。
（3）发生重大事故的，处 400 万元以上 450 万元以下的罚款。
（4）发生特别重大事故的，处 450 万元以上 500 万元以下的罚款。

3. 事故发生单位主要负责人及其他人员未依法履行职责的罚款

（1）事故发生单位主要负责人（有限责任公司、股份有限公司的董事长、总经理或者个人经营的投资人等）未依法履行安全生产管理职责，导致事故发生的，依照下列规定处以罚款：

① 发生一般事故的，处上一年年收入 40% 的罚款。
② 发生较大事故的，处上一年年收入 60% 的罚款。
③ 发生重大事故的，处上一年年收入 80% 的罚款。

④发生特别重大事故的，处上一年年收入100%的罚款。

（2）事故发生单位其他负责人和安全生产管理人员未依法履行安全生产管理职责导致事故发生的，依照下列规定处以罚款：

①发生一般事故的，处上一年年收入20%至30%的罚款。

②发生较大事故的，处上一年年收入30%至40%的罚款。

③发生重大事故的，处上一年年收入40%至50%的罚款。

④发生特别重大事故的，处上一年年收入50%的罚款。

【经典例题】

较大安全事故发生后，事故发生单位谎报或瞒报事故的，对其的罚款金额为（　　）。

A. 100万～150万元　　　　　　　　B. 150万～200万元
C. 200万～250万元　　　　　　　　D. 250万～300万元

答案：B

笔记区

第8章 绿色建造及施工现场环境管理

8.1 绿色建造管理

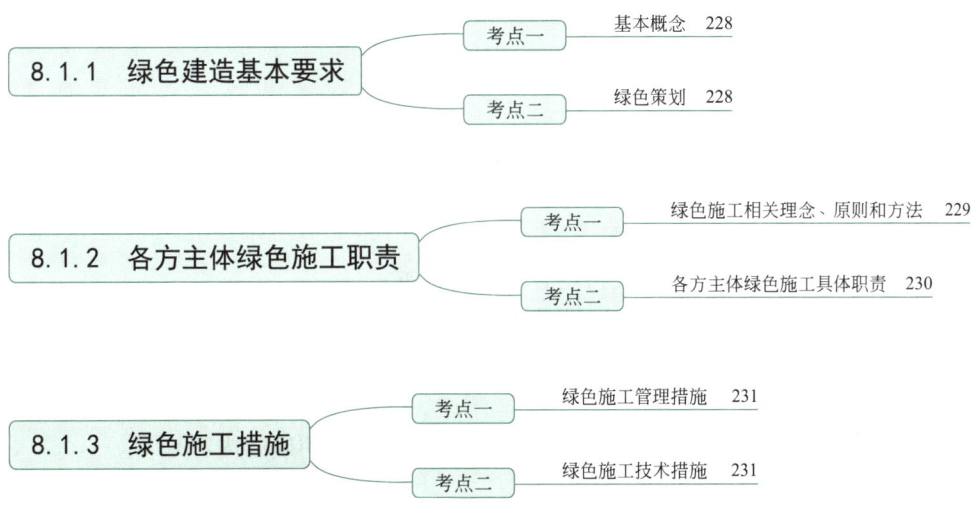

- 8.1.1 绿色建造基本要求
  - 考点一　基本概念　228
  - 考点二　绿色策划　228

- 8.1.2 各方主体绿色施工职责
  - 考点一　绿色施工相关理念、原则和方法　229
  - 考点二　各方主体绿色施工具体职责　230

- 8.1.3 绿色施工措施
  - 考点一　绿色施工管理措施　231
  - 考点二　绿色施工技术措施　231

8.1.1 绿色建造基本要求

考点一：基本概念

（1）绿色建造体现绿色化、工业化、信息化、集约化和产业化的总体特征。

（2）绿色建造应统筹考虑工程质量、安全、效率、环保、生态等要素，实现工程策划、设计、施工、交付全过程一体化，提高建造水平和建造品质。

（3）绿色建造宜采用系统化集成设计、精益化生产施工、一体化装修的方式，整体提升建造方式工业化水平。

（4）绿色建造宜采用工程总承包、全过程工程咨询等组织管理方式。

考点二：绿色策划

（1）建设单位应在工程立项阶段组织编制项目绿色策划方案。绿色策划方案包括绿色设计策划、绿色施工策划、绿色交付策划。

（2）绿色交付策划内容：
① 确定绿色建造项目的实体交付内容及交付标准。
② 制定数字化交付标准和方案，明确各阶段责任主体和交付成果。
③ 明确综合效能调试及绿色建造效果评估的内容及方式。

【经典例题】

1.【2024】作为绿色策划的主要内容，绿色交付策划应明确的内容是（　　）。
A. 绿色建造效果评估内容及方式
B. 绿色建造目标及实施路径
C. 绿色建造全过程数字化技术应用方式
D. 绿色建造各参与方协同工作机制

2.【2024】绿色建造需要将绿色发展理念融入工程策划、设计、施工、交付全过程，除体现绿色化外，还应体现的特征有（　　）。
  A. 信息化　　　　　　　　　B. 工业化
  C. 系统化　　　　　　　　　D. 产业化
  E. 集约化

3. 绿色建造宜采用的组织管理方式为（　　）。
  A. 工程总承包　　　　　　　B. 全过程工程咨询
  C. 施工总承包　　　　　　　D. 政府与社会资本合作
  E. 平行发包

4. 绿色建造应统筹考虑工程质量、安全、效率、环保、生态等要素，实现工程（　　）全过程一体化，提高建造水平和建造品质。
  A. 策划　　　　　　　　　　B. 设计

C. 施工 D. 经营
E. 交付

5. 建设单位应在工程立项阶段组织编制项目绿色策划方案,绿色策划方案包括( )。

A. 绿色设计策划 B. 绿色施工策划
C. 绿色投资策划 D. 绿色管理策划
E. 绿色交付策划

答案: 1. A;2. A、B、D、E;3. A、B;4. A、B、C、E;5. A、B、E

8.1.2 各方主体绿色施工职责

考点一:绿色施工相关理念、原则和方法

1. 理念:可持续发展、清洁生产

(1)可持续发展有公平性、持续性和共同性三项基本原则。

(2)清洁生产的主要内容可归纳为"三清一控":清洁的原料与能源、清洁的生产过程、清洁的产品,贯穿于清洁生产的全过程控制。

2. 原则:循环经济"3R"

(1)3R:减量化、再利用、再循环。

(2)"减量化"原则:输入端控制方式,从经济活动的源头就注意节约资源和减少废弃物排放。

(3)"再利用"原则:过程端控制方式。

(4)"再循环"原则:输出端控制方式,包括:① 原级再循环,即把废弃物转化为同类新产品;② 次级再循环,即把废弃物转化为其他产品的原材料。

3. 方法:生命周期评估方法

方法应用可分为以下4个阶段:

(1)目的与范围确定。

(2)清单分析。

(3)影响评估。

(4)解释说明。

【经典例题】

1.循环经济"3R"原则中的原级再循环是把废弃物转化为( )。

A. 其他产品 B. 同类新产品
C. 高附加值产品 D. 化学产品
2. 循环经济"3R"原则中的"减量化"体现在（　　）。
A. 输入端 B. 过程端
C. 输出端 D. 全过程
3. 清洁生产的主要内容"三清一控"是指（　　）。
A. 清洁的系统 B. 清洁的原料与能源
C. 清洁的生产过程 D. 清洁的产品
E. 贯穿于清洁生产的全过程控制
4. 绿色施工需遵循循环经济的"3R"原则是指（　　）。
A. 减量化 B. 再利用
C. 可持续 D. 再循环
E. 再发展
答案：1. B；2. A；3. B、C、D、E；4. A、B、D

考点二：各方主体绿色施工具体职责

1. 建设单位绿色施工职责

（1）在编制工程概算和招标文件时，应明确绿色施工的要求，并提供条件保障。

（2）应向施工单位提供建设工程绿色施工的设计文件、产品要求等相关资料，并保证真实、完整。

（3）建立建设工程绿色施工的协调机制。

2. 施工单位绿色施工职责

（1）组织绿色施工的全面实施。

（2）建立以项目经理为第一责任人的绿色施工管理体系，制定绿色施工管理制度，负责绿色施工的组织实施，进行绿色施工教育培训，定期开展自检、联检和评价工作。

（3）绿色施工组织设计、绿色施工方案或绿色施工专项方案编制前，应进行绿色施工影响因素分析，并据此制定实施对策和绿色施工评价方案。

【经典例题】

1.【2024】为实现绿色施工，施工单位应建立以（　　）为第一责任人的绿色施工管理体系。
A. 企业法定代表人 B. 企业技术负责人
C. 项目经理 D. 项目技术负责人

2. 关于各方主体绿色施工具体职责的说法，正确的是（　　）。
A. 施工单位建立绿色施工的协调机制
B. 设计单位负责绿色施工的有关设计工作
C. 监理单位应审查绿色施工专项方案
D. 建设单位项目负责人是绿色施工管理体系的第一负责人

3. 根据《建筑工程绿色施工规范》GB/T 50905—2014，建设单位的绿色施工职责有（　　）。

A. 审查绿色施工组织设计　　B. 组织绿色施工的实施
C. 提供绿色施工所需资金保障　　D. 编制绿色施工专项方案
E. 建立建设工程绿色施工的协调机制

答案：1. C；2. C；3. C、E

> 笔记区

8.1.3　绿色施工措施

考点一：绿色施工管理措施

（1）施工现场分别设定生产、生活、办公和施工设备的用电控制指标，定期进行计量、核算、对比分析，并有预防与纠正措施。

（2）常规环境监测包括环境质量监测、污染源监测、生态环境监测；特殊目的监测包括研究型监测、污染事故监测和仲裁监测。

考点二：绿色施工技术措施

1. 节材与材料资源利用

（1）力争工地临房、临时围挡材料的可重复使用率达到70%。

（2）鼓励就地取材，施工现场500km以内生产的建筑材料用量占建筑材料总重量的70%以上。

2. 节水与水资源利用

力争施工中非传统水源和循环水的再利用率大于30%。

3. 节能与能源利用

（1）优先选用节能电线和节能灯具，临电设备宜采用自动控制装置。

（2）采用声控、光控等节能照明灯具。

（3）照明设计以满足最低照度为原则，照度不应超过最低照度的20%。

4. 节地与施工用地保护

（1）临时设施占地面积有效利用率大于90%。

（2）临时办公和生活用房应采用多层轻钢活动板房、钢骨架水泥活动板房等标准化装配式结构。

（3）施工现场道路按照永久道路和临时道路相结合的原则布置。

5. 环境保护

（1）土方作业阶段，采取洒水、覆盖等措施，达到作业区目测扬尘高度小于1.5m；结构施工、安装装饰装修阶段，作业区目测扬尘高度小于0.5m。

（2）昼间场界环境噪声不得超过70dB（A），夜间场界环境噪声不得超过55dB（A）。测点通常应设在建筑施工场界外1m，高度在1.2m以上的位置。

（3）夜间室外照明灯加设灯罩，透光方向集中在施工区域。

（4）食堂、盥洗室、淋浴间的下水管线应设置过滤网，食堂应另设隔油池；施工现场宜采用移动式厕所，并应定期清理，固定厕所应设化粪池；隔油池和化粪池应做防渗处理，并应进行定期清运和消毒。

（5）当基坑开挖抽水量大于50万 m^3 时，应进行地下水回灌。

6. 垃圾回收利用和处置

（1）力争使建筑垃圾的再利用和回收率达到30%，建筑物拆除产生的废弃物再利用和回收率大于40%。对于碎石类、土石方类建筑垃圾，可采用地基填埋、铺路等方式提高再利用率，力争再利用率大于50%。

（2）施工现场生活区设置封闭式垃圾容器，施工场地生活垃圾实行袋装化，及时清运。

（3）有毒有害废弃物的分类率应达到100%；对有可能造成二次污染的废弃物应单独储存，并设置醒目标识。

【经典例题】

1.【2024】为保护环境，在土方作业的阶段，施工现场作业区目测扬尘高度应小于（　　）。

A. 1.5 m　　　　　　　　　　B. 2 m

C. 2.5 m　　　　　　　　　　D. 3 m

2. 关于绿色施工技术要点的表述中，正确的是（　　）。

A. 力争工地临房、临时围挡材料的可重复使用率达到50%

B. 力争施工中非传统水源和循环水的再利用率大于30%

C. 施工临时用电应选用节能电线和节能灯具

D. 施工临时设施占地面积有效利用率大于60%

3. 下列对建筑垃圾的处理措施，错误的是（　　）。

A. 建筑物拆除产生的废弃物再利用和回收率大于40%

B. 碎石用作路基回填料

C. 建筑垃圾的再利用和回收率达30%

D. 有毒有害废弃物分类率达80%

4. 施工现场应设定用电控制指标的用电项包括（　　）。

A. 生产　　　　　　　　　　B. 生活

C. 施工设备　　　　　　　　D. 办公

E. 移动设备

5. 绿色施工过程中，现场临时设施布置的优化原则有（　　）。

A. 临时设施占地面积有效利用率大于80%
B. 施工现场道路按照永久道路和临时道路相结合的原则布置
C. 优先选用节能电线和节能灯具
D. 采用可重复利用的装配式结构
E. 将生产区和生活区分开布置

6. 不属于施工现场环境监测的常规监测类型的是（　　）。
A. 污染事故监测　　　　　　　　B. 污染源监测
C. 生态环境监测　　　　　　　　D. 环境质量监测

7. 照明设计以满足最低照度为原则，照度不应超过最低照度的（　　）。
A. 15%　　　　　　　　　　　　B. 20%
C. 25%　　　　　　　　　　　　D. 30%

8. 下列建设工程施工现场的防治措施中，关于扬尘防治措施，说法正确的有（　　）。
A. 高层或多层建筑清理垃圾应搭设封闭性临时专用道或采用容器吊运
B. 选择风力小的天气进行爆破作业
C. 机械剔凿作业时可采用局部遮挡、掩盖、水淋等防护措施
D. 施工现场设置符合规定的装置用于熔化沥青
E. 化学用品妥善保管，库内存放避免污染

答案：1. A；2. B；3. D；4. A、B、C、D；5. B、D、E；6. A；7. B；8. A、B、C

8.2 施工现场环境管理

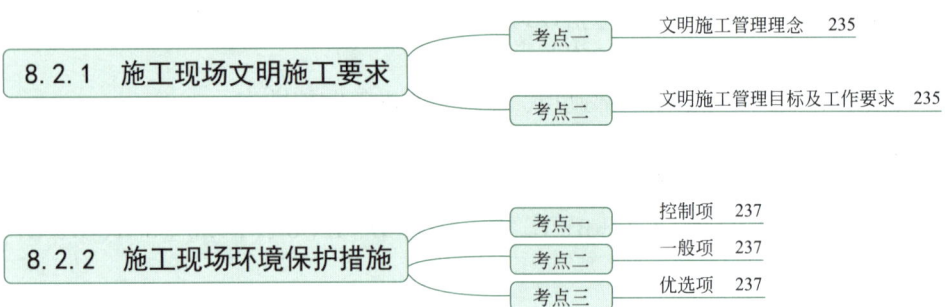

- 8.2.1 施工现场文明施工要求
  - 考点一　文明施工管理理念　235
  - 考点二　文明施工管理目标及工作要求　235

- 8.2.2 施工现场环境保护措施
  - 考点一　控制项　237
  - 考点二　一般项　237
  - 考点三　优选项　237

8.2.1　施工现场文明施工要求

考点一：文明施工管理理念

（1）企业社会责任理念。
（2）精益管理理念。
（3）"8S"管理理念：整理、整顿、清扫、清洁、素养、安全、节约、学习。

考点二：文明施工管理目标及工作要求

1. 文明施工管理目标"六化"：
（1）现场管理制度化。
（2）安全设施标准化。
（3）现场布置条理化。
（4）机料摆放定置化。
（5）作业行为规范化。
（6）环境协调和谐化。
2. 人是文明施工的决定性因素。
3. 安全文明施工费的用途：
（1）购置和更新施工安全防护用具及设施。
（2）改善现场安全生产条件和作业环境。
4. 施工合同和实施过程中的费用核查情况是安全文明措施费的结算依据。
5. 施工现场文明施工具体要求：
（1）采用封闭围挡，高度不小于1.8m；围挡材料可采用彩色、定型钢板，砖、混凝土砌块等墙体。
（2）五牌一图：工程概况牌、管理人员名单及监督电话牌、安全生产牌、文明施工牌、消防保卫牌、施工现场总平面图。
（3）现场出入的大门应设有企业标志。
（4）材料堆放：水泥和其他易飞扬细颗粒建筑材料应密闭存放或采取覆盖等措施；易燃、易爆和有毒有害物品分类存放。
（5）垃圾清运：现场应设置密闭式垃圾站，施工垃圾、生活垃圾应分类存放。施工垃圾必须采用相应容器或管道运输。

【经典例题】
1.【2024】文明施工应贯彻的"8S"管理理念，是在整理、整顿、清扫、清洁、素养、安全6S管理要素的基础上，又增加了（　　）两大要素。
　　A. 监督和学习　　　　　　　　B. 节约和学习
　　C. 监督和供应　　　　　　　　D. 节约和供应

2.【2024】施工单位应设立安全文明施工费专用账户，做到专款专用。安全文明施工费的用途有（　　）。

A. 建立健全安全文明施工管理体系　　B. 购置和更新施工安全防护用具及设施

C. 培训施工现场从事危险作业的人员　　D. 改善现场安全生产条件和作业环境

E. 赔付施工安全事故所造成的损失

3. 下列关于施工现场文明施工具体要求的说法，正确的有（　　）。

A. 现场围挡高度不小于1.6m　　B. 现场围挡应设有企业标识

C. 水泥露天存放　　D. 施工垃圾和生活垃圾分类存放

4. 根据建设工程文明工地标准，施工现场必须设置"五牌一图"，其中"一图"是指（　　）。

A. 施工进度横道图　　B. 大型机械布置位置图

C. 施工现场交通组织图　　D. 施工现场总平面图

5. 文明施工管理的决定性因素是（　　）。

A. 安全文明施工管理规划　　B. 文明施工管理体系

C. 人员素质　　D. 文明施工管理目标

6. 安全文明施工费的结算依据是（　　）。

A. 安全文明施工费台账　　B. 施工合同及实施过程中的费用核查情况

C. 安全文明施工费报价单　　D. 有关企业安全生产费用提取制度

7. 文明施工的理念包括（　　）。

A. 全面管理　　B. 精益管理

C. 企业社会责任　　D. "8S"管理

E. 目标管理

8. 关于施工现场围挡设计的说法，正确的是（　　）。

A. 围挡高度在同一项目应相同

B. 市区主要路段的围挡高度不得低于1.5m

C. 施工现场实行封闭式管理，采用硬质围挡

D. 市容景观路段的围挡高度不得低于2m

答案：1. B；2. B、D；3. D；4. D；5. C；6. B；7. B、C、D；8. C

8.2.2 施工现场环境保护措施

考点一：控制项

控制项是指绿色施工过程中必须达到的基本要求条款。包括：
（1）绿色施工策划文件中应包含环境保护内容，并建立环境保护管理制度。
（2）施工现场应在醒目位置设置环境保护标识。
（3）施工现场的古迹、文物、树木及生态环境等应采取有效保护措施，制定地下文物保护应急预案。

考点二：一般项

一般项为绿色施工过程中难度和要求适中的条款。包括：
（1）对裸露地面、集中堆放的土方应采取抑尘措施。
（2）装配式施工的垃圾排放量不大于200t/万m^2，非装配式施工的垃圾排放量不大于300t/万m^2。
（3）建筑垃圾回收利用率应达到30%，建筑材料包装物回收利用率应达到100%。
（4）污水排放检测频率不少于1次/月。
（5）施工场界声强限值，昼间不大于70dB（A），夜间不大于55dB（A）。

考点三：优选项

优选项为绿色施工过程中实施难度较大、要求较高的条款。包括：
（1）施工现场宜设置可移动环保厕所，并定期清运、消毒。
（2）现场宜采用自动喷雾（淋）降尘系统。
（3）施工场界宜设置扬尘自动监测仪，动态连续定量监测扬尘（总悬浮颗粒物TSP，PM10）。
（4）装配式施工的垃圾排放量不宜大于140t/万m^2，非装配式施工的垃圾排放量不宜大于210t/万m^2。
（5）建筑垃圾回收利用率宜达到50%。

【经典例题】
1. 根据绿色施工评价相关标准，在施工现场环境保护方面作为"控制项"进行评价的内容是（　　）。
A. 采取限时施工和遮光措施
B. 设置并清理现场厕所化粪池
C. 制定地下文物保护应急预案

D. 制定建筑垃圾减量化计划

2. 根据《建筑与市政工程绿色施工评价标准》GB/T 50640—2023 一般项，装配式施工的垃圾排放量不大于（　　）t/万 m^2。

A. 300　　　　　　　　　　　B. 210

C. 200　　　　　　　　　　　D. 140

答案：1. C；2. C

笔记区

第9章 国际工程承包管理

9.1 国际工程承包市场开拓

9.1.1 国际工程承包相关政策

- 考点一　促进对外承包工程高质量发展基本原则　242
- 考点二　加快形成对外承包工程发展新优势的相关要求　242
- 考点三　对外劳务合作管理条例　242
- 考点四　企业境外投资管理　242
- 考点五　对外承包工程项目备案和立项管理　243
- 考点六　企业合规管理　243

9.1.2 国际工程承包市场进入

- 考点一　企业设立条件　245
- 考点二　工程招标投标　245
- 考点三　外籍劳务要求　245
- 考点四　技术标准　245

9.1.1 国际工程承包相关政策

考点一：促进对外承包工程高质量发展基本原则

（1）坚持企业主体。
（2）坚持质量优先。
（3）坚持互利共赢：秉持共商共建共享原则。
（4）坚持规范有序。

考点二：加快形成对外承包工程发展新优势的相关要求

（1）积极鼓励设计咨询"走出去"。
（2）积极促进"投建营"综合发展。逐步实现由建设施工优势为主向投融资、工程建设、运营服务的综合优势转变。
（3）积极依托国内优势产业支撑。
（4）积极培育创新发展动能。
（5）积极提升可持续发展能力。
（6）积极提高国际合作水平。

考点三：对外劳务合作管理条例

对外劳务合作企业应当与国外业主订立书面劳务合作合同；未与国外业主订立书面劳务合作合同的，不得组织劳务人员赴国外工作。

劳务合作合同应当载明与劳务人员权益保障相关的下列事项：劳务人员的工作内容、工作地点、工作时间和休息休假；合同期限；劳务人员的劳动报酬及其支付方式；劳务人员社会保险费的缴纳；劳务人员的劳动条件、劳动保护、职业培训和职业危害防护；劳务人员的福利待遇和生活条件；劳务人员在国外居留、工作许可等手续的办理；劳务人员人身意外伤害保险的购买等。

考点四：企业境外投资管理

（1）投资主体依法享有境外投资自主权，自主决策、自担风险。
（2）投资主体开展的敏感类项目，实行核准管理，核准机关是国家发展和改革委员会。
（3）投资主体直接开展的非敏感类项目，实行备案管理。
①投资主体是中央管理企业的，备案机关是国家发展和改革委员会。

② 投资主体是地方企业，且中方投资额为3亿美元及以上的，备案机关是国家发展和改革委员会；中方投资额为3亿美元以下的，备案机关是投资主体注册地的省级政府发展改革部门。

考点五：对外承包工程项目备案和立项管理

特定项目是指在与我国无外交关系或者外交关系降级的国家承包的工程项目、涉及多国利益的工程项目、存在高风险的工程项目，以及按照《对外承包工程管理条例》规定确定的其他特定项目。特定项目以外的工程项目为一般项目。

（1）一般项目备案

商务部负责中央企业总部承包一般项目的备案；省级商务主管部门负责注册地企业承包一般项目的备案。

（2）特定项目立项

商务部会同国务院有关部门批准立项；省级商务主管部门负责监督指导注册地企业办理立项。

考点六：企业合规管理

（1）合规管理原则：独立性、适用性、全面性。

（2）合规管理制度：

① 合规行为准则：是最重要、最基本的合规制度，是其他合规制度的基础和依据。

② 合规管理办法。

【经典例题】

1.【2024】为加快形成对外承包工程发展新优势，国家鼓励建筑企业由建设施工优势为主向同时具有（　　）的综合优势转变。

A. 集成设计　　　　　　　　B. 投融资

C. 全过程工程咨询　　　　　D. 工程建设

E. 运营服务

2. 我国企业发展国际工程承包业务时，需秉承的原则是（　　）。

A. 共商共建共管　　　　　　B. 共建共管共赢

C. 共商共建共享　　　　　　D. 共建共享共赢

3. 2019年9月，《商务部等19部门关于促进对外承包工程高质量发展的指导意见》（商合发〔2019〕273号），提出促进对外承包工程高质量发展基本原则包括（　　）。

A. 坚持政策导向　　　　　　B. 坚持质量优先

C. 坚持安全第一　　　　　　D. 坚持互利共赢

E. 坚持规范有序

4. 下列关于《对外劳务合作管理条例》的说法，正确的是（　　）。

A. 对外劳务合作企业可先组织劳务人员赴外工作，待劳务人员适应国外生活后再与

业主订立合同

B. 国外的企业、机构或者个人可以在中国境内招收劳务人员赴国外工作

C. 对外劳务合作企业应当与对外劳务者订立书面劳务合作合同，可以不用与国外雇主订立书面劳务合作合同

D. 对外劳务合作企业与劳务人员订立的书面服务合同应当载明与劳务人员权益保障相关的事项

5. 负责与国外业主订立确定书面劳务合作合同，并组织劳务人员赴外工作的主体为（　　）。

A. 国外业主驻中国分支机构　　　　B. 我国对外劳务合作企业

C. 商务主管部门　　　　　　　　　D. 劳务派遣单位

6. 投资主体依法享有境外投资（　　），开展境外投资时，应当履行境外投资项目核准、备案等手续，报告有关信息，配合监督检查。

A. 自主权　　　　　　　　　　　　B. 决策权

C. 独立权　　　　　　　　　　　　D. 监督权

7. 以下实行境外投资备案管理的项目，说法正确的是（　　）。

A. 甲项目的投资主体为中央管理企业，中方投资额为2亿美元，备案机关是国家发展和改革委员会

B. 乙项目的投资主体为中央管理企业，中方投资额为1亿美元，备案机关是国家财政部

C. 丙项目的投资主体是地方企业，中方投资额为2亿美元，备案机关是国家发展和改革委员会

D. 丁项目的投资主体是地方企业，中方投资额为1亿美元，备案机关是投资主体注册地的省级财政厅

8.《企业境外经营合规管理指引》中最重要、最基本的合规制度，也是其他合规制度的基础和依据的是（　　）。

A. 合规治理结构　　　　　　　　　B. 合规行为准则

C. 合规管理办法　　　　　　　　　D. 合规管理原则

答案：1. B、D、E；2. C；3. B、D、E；4. D；5. B；6. A；7. A；8. B

9.1.2 国际工程承包市场进入

考点一：企业设立条件

工程承包企业进入国际市场前，首先要确定是否需要在目标国设立分支机构或注册公司。

（1）多数国家和地区均要求。
（2）印度和美国不要求。

考点二：工程招标投标

（1）政府出资项目招标：大多数国家和地区的政府出资项目采用公开招标的方式。
（2）私人筹资项目招标：限制较少。
（3）国际金融机构贷款项目招标：必须按照国际金融机构的相关规定进行公开招标。
（4）使用某一特定国家政府贷款项目招标：一般采用在援助国国籍公司中公开招标的方式，但也可通过两国政府协商确定项目实施单位。

考点三：外籍劳务要求

外籍劳务输入申请过程：（1）申请劳务输入配额。（2）办理居留签证。（3）申请工作许可。

考点四：技术标准

1. 采用中国标准

中国经济援助类项目或中国企业投资项目基本上可全部采用中国标准及规范。
中国标准在电力、铁路、公路、港口、通信工程领域的国际接受程度较高。

2. 有条件地采用中国标准

如中国进出口银行、国家开发银行等政策性银行及商业银行为国外提供的优惠贷款项目，部分可以采用中国标准。还有一些国家和地区的国际工程项目采用中国标准时需增设附加条件。

3. 采用属地标准或国际标准

由于中国标准在有些国家和行业尚未被接受，不少商业投资项目，尤其是属地企业投资项目，要求采用的标准为属地国标准或国际标准。

【经典例题】
1.【2024】为了保护本地劳动力就业，世界上不少国家和地区对外籍劳务输入有严格限制，进入此国家和地区承包工程的企业需要办理的事项有（　　）。
　　A. 申请获得政府担保　　　　　　B. 申请纳税证明
　　C. 申请劳务输入配额　　　　　　D. 办理居留签证
　　E. 申请工作许可

2. 下列关于不同类型招标项目的说法，正确的是（　　）。
　　A. 国际金融机构贷款和援助资金项目多在最不发达国家
　　B. 国际金融机构贷款和援助资金项目招标按照项目所在国政府规定进行招标
　　C. 大多数国家和地区的政府出资项目采用公开招标的方式，承包商需通过相应的资格审核后参与投标
　　D. 私人投资项目的招标投标规定与政府出资项目相同，需要公开招标

3. 下列关于中国对外承包工程技术标准的说法，正确的有（　　）。
　　A. 中国标准在房建、电力、铁路、港口领域的国际接受程度较高
　　B. 中国企业投资项目基本上可全部采用中国标准及规范
　　C. 中国进出口银行、国家开发银行等政策性银行为国外提供的优惠贷款项目，部分可以采用中国标准
　　D. 一些国家和地区的国际工程项目采用中国标准时需增设附加条件
　　E. 由于中国标准在有些国家和行业尚未被接受，属地企业投资项目一律采用属地国标准

答案： 1. C、D、E；2. C；3. B、C、D

> 笔记区

9.2 国际工程承包风险及应对策略

- 9.2.1 国际工程承包风险 —— 考点 —— 国际工程承包风险 248
- 9.2.2 国际工程承包风险应对策略 —— 考点 —— 国际工程承包风险应对策略 249

9.2.1 国际工程承包风险

考点：国际工程承包风险

根据风险影响因素不同，可将国际工程承包风险分为以下十大类。

（1）政治风险：如所在国政局不稳定、政党轮替等。

（2）经济风险：如所在国经济政策、产业结构、经济不稳定性、通货膨胀、汇率波动、利率变化。

（3）市场风险：如基础设施缺乏财政资源、生产、生活物资和人工价格飙升、低价竞标等。

（4）自然风险。

（5）社会风险：如国家内乱、社会治安、恐怖袭击、宗教纷争等。

（6）合同风险：如合同文本不一致、理解差异等。

（7）资金风险：如融资渠道缺乏、承包商垫付大笔资金等。

（8）技术风险：如施工方案、新技术应用等。

（9）法律风险：如行政许可、进出口管制等。

（10）合规风险：如劳工权益保护等。

【经典例题】

1. 国际项目承包的风险主要来自于政治因素等，下列属于政治风险的是（　　）。

A. 所在国国家内乱　　　　　　　　B. 政府干预外资企业国有化

C. 所在国社会治安恶劣　　　　　　D. 所在国恐怖袭击频发

2. 下列选项中，属于国际工程合同风险的是（　　）。

A. 合同履行期间项目所在国物价上涨　　B. 合同文本理解差异

C. 合同履行期间汇率变动　　　　　　　D. 低价竞标现象频发

3. 国际工程面临的内外部环境复杂多变，（　　）是承包商面临的经济风险。

A. 外交政策　　　　　　　　　　　B. 所在国产业结构

C. 国际供应链原材料价格上涨　　　D. 社会治安

4. 下列选项中，（　　）是承包商面临的社会风险。

A. 宗教纷争　　　　　　　　　　　B. 不利的合同变更

C. 资金紧缺　　　　　　　　　　　D. 技术标准和规范不同

答案：1. B；2. B；3. B；4. A

9.2.2 国际工程承包风险应对策略

考点：国际工程承包风险应对策略

（1）加强市场调研，建立安全风险评估机制。

商务部应会同相关部门建立对外承包工程安全风险评估机制。

（2）综合运用多种策略，化解融资汇率风险。

通过项目融资、股权融资等方式拓宽企业融资渠道，降低融资风险。

企业应对汇率风险的金融工具包括：远期合约、期权合约、货币期货、货币互换等。

（3）精准有序开拓市场，避免低价恶性竞争。

（4）建立风险处置机制，做好突发事件防范。

对外承包企业应当及时存缴备用金，用于支付对外承包企业拒绝承担或者无力承担的下列费用：外派人员的报酬；因发生突发事件，外派人员回国或者接受其他紧急救助所需费用；依法应当对外派人员的损失进行赔偿所需费用。

（5）强化安全意识，保障外派人员人身安全。

（6）开展属地化经营，与当地建立互信关系。

属地化经营包括：经营属地化、管理属地化、资源属地化、待遇属地化。

（7）遵守当地法律制度，严格合规经营管理。

（8）践行ESG发展理念，落实ESG风险管控。

ESG评价指标体系由三方面组成：环境（E）评价指标、社会（S）评价指标、治理（G）评价指标。

（9）发挥保险保障功能，规范投保转移风险。

投保是国际工程风险转移的重要手段。

【经典例题】

1. 国际工程承包企业属地化建设包括（　　）。
   A. 经营属地化　　　　　　　　　B. 管理属地化
   C. 资源属地化　　　　　　　　　D. 业务属地化
   E. 待遇属地化

2. 根据《对外承包工程管理条例》，建立对外承包工程安全风险评估机制、指导对外承包工程的单位做好安全风险防范的管理单位为（　　）。
   A. 国务院商务主管部门　　　　　B. 国家发展和改革委员会
   C. 国家安全生产监督管理总局　　D. 国家工业和信息化部

3. 对外承包工程单位存缴的备用金不可用于（　　）。
   A. 外派人员的报酬
   B. 依法应当对外派人员的损失进行赔偿所需费用
   C. 因发生突发事件，外派人员回国或接受其他紧急救助所需费用
   D. 因发生突发事件，现场应急抢险所需费用

4. ESG评价指标体系由（　　）评价指标组成。

A. 环境　　　　　　　　　　　　B. 技术

C. 社会　　　　　　　　　　　　D. 治理

E. 经济

答案：1. A、B、C、E；2. A；3.D；4. A、C、D

9.3 国际工程投标与合同管理

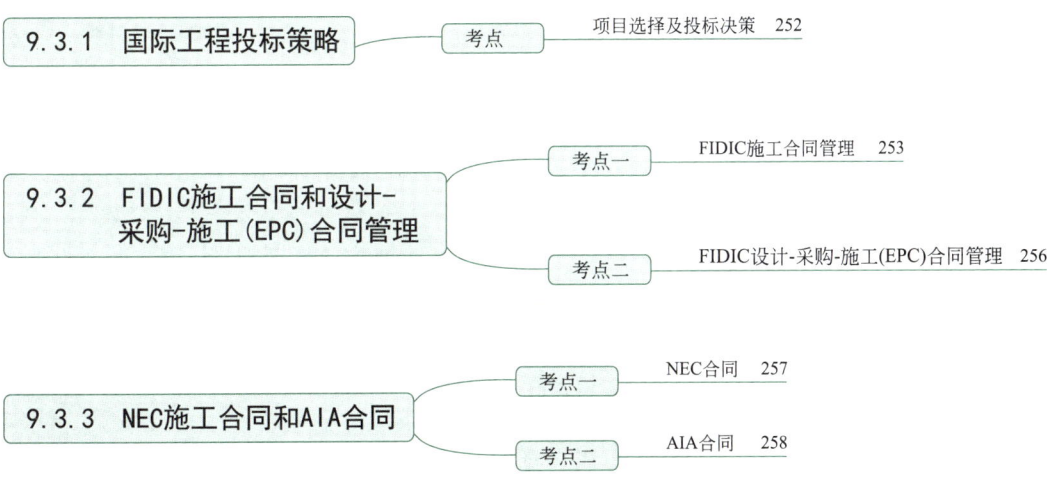

9.3.1 国际工程投标策略 —— 考点 —— 项目选择及投标决策　252

9.3.2 FIDIC施工合同和设计-采购-施工(EPC)合同管理 —— 考点一 —— FIDIC施工合同管理　253
　　　　　　　　　　　　　　　　　　　　　　 —— 考点二 —— FIDIC设计-采购-施工(EPC)合同管理　256

9.3.3 NEC施工合同和AIA合同 —— 考点一 —— NEC合同　257
　　　　　　　　　　　　　　 —— 考点二 —— AIA合同　258

9.3.1 国际工程投标策略

考点：项目选择及投标决策

（1）在国际工程项目跟踪和投标选择时，应遵循择优原则，注重提高中标率和利润率，不盲目投标。

（2）投标人在投标之前应就投标项目开展SWOT分析。

S：优势。

W：劣势。

O：外部市场环境的机会。

T：外部市场环境的威胁。

（3）支付条款是反映招标人信用和项目风险的晴雨表。

（4）施工方案是投标文件的重要组成，也是评标的重点。

【经典例题】

1.【2024】国际工程承包商在甄选项目、初步确定投标策略时，宜采用的方法是（　　）。

A. PERT分析法　　　　　　　　B. LCC评估法
C. LCA评估法　　　　　　　　D. SWOT分析法

2.国际工程招标文件中，可以反映招标人信用的条件是（　　）。

A. 支付条款　　　　　　　　B. 业主义务
C. 业主责任　　　　　　　　D. 索赔条款

3.国际工程投标报价时，投标人可以选择偏低报价的有（　　）。

A. 工作简单、工程量大、技术含量不高的工程

B. 投标兴趣不大但被邀请投标的总价低的小工程

C. 中标建设本项目有利于获得后续分期分批建设工程的工程

D. 投标对手多，竞争激烈的工程

E. 专业要求高的技术密集型工程，公司具备该技术专长的工程

答案：1.D；2.A；3.A、C、D

9.3.2　FIDIC施工合同和设计-采购-施工（EPC）合同管理

考点一：FIDIC施工合同管理

《施工合同条件（Conditions of Contract for Constncction）》又称"新红皮书"，承包商按照业主提供的设计进行施工，采用工程量清单计价，业主委托工程师管理合同，由工程师监管施工并签证支付。适用于传统的"设计-招标-建造"模式。

1. 合同各方责任和义务

（1）业主方责任和义务

委托任命工程师代表业主进行合同管理；承担大部分或全部设计工作并及时向承包商提供设计图纸；在必要时指定专业分包商和供应商。

（2）承包商责任和义务

按照合同规定及工程师的指示对工程进行设计、施工和竣工并修补缺陷；办理工程保险等。

（3）工程师责任和义务

执行业主委托的施工项目质量、进度、费用、安全、环境等目标监控和日常管理工作；确定确认合同款支付、工程变更、试验、验收等专业事项；向其助手指派任务和委托部分权力。

2. 施工进度管理

（1）工程师应在开工日期前至少14d向承包商发出开工日期的通知。开工日期应在承包商收到中标函后42d内。

（2）承包商收到开工日期的通知后28d内向工程师提交一份初步进度计划。

（3）工程师可以随时指示承包商暂停工程的某一部分或全部，并说明暂停的日期和原因。

3. 工程量估价和支付

（1）当工程师要求在现场对工程量进行测量时，应提前7d通知承包商。

（2）对永久工程,每项工程应按实际净数量计量，而不计入膨胀、收缩或废弃的数量。

（3）期中付款。承包商应在每个付款期结束后，向工程师提交报表和证明文件，申请期中付款；工程师应在收到报表和证明文件后28d内，向业主签发期中付款证书，说明应付金额情况；业主应在工程师收到承包商报表和证明文件后的56d内向承包商付款。

（4）最终付款。工程师应在收到最终报表和结清证明后28d内，向业主签发最终付款证书；业主应在收到工程师签发的最终付款证书56d内向承包商付款。

4. 工程接收

（1）承包商可在其认为工程即将竣工并做好接收准备的日期前不少于14d，向工程师发出申请签发接收证书的通知。

（2）承包商工程照管责任从开工日期起，至签发工程接收证书之日止。

5. 缺陷责任管理

（1）承包商应：① 在接收证书规定的时间内，完成在竣工日期时尚未完成的扫尾工作。② 在工程缺陷通知期满日期前，按照业主通知要求，完成修补缺陷所需的全部工作。

（2）履约证书被视为对工程的认可。

6. 承包商投保险种

（1）工程保险和货物保险。

（2）人身伤害和财产损害保险。

（3）雇员的人身伤害保险。

（4）职业责任保险。

7. 争端和仲裁

（1）争端避免/裁决

合同双方应在承包商收到中标函后28d内，任命争端避免/裁决委员会（DAAB），并各付一半酬金。

任一方均可将争端事项提交DAAB决定。

DAAB由一人或三人组成，应在收到争端事项提交后84d内作出决定。

合同任一方对裁决不满，可在收到决定通知后28d内将其不满向另一方发出通知。发出不满通知的28d后，方可启动仲裁。

（2）仲裁

对裁决要求一方向另一方支付的款项，应立即支付，无需进一步的证明或通知。

【经典例题】

1.【2024】FIDIC《施工合同条件》规定，业主应收到工程师签发的最终付款证书（　　）内向承包商付款。

A. 14d　　　　　　　　　　　　B. 21d
C. 56d　　　　　　　　　　　　D. 28d

2.【2024】FIDIC《施工合同条件》规定，合同条款未规定"费用加利润"中的利润计取比例时，应按（　　）计取。

A. 20%　　　　　　　　　　　　B. 5%
C. 3%　　　　　　　　　　　　 D. 10%

3. 关于FIDIC《施工合同条件》（"新红皮书"）的说法，正确的是（　　）。

A. 由业主或业主代表管理合同

B. 采用总价合同计价方式

C. 适用于"设计-招标-建造"模式

D. 适用于由承包商做绝大部分设计的工程项目

4. 下列文件中，被视为是对工程认可的证明的是（　　）。

A. 履约证书　　　　　　　　　　B. 接收证书
C. 最终付款证书　　　　　　　　D. 履约保函

5. 根据FIDIC《施工合同条件》，下列关于争端避免/裁决委员会（DAAB）的说法正确的是（　　）。

A. DAAB由业主和承包商方代表以及独立第三方共3位成员组成

B. DAAB成员由业主和承包商联合任命，并各付一半酬金
C. 合同双方发生争端，需共同将争端事项提交DAAB决定
D. DAAB应在收到事项提交后28d内做出决定

6. 根据FIDIC《施工合同条件》，下列关于业主责任和义务的说法，正确的是（　　）。
   A. 及时向承包商提供设计图纸　　B. 确定确认合同款支付
   C. 确定确认工程试验和验收　　　D. 进行施工项目日常管理

7. 根据FIDIC《施工合同条件》，承包商应向保险公司办理投保的保险项目包括（　　）。
   A. 货物运输保险　　　　　　　　B. 永久设备保险
   C. 业主的人身伤害保险　　　　　D. 财产损害保险
   E. 咨询人员的人身伤害保险

8. 根据FIDIC《施工合同条件》，下列属于承包商责任和义务的是（　　）。
   A. 工程进度目标监控　　　　　　B. 办理工程保险
   C. 确认工程变更　　　　　　　　D. 指定专业分包商

9. 根据FIDIC《施工合同条件》，一般情况下，开工日期应在承包商收到中标函后的（　　）内。
   A. 14d　　　　　　　　　　　　B. 21d
   C. 28d　　　　　　　　　　　　D. 42d

10. 根据FIDIC《施工合同条件》，工程师受业主委托进行合同管理时，应履行的工作职责和义务有（　　）。
    A. 确认工程变更和合同价款支付
    B. 提供履约担保书
    C. 解除任何一方依据合同应具有的职责
    D. 向其助手指派任务和委托部分权利
    E. 随时进行工程计量

11. 根据FIDIC《施工合同条件》，对永久工程每项工程的计量，应以（　　）计量。
    A. 图纸净值
    B. 双方签证确认的净值
    C. 实际完成的净值
    D. 考虑膨胀、收缩或浪费在内的实际完成值

12. 根据FIDIC《施工合同条件》，承包商向工程师发出申请工程接收证书通知的时间应在承包商认为工程即将竣工并做好接收准备日期前不少于（　　）。
    A. 14d　　　　　　　　　　　　B. 21d
    C. 28d　　　　　　　　　　　　D. 42d

答案：1. C；2. B；3. C；4. A；5. B；6. A；7. A、B、D；8. B；9. D；10. A、D；11. C；12. A

 **考点二：FIDIC设计-采购-施工（EPC）合同管理**

《设计采购施工（EPC）/交钥匙工程合同条件》（Conditions of Contract for EPC/Turnkey Projects）又称"银皮书"，适用于由承包商承担设计、采购和施工的总承包，采用总价合同计价方式。

（1）合同各方责任和义务：

① 业主责任和义务：向承包商提供数据资料；委派业主代表；审核承包商文件；签发工程接收证书等。

② 承包商责任和义务：按照合同进行设计、实施和完成工程，并修补缺陷；对业主人员进行工程运行和维护培训等。

（2）各方代表：

① 业主代表：代表业主进行日常管理工作。如果业主方希望替换业主代表，至少14d前将替换人员通知给承包商。

② 承包商代表：应在整个工程施工期间常驻现场，专职管理项目实施工作。如需施工期间离开现场，应事先征得业主同意，并临时指定合适的替换人员。

（3）设计及数据风险：

① 业主应对下列信息正确性负责：

a. 在合同中规定的由业主负责或不可改变的部分、数据和资料。

b. 对工程或工程任何部分的预期目标的说明。

c. 完成工程的试验和性能的标准。

d. 承包商不能核实的部分、数据和资料，除非合同另有规定。

② 承包商应负责工程的设计，对业主要求的正确性负责。

（4）合同价格不应考虑对任何不可预见或未预见到的困难或费用给予调整。

（5）预先警示体现了各方良好合作、相互提醒。

（6）为帮助业主交接后顺利实现项目运行，承包商应对业主人员进行运行与维护培训。

【经典例题】

1. 下列关于FIDIC银皮书特点的说法，正确的是（　　）。

A. 适用于业主方承担大部分设计的工程项目

B. 采用固定总价合同，只有在特定风险出现时才调整价格

C. 业主委派工程师负责项目日常管理工作

D. 承包商承担的风险较小

2. 根据FIDIC《设计采购施工（EPC）/交匙工程合同条件》，下列数据及文件中，需要业主对其正确性负责的包括（　　）。

A. 工作范围内各工作的工程量

B. 合同中规定的由业主负责的数据和资料

C. 对工程或工程任何部分的预期目标的说明

D. 完成工程的试验和性能的标准

E. 承包商不能核实的数据和资料

3. 下列条款中，能体现出FIDIC《设计采购施工（EPC）/交钥匙工程合同条件》各方良好合作、相互提醒的是（　　）。

A. 预先警示　　　　　　　　B. 早期警告
C. 补偿事件　　　　　　　　D. 合作管理

4. 作为交钥匙工程，为帮助业主交接后顺利实现项目运行，在工程被视为正式接收前，承包商应完成的工作是（　　）。

A. 运维培训　　　　　　　　B. 竣工试验
C. 缺陷修补　　　　　　　　D. 照管责任移交

5. 根据FIDIC《设计采购施工（EPC）/交钥匙工程合同条件》，因发生"不可预见的困难"所产生的费用应由（　　）承担。

A. 业主　　　　　　　　　　B. 承包商
C. 工程师决定业主或承包商　D. 业主和承包商协商

答案：1. B；2. B、C、D、E；3. A；4. A；5. B

9.3.3　NEC施工合同和AIA合同

英国工程合同系列文件。其中工程施工合同（ECC）是NEC系列合同编制的基础。

（1）ECC合同，承包商的工作内容可以是施工，或是施工加部分设计，或是设计加施工的EPC模式，适用于不同设计深度的项目。

（2）争议解决与避免程序：

① 高级代表（可跳过）—裁决员—诉讼/仲裁。

② 争端避免委员会（DAB）—诉讼/仲裁。

对①，高级代表应与合同双方沟通促其达成一致，如未达成一致，提交裁决员裁决。

对②，DAB是通过定期视察现场，提供解决争端的建议，但不能进行终局裁决。

（3）ECC通过建立以合作伙伴、早期警告、补偿事件为特征的合作机制，让项目各方致力于提高整个项目的管理水平。

（4）出现如增加合同价款、拖延竣工、延误关键里程碑节点、工程使用功能降低等问题，承包商应向对方发出早期警告。

（5）项目经理和承包商都可要求对方出席早期警告会议，每一方还可在对方同意后要求其他人员出席该会议。项目经理应在早期警告会议上对所研究的建议和做出的决定记录在案，并将记录发给承包商。

【经典例题】

1.【2024】根据英国土木工程师学会（ICE）颁布的工程施工合同（ECC），在提交诉讼或仲裁之前，能够裁决合同争议的人员或机构是（　　）。

 A. 高级代表、裁决员　　　　　　B. 工程师、争端避免委员会

 C. 建筑师、高级代表　　　　　　D. 裁决员、争端避免委员会

2. 根据ECC合同，下列关于争议解决的说法，正确的是（　　）。

 A. 发生争议时，可以选择由高级代表对争议进行裁决

 B. 只有高级代表不能决定的争议，才能交由裁决员进行裁决

 C. 合同双方可以通过DAB规避争端，提供解决争端的建议

 D. DAB进行终局裁决是最有效的解决争议的方式

3. ECC合同的合作机制具备的特征有（　　）。

 A. 合作伙伴　　　　　　　　　　B. 早期警告

 C. 过程协调　　　　　　　　　　D. 补偿事件

 E. 事后总结

4. 根据工程施工合同（ECC）关于"早期警告"的说法，正确的是（　　）。

 A. 遇有风险事件只能由项目经理向承包商发出早期警告

 B. 项目经理和承包商都可要求对方出席早期警告会议

 C. 不得邀请其他人员出席早期警告会议

 D. 承包商负责记录早期警告会议建议或决定，会后发给项目经理

答案： 1.D；2.C；3.A、B、D；4.B

考点二：AIA合同

（1）美国及美洲地区使用，主要用于私营的房屋建筑工程。

A系列：业主与承包商之间的标准合同文件。其中A201是AIA系列的核心文件。

B系列：业主与建筑师之间的标准合同文件。

C系列：建筑师与专业咨询人员之间的标准合同文件。

D系列：建筑师行业内部使用的文件。

E系列：合同和办公管理中使用的文件。

F系列：财务管理报表。

G系列：建筑师企业与项目管理中使用的文件。

（2）A201和A101合同文件组合可适用于固定总价合同；A201和A111合同文件组合可适用于成本补偿合同。

（3）建筑师类似于FIDIC中的"工程师"作用，具有以下权力：

① 工程进度及质量的检查权。

② 对承包商付款申请的支付确认权。

③ 对承包商文件资料的审查批准权。

④ 对变更等的签发变更指令权。

【经典例题】

1. 美国建筑师学会（AIA）制定的系列合同条件中，B系列的合同类型主要是用于（　　）。

   A. 业主与建筑师之间　　　　　　B. 建筑师与咨询机构之间

   C. 总承包商和分承包商　　　　　D. 业主与承包商之间

2. 美国的AIA合同条件在美洲地区具有较高的权威性，其主要用于（　　）工程。

   A. 市政公用　　　　　　　　　　B. 石油化工

   C. 房屋建筑　　　　　　　　　　D. 水利水电

3. AIA系列合同文件可根据实际需求对合同及文件进行选择组合，下列适用于成本补偿合同的组合是（　　）。

   A. A101和A111　　　　　　　　　B. A101和A201

   C. A111和A201　　　　　　　　　D. A201和A401

4. 在AIA系列合同中，承担业主与承包商联系纽带角色的是（　　）。

   A. 建筑师　　　　　　　　　　　B. 工程师

   C. 业主代表　　　　　　　　　　D. 项目经理

5. 美国的AIA系列合同体系分为A、B、C、D、E、F、G系列，用于财务管理表格的是（　　）。

   A. C系列　　　　　　　　　　　 B. D系列

   C. F系列　　　　　　　　　　　 D. G系列

   答案：1. A；2. C；3. C；4. A；5. C

笔记区

第10章 建设工程项目管理智能化

10.1 建筑信息模型（BIM）及其在工程项目管理中的应用

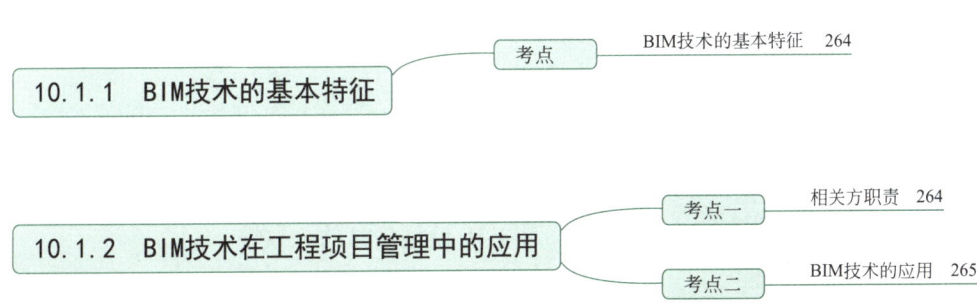

- 10.1.1 BIM技术的基本特征 —— 考点 —— BIM技术的基本特征 264
- 10.1.2 BIM技术在工程项目管理中的应用
  - 考点一 —— 相关方职责 264
  - 考点二 —— BIM技术的应用 265

10.1.1　BIM技术的基本特征

考点：BIM技术的基本特征

（1）模型操作的可视化。
（2）模型信息的完备性。
（3）模型信息的关联性。
（4）模型信息的一致性：在建筑寿命期不同阶段模型信息是一致的。
（5）模型信息的动态性。
（6）模型信息的可拓展性。

【经典例题】
1. 在BIM技术的基本特征中，模型信息的一致性是指（　　）。
A. 不同平台模型信息的一致性
B. 不同系统模型信息的一致性
C. 不同阶段模型信息的一致性
D. 不同类型模型信息的一致性
2. 建筑信息模型（BIM）的基本特征包括（　　）。
A. 模型操作的可视化　　　　　　　　B. 模型操作的简易化
C. 模型信息的完备性　　　　　　　　D. 模型信息的一致性
E. 模型信息的动态性
答案：1. C；2. A、C、D、E

笔记区

10.1.2　BIM技术在工程项目管理中的应用

考点一：相关方职责

1. 建设单位职责
（1）组织策划项目BIM实施策略，确定项目的BIM应用目标、应用要求，并落实费用。
（2）委托工程项目BIM总协调方。
（3）与各参与方签订合同。

（4）接收通过审查的BIM交付模型和成果档案。

2. BIM总协调方职责

（1）制定项目BIM应用方案，并组织管理和贯彻实施。

（2）BIM成果的收集、整合与发布，对项目各参与方提供BIM技术支持。

（3）协助建设单位开通和辅助管理维护BIM项目协同平台。

（4）组织开展BIM工作流程的培训。

（5）监督、协调及管理各分包单位的BIM实施质量及进度，并对最终的BIM成果负责。

【经典例题】

1. 在BIM技术应用中，下列属于建设单位职责的是（　　）。

A. 对各参与方提供BIM技术支持　　B. 对BIM成果提出审查意见

C. 开展BIM工作流程的培训　　　　D. 组织策划项目BIM实施策略

2. 在BIM技术应用中，下列属于BIM总协调方职责的是（　　）。

A. 与各参与方签订合同　　　　　　B. 制定项目BIM应用方案

C. 内外部的总体沟通与协调　　　　D. 配置BIM团队

3. 在BIM技术应用中，下列属于施工总承包单位职责的是（　　）。

A. 协助建设单位进行BIM成果归档　B. 开展BIM工作流程的培训

C. 配置BIM团队　　　　　　　　　D. 完善施工BIM模型

E. 编写项目施工BIM实施方案

4. 下列关于BIM技术应用实施相关方职责，说法正确的是（　　）。

A. 建设单位制定项目BIM应用方案

B. 施工单位委托工程项目BIM总协调方

C. 建设单位组织开展对各参与方的BIM工作流程的培训

D. 专业分包单位接受BIM总协调方和施工总承包方的监督

答案：1.D；2.B；3.C、D、E；4.D

考点二：BIM技术的应用

1. 进度管理中的应用

（1）施工进度模拟：

通过将BIM与施工进度计划相连接，将空间信息与时间信息整合在一个可视的4D模型中（即3D+时间维度）。

（2）资金和资源动态分析。

（3）实时进度跟踪监控：包括管理目标计划、创建跟踪视图、更新工程进度等。

（4）进度分析和优化。

2. 成本管理中的应用

（1）将项目成本管理与3D和4D模型集成，形成5D模型。

（2）主要用于工程算量、成本控制方面。

3. 质量管理中的应用：碰撞检测、质量问题管理等。

4. 施工安全管理中的应用：

（1）施工安全教育。

（2）施工现场的安全措施布置。

（3）施工安全模拟。

【经典例题】

1.【2024】为了应用建筑信息模型（BIM）技术，实现对工程项目成本的估算、控制和优化，需要进行的工作是（　　）。

A. 将项目成本管理与2D和3D模型集成，形成4D模型

B. 将项目成本管理与3D和4D模型集成，形成5D模型

C. 将项目成本管理与4D和5D模型集成，形成6D模型

D. 将项目成本管理与5D和6D模型集成，形成7D模型

2. 下列属于BIM实时进度跟踪监控内容的是（　　）。

A. 管理目标计划　　　　　　　B. 统计物料损耗

C. 创建跟踪视图　　　　　　　D. 更新工程进度

E. 调整后续计划

3. 下列属于BIM技术在工程项目质量管理中的应用的是（　　）。

A. 安全管理和风险评估　　　　B. 潜在故障识别

C. 碰撞检测　　　　　　　　　D. 质量审查和检验

4. 下列属于BIM技术在工程施工安全管理中的应用的是（　　）。

A. 安全讲座培训　　　　　　　B. 工程质量检查

C. 安全措施布置　　　　　　　D. 施工现场监测

5. 基于BIM技术的进度管理4D模型，是在3D模型的基础上附加了（　　）因素。

A. 时间　　　　　　　　　　　B. 空间

C. 成本　　　　　　　　　　　D. 计划

答案：1. B；2. A、C、D；3. C；4. C；5. A

10.2 智能建造与智慧工地

- 10.2.1 智能建造 — 考点 — 智能建造的基本特征　268

- 10.2.2 智慧工地
  - 考点一　智慧工地基本特点和总体架构　268
  - 考点二　智慧工地基础设施　269
  - 考点三　智慧工地的运行　269

10.2.1 智能建造

考点：智能建造的基本特征

（1）以新一代信息技术融合应用为基础。

（2）以实现数字化集成设计、精益化生产施工、工业化组织管理为核心。

（3）以数智化管控平台和建筑机器人开发应用为着力点。数智化管控平台和建筑机器人是智能建造的重要支撑和核心内容。

（4）以减少对人的依赖，实现安全建造，提高品质、效率和效益，助力数字交付为目标。

【经典例题】

1. 智能建造的着力点是（　　）。

A. 人工智能技术和物联网技术　　B. 云计算和大数据

C. 数智化管控平台和建筑机器人　　D. 传感器和高速移动通信

2. 智能建造的最终目标是（　　）。

A. 推动建筑工业化　　B. 减少对人的依赖

C. 加快新技术发展　　D. 构建数字化体系

E. 助力数字交付

3.（　　）是智能建造的重要支撑和核心内容。

A. 减少对人的依赖　　B. 物联网

C. 数智化管控平台和建筑机器人　　D. 新型组织方式

答案： 1. C；2. B、E；3. C

笔记区

10.2.2 智慧工地

考点一：智慧工地基本特点和总体架构

1. 智慧工地基本特点

（1）技术驱动。

（2）全面感知与数据收集。

（3）信息的共享和协作。

2. 智慧工地总体架构

（1）感知层：智慧工地的基础，主要包括各种传感器、监控设备、无人机等终端设备。

（2）网络层：智慧工地的数据通道和处理中枢，它起到桥梁和枢纽的作用。

（3）应用层：智慧工地的核心。

考点二：智慧工地基础设施

（1）硬件设施：传感器、自动识别装置、网关和路由器、服务器、显示屏。

（2）软件设施：数据处理软件、数据分析软件、数据显示软件。

考点三：智慧工地的运行

智慧工地运行应以施工场景为核心。

（1）人员管理模块可使用以下智能化手段来采集人员数据：身份证识别、虹膜识别、掌指静脉识别、脸部识别、指纹识别、射频识别SIM卡（RF-SIM）、射频识别（RFID）、智能安全帽、反光衣等穿戴设备等。

（2）机械设备管理模块主要考虑对塔式起重机和施工升降机的运行进行智能监控。

（3）物资管理模块可使用以下智能化手段来收集施工物资数据：RFID芯片、二维码、AI智能识别技术。

（4）环境与能耗管理模块可使用以下智能化手段来收集环境与能耗数据：扬尘检测仪、噪声检测仪、气象检测仪、智能水表、智能电表、有毒有害气体监测设备、智能烟感等。

（5）视频监控管理模块可使用以下智能化手段来采集视频监控数据：全景摄像头、无人机、AI技术。

【经典例题】

1.【2024】智慧工地总体架构中，发挥桥梁和枢纽作用，并负责处理大量数据的层次是（　　）。

A. 感知层　　　　　　　　　B. 应用层

C. 网络层　　　　　　　　　D. 保护层

2. 在智慧工地中，下列属于人员管理模块数据采集方式的是（　　）。

A. AI智能识别技术　　　　　B. 二维码

C. 指纹识别　　　　　　　　D. 全景摄像头

3. 智慧工地总体架构中，负责实时感知和收集工地上的各种数据，包括人员、机械设备、物资、环境等各个方面的信息的层次是（　　）。

A. 感知层　　　　　　　　　B. 网络层

C. 应用层　　　　　　　　　D. 传输层

4. 智慧工地基础设施中用于监测工地环境和工作状态的是（　　）。

A. 传感器 B. 自动识别装置
C. 摄像头 D. 智能烟感

5. 在智慧工地的机械设备管理模块中，智能监控的机械设备对象是（　　）。
A. 挖掘机和装载机 B. 塔式起重机和施工升降机
C. 推土机和压路机 D. 铲车和吊车

6. 依据《住房和城乡建设部等部门关于推动智能建造与建筑工业化协同发展的指导意见》（建市〔2020〕60号），智慧工地基本特点包括（　　）。
A. 技术驱动 B. 全面感知与数据收集
C. 社会责任 D. 利益驱动
E. 信息的共享和协作

7. 智慧工地总体架构由三个层次组成，（　　）是智慧工地的核心。
A. 感知层 B. 分析层
C. 应用层 D. 网络层

8. 智慧工地运行应以（　　）为核心，充分利用从现场实时获取到的"人、机、料、法、环"等数据。
A. 施工场景 B. 智能建造
C. 建筑信息模型 D. 物资管理

答案：1. C；2. C；3. A；4. A；5. B；6. A、B、E；7. C；8. A